母语教育：从美出发

“中国风·母语美”微课程群的研发

吴建英 著

新教育

新教育文库·蒲公英书系

山西出版传媒集团 山西教育出版社

图书在版编目（CIP）数据

母语教育：从美出发 ："中国风·母语美"微课程群的研发 / 吴建英著. —太原 ：山西教育出版社，2019. 5
ISBN 978-7-5703-0400-4

Ⅰ. ①母… Ⅱ. ①吴… Ⅲ. ①小学语文课-教学研究 Ⅳ. ①G623. 202

中国版本图书馆 CIP 数据核字（2019）第 070884 号

母语教育：从美出发："中国风·母语美"微课程群的研发
MUYU JIAOYU：CONG MEI CHUFA："ZHONGGUOFENG · MUYUMEI" WEIKECHENGQUN DE YANFA

出版策划 潘 峰
责任编辑 樊丽娜
复　　审 王介功
终　　审 郭志强
装帧设计 陈 晓
印装监制 蔡 洁

出版发行 山西出版传媒集团·山西教育出版社
（太原市水西门街馒头巷 7 号 电话：0351-4729801 邮编：030002）
印　　装 山西新华印业有限公司
开　　本 720×1020 1/16
印　　张 19
字　　数 297 千字
版　　次 2019 年 5 月第 1 版 2019 年 5 月山西第 1 次印刷
书　　号 ISBN 978-7-5703-0400-4
定　　价 54. 00 元

序 一

中国风·母语美：吴建英语文教育主张的价值意蕴及其实践建构

/成尚荣

一、“中国风·母语美”的价值立意与使命召唤

“中华文明在五千年的发展中，兼收并蓄、海纳百川，凝结着最深沉的精神追求，蕴含着最深刻的道德精髓，激荡着最丰富的理论思维，呈现着最具神韵的精神特质。”

这是我摘自中国人民大学张立文教授一篇论文中的话，精练、精准、精彩。其实，这已不是某个学者的论述，而是世人的普遍共识，是中华民族的共同记忆。这一共识和记忆同样适用于语文教育，可用以指导、引领语文教育。比如，海门市东洲小学校长、特级教师吴建英，专门设置教学改革的项目，深入研究中华传统文化与语文教育，她将项目命名为“中国风·母语美”。这是她从语文教育的视角确立项目研究的对象与内容，又将价值立意蕴藏其中，这一表述，其本身就彰显了中华文化的特质，又凸显了语文教育的特质与使命，具有极强的解释性。相信“中国风·母语美”这六个字将会成为中国语文教育改革和研究的重要主题，也必将像种子一样深植中国孩子的心中，总有一天会萌发，长成一棵大树。这六个字既成为中国语文的文化象征，又成为中国孩子文化身份的确认。

吴建英以“中国风·母语美”为主题、为价值追求的小学语文教育研究已有

好几个年头了。在深入研究与实践中，吴建英充分发挥自己的文化想象力、创造力、实践力，正在走语文教育改革之路，具体说，走一条母语教育民族化之路，走一条母语教育儿童化之路，走一条母语教育的语文教学创新之路。这三条路其实是一条路，只是有不同的视角和侧重点。首先，母语是民族的内涵、特质和象征，母语凝聚着民族精神、民族情怀、民族立场，坚持并优化母语教育就是坚守民族文化，这是一条悠长的民族化之路。其次，民族文化应当让当代儿童乐于学习、乐于接受，并成为儿童的文化基因，坚持并优化母语教育就是坚守母语教育的儿童化，这是一条儿童在母语学习中的文化建构、提升之路。再次，语文教学的实质是母语教育，坚持并优化母语教育就是坚守语文教学的改革，从教学走向教育，这是一条创新之路。这三条路聚焦同一个主题、同一个核心价值观：弘扬中华文化，培育民族精神，实现中国梦。这三条路又面临着同一个问题：中华传统文化的创造性转化与创新性发展。因此，“中国风·母语美”的语文教育内涵与特征可作以下概括：以增强中华民族文化认同、生长中国精神为宗旨，以汉语言文字的使用为任务，以开发与优化母语课程为载体，以儿童学习母语研究为基础，培养“中国风·母语美”为核心的语文核心素养，让儿童成为中华文化的传承者、建设者、创造者。吴建英和她的团队正在进行着的是价值立意崇高的语文教育改革。

站在母语教育的立场上来看，不难发现，对于“中国风·母语美”的研究，吴建英和她的团队，要进一步审视中国母语教育的现状，进一步开发中国语文教育的民族智慧，进而建构具有中国特色、语文特质、儿童特点的小学语文教育。尽管这一建构是校本化的，却具有普遍意义，体现了前瞻性。这一研究项目透射出宏大、高远、辽阔的价值立意，不得不令人钦佩。当然，需要说明的是，吴建英和她的团队并没有预设这样的目标，但随着研究的深入，他们已确立了这样的价值愿景，并切实行动，可见，是“中国风·母语美”给他们带来了责任与使命。这样的责任、使命，当然生成了吴建英语文教育的主张。这主张极有分量！

二、“中国风·母语美”的语文教育的校本建构与实施

诚如上文所述，“中国风·母语美”的小学语文教育，的确是对语文教学的再认识、再发现、再建构。吴建英和她的团队首先分析了当下母语教育的现状，她用三个“缺失”来概括：经典母语课程内容的缺失、儿童母语教学方法的缺失以及教师良好母语素养的缺失。这样的分析是实事求是的、准确的。她对母语课堂教学现状的分析与思考是这样的：母语教学的工具化、符号化，语文灵性的弱化；过度追求感性，语文内涵的虚化与浅表化。结论是母语课堂的这两种偏颇，导致语文教学既缺失了母语的典雅与智慧，也缺失了母语内涵的丰富与深刻，当然也就“缺失了生命的灵动与光辉”。因此，必须对“汉语本体价值”再认识，对“母语教育民族化”再明晰、再追问、再追求。

明晰、追问是为了再建构。这一再建构，至今已有显著的成效，形成了母语教育民族化、母语教育儿童化的核心要义与关键要点。主要体现在以下三个方面。

第一，把握母语教育民族化的精髓，并以此构建了情意课堂，进而铸造语文教学的民族品格。

把握精髓才能把握语文教育的特质，母语教育民族化才能从根本上实现。母语教育民族化的精髓是什么呢？吴建英以她的学养、经验以及特有的语言敏锐性，捕捉了母语教育的精髓，即母语教育民族化的精髓：尚情尚意、情意交融。她用古今学者的观点来佐证她的判断：“情者文之经，辞者理之纬，经正而后纬。”“心之所谓意”，“意，志也”。当今哲学家李泽厚也以他所倡导的“情本体”理论，支撑“情意交融”的观点。李泽厚认为，所谓“情本体”，“是以‘情’为人生的最终实在和根本”，他认为人的最终的实在和根本是“情”。接着他指出，“‘情’是文化积淀的‘情理结构’”。情理结构，“即情与理是以何种方式、比例、关系、韵律而相关联、渗透、交叉、重复着”。他进而说，“如何使这‘情理结构’取得最好的比例形式和结构秩序，成了乐感文化注意的焦点”，而“乐感文化是‘情本体’的核心”①。情本体、情理结构正是对中国文化精髓的深切关怀和深刻解读，是对母语教育民族化充满温情而又精准的揭示。吴建英的认知、理解是正确的，是到位的。

依循这样的理解，吴建英和她的团队进行了情意课堂范式的研究，总结了四个核心要义：价值皈依——情智互动、言意共生；审美追求——雅致灵动、情意

①李泽厚.人类学历史本体论［M］.青岛出版社，2016：58—71.

交融；基本策略——立象尽意、意会言传；实施路径——曲径通幽、诗情画意。每一个核心要义中都有具体的操作要点。这样的建构不下一番功夫，没有深入的实践，没有足够的理论准备，是不可能实现的。把握精髓，建构情意课堂，必将培植语文教学的民族品格。

第二，把握儿童发展特点，走母语教育儿童化之路，开发微课程，把最美的母语献给美好的童年。

母语教育的儿童化与母语教育的民族化是母语教育的两大重要命题。民族化，让儿童心里有个民族魂、中国根，让儿童成为一个有祖国的人，在世界多元文化、多元价值观的碰撞、激荡中，挺起民族的脊梁，站稳民族的脚跟。儿童化，则是以儿童的实际生活出发，尊重儿童的认知特点和发展规律，以他们所喜欢的方式，学习母语，接受民族文化的熏陶，增进民族情感，增强民族文化认同，这样，民族文化才会后继有人。而且在民族文化学习中，儿童可以走进世界，走向未来，与多元文化对话，尊重并吸纳人类先进文明。若此，母语世代相传，传统文化已不是过去式，也不只是现代时，而且也成了未来时。民族化、儿童化并行不悖，并产生积极互动，让母语教育的民族化照亮儿童，让母语教育的儿童化映照母语教育民族化，最终，十九大报告中所提出的“培养担当民族复兴大任的时代新人”的伟大目标才能实现。

首先，吴建英对儿童的智力特点进行了分析：“小学毕业之前是一个人记忆力的高峰期”，“有这么一个说法，‘少年之记，如石上之刻；青年之记，如木上之刻；老年之记，如沙上之刻’”，“毫无疑问，‘重诵读、重记忆、重积累，应是小学生学习母语的重要法则’”。在母语教育民族化与儿童化的交互中，对母语微课程进行整体建构，即运用“主题·整合”思想，按儿童成长阶梯，分低、中、高三个学段，以经典、童乐、情趣、意蕴为原则，安排若干微课程，“架构起独具个性的符合汉语言文学特点的、多元融合的母语微课程新体系”。

新体系架构固然重要，课程实施同样重要，要切合儿童学习母语的特点与实际。为此，吴建英和她的团队采用了乐学策略。乐学策略与乐感文化在实质上是一致的，前者是后者的具体化、操作化。乐学的理念，吴建英定位于“让儿童在母语中狂欢”。说到狂欢，当然会想到苏联人文学者、哲学家巴赫金的论述与狂欢理论。巴赫金的狂欢理论源自小说和戏剧表演，我以为他自己对“狂欢”“狂欢化”也没说清楚，但有几点是极其重要的：一是“‘狂欢语言’与‘狂欢节式的世界感受’相联系”；二是“狂欢具有‘外表装饰性’……会和‘民众文化’断裂”；三是在狂欢中，“所有人都不是作为观众观看，而是积极的参与者”[①]。母语教育让儿童在母语中狂欢，其深意在于让儿童参与到母语教育中去，去除不必要的“外在装饰性”，在母语中与世界发生感受上的联系，并保持母语的民众性、日常生活性，让儿童在母语中狂欢，让儿童真正认知、认同中华文化，过美好的语文生活。

第三，把握母语发展特点，通过“情境建构”，彰显母语教育的中国美学特点与丰富意蕴。

吴建英对汉语的特点有一段分析：“汉语是世界上最古老、最简洁、最丰富、最优美的语言之一”，“句读简短，形式松弛，组合自由，充满弹性，以神摄形，情趣盎然，气韵生动，意义遥深，具有‘以象见意的诗性特征’，富有独特的人文品格”，“汉语保留了更多感性的东西，更接近人的瞬间体验而非理性思维”，等等。因此，汉语教学具有“情境建构”的特点。

中国情境教育的创立者李吉林认为，情境教育，固然是学习国外先进的教育理论，“更主要的是不断受到中华民族文化理论滋养的启示，深感‘意境说’是古代文学创作的理论经典，更确切地说是‘诗论’的精华”。她“在时代的召唤下，出于对教育创新的追求，将古代文论经典‘意境说’大胆跨界，创造性地应用在今天的儿童教育中”，正如王国维所言，“一切境界无不为诗人所设”。

情境是时代的话语。儿童就是诗人。母语教育应该让情境与儿童在母语学习中互相建构，让儿童在优化了的情境中，以“美”为突破口，得到发展。根据情境教育理论，吴建英提出，“以情为纽带，创设语言生活的‘意境’”，“以情为根基，灵动儿童本位的‘意趣’”，“以情为动力，彰显主体发展的‘意志’”，“以情为导向，洋溢文化积淀的‘意蕴’”，“以情为引领，追寻哲学启蒙的‘意义’”等几大操作要义，并进行了情境建构。这一策略、路径体现了美学精神。

母语教育的情境建构，努力彰显了审美追求，让儿童在语文学习中有审美化

①北冈城司．巴赫金对话与狂欢［M］．魏炫，译．河北教育出版社，2001:267—270.

的体验。她说："母语课堂应是一个见情、见性、见灵思、见神韵的审美课堂"，"雅致灵动、情意交融之美，不仅是教学形式的一种表现形态，更是对语文本源的一种阐释，是一种精神态度、一种美学追求"。于是，情意课堂上形成了母语教育特有的审美节律：美智相映、动静相宜、虚实相生、形神兼备、情理相谐、冲突融合。毋庸置疑，情境建构，是一种以审美为核心的建构，是对审美境界的不懈追求，培养起中国美学精神，提升了中国美学品格。

中国美学有着极为丰富的资源和深刻的内蕴，诸如古代"天人合一"的思想、和谐的宇宙观、"立象立意"的传统、物趣人情浑然为一的艺术境界，中国古典美学把中和之美、自然之美、素淡之美为至高标准等等，都值得母语教育吸收、运用，并加以弘扬。吴建英这方面的学养是比较丰富的，理解是比较深刻的，借鉴、运用是自然的，也是恰当的。因此，我以为，母语教育民族化、儿童化之路是审美化之路，尤其是中国美学精神的弘扬之路，是铸造母语教育审美品格之路，其品格就是"中国风·母语美"。不认识、不揭示、不开发、不创造母语之美，哪有真正的母语教育民族化、儿童化？我也完全可以认定，创造性转化与创新性发展，其实质是审美化的追求，因为中国美学的优良传统就是"返本开新"，就是用中国母语教育的智慧引领当今的母语教育。

最后说几句似乎多余的话：吴建英的教学主张、教学风格、教学建构、实施策略在哪里？"中国风·母语美"是最深沉、最精练的概括。

序 二

让母语活在儿童的生命里

/施建平

汉语无疑是世界上最伟大的语言。几千年过去了，她的形态依然那么丰富，结构依然那么灵动，表达依然那么传神，始终充满活力，保持着她的精湛与深邃、丰盈与飘逸、优美与劲道。

汉语之美不会自然而然地显现出来，需要我们设法激活她，充分展现她。现在许多学生不喜欢语文，其原因并不是母语没有可爱之处，而是我们没有把母语中最有魅力的地方呈现给孩子。吴建英校长带领老师们开展的“中国风·母语美”微课程群的研发与实施，则为学生打开了母语学习的另一扇窗。

语文教材受篇幅所限，不可能将母语的各种表达方式都呈现出来。因而有的没能进入教材，学生见不到；有的虽然进入了教材，但只能化作语文园地里的题目；有的虽然作为课文，像古诗、民间故事、小古文等，但数量又不可能多。在教材中分量、强度都明显不足的情况下，“中国风·母语美”微课程群成为教材的有益补充。吴校长及其团队成员的贡献就在于他们全方位、立体化地为孩子构建了一座完整的母语殿堂。

因怀有同样的母语情怀，我曾多次参加吴建英校长主持的这一项目的研讨和展示活动，每次参加活动总会被老师们开发课程的热情和孩子们展现出的母语素养而感动，同时对这一课程群对儿童成长的价值与意义也有了进一步的认识。首先，这一课程群可以对儿童进行精神哺育。凡经典都是文质兼美的，这一课程群的开发，除了可以让儿童从中汲取语言的养分，还能滋润他们的心灵，帮助儿童完成精神的筑造，达成语言与精神的双重建构。母语课程群的建设有助于我们完成立德树人的重要使命。其次，这一课程群可以增强孩子的民族记忆。课程中所选的内容都有明显的中国特色，像《诗经》、《论语》、戏剧等都是我们民族所特有的。母语就是我们的文化身份，是我们的家园，是我们的存在。这一课程群的学习有助于强化学生的民族记忆。有了这样的记忆，学生无论将来走到哪里都不会忘记自己是一个中国人。再次，这一课程群的学习可以传承中华文化的根脉。教育的一项重要责任就是传承文化。课程群的学习有利于学生对中华文化完成心灵的体认，使这些中华民族的瑰宝得以传承。当然，这一课程群也有助于学生核心素养的培育。这一课程群的建设不仅能对语文核心素养中的审美想象、言语思维、语感等产生直接的作用，同时也能对"中国学生发展核心素养"中的家国情怀、文化自信、健全人格、人文底蕴等产生积极的影响。

随着对"中国风·母语美"微课程群的进一步学习与了解，这一课程群的特质也渐渐地在我的脑海中明晰起来。概括起来有这样三点：

1．"全景·全程·全息"的课程架构

"中国风·母语美"这一微课程群可以说虽微却全。"全景"指这一课程的内容特别丰富，有《诗经》《论语》等文化典籍，有"唐诗""宋词"等文学经典，有《古今贤文》《笠翁对韵》等古代蒙学读本，还有"对联""谜语""绕口令""戏剧"等各类具有中华文化特色的表达方式，涵盖特别广，是对母语的全景式呈现。"全程"是指这个课程群不只在某个学段呈现，不是某个年级所特有，而是对整个小学阶段进行了全覆盖，使每个年级的学生都能从中汲取到母语的养分。"全息"是就某一具体内容的呈现而言，教学时，教师不仅出示相应的文字内容，而且将相关的背景资料、图像、乐曲等一同展现，多角度、多侧面地展现，使教学内容不再单一、单薄、单调。这样一种"全景·全程·全息"的课程架构多维立体地呈现出母语的绚丽多彩和丰厚内蕴。

2．"母性·诗性·根性"的课程特质

这是一个关于母语的课程群，这一课程群充分体现了母语的特点。母语的特点是什么？母语具有母性，母语中不仅有语文知识，还有见识与情意、志向与气韵……母语具有诗性，中国人“观象取物”“以象喻意”的认知态度，给语言留下的印迹必然是隐喻的、具象的、活生生的。而一直以来象形文字的使用，也在某种程度上促使汉语表达时呈现出重形象、重神韵的特点。这些特性使得汉语与人的生命体验紧密相连，更接近人的心灵，更崇尚简约雅致，自然也就更具“诗性气质”。母语具有根性，汉语历史性地保存着民族文化的踪迹，承载着我们民族独特的思维方式，成为延续历史与未来的血脉。汉语是民族认同的重要标志，是民族文化的鲜明标识，关乎全球化时代中华民族身份的确立。在汉民族，语言结构就是心理结构。这一课程群的内容都是从浩如烟海的母语世界中选出的经典作品，凸显了母语“母性·诗性·根性”的特质。

3.“活学·活记·活用”的教学方式

这一课程群内容广泛，表达丰富。教学时，教师注意根据内容及儿童的身心特点，引导学生通过感受的方式来学习，效果明显。课堂上，教师运用多种方法帮助学生感受形象，理解意思，体悟内涵。通过诵读、演示等孩子们喜闻乐见的形式巩固记忆，创设生活情境引导学生尝试运用所学进行表达。在不知不觉间，学生学习、记住了相关内容，并在创造性的运用中获得成功的喜悦。正是这样一种基于儿童的“活学·活记·活用”的教学方式，让孩子们在感知、感应、感悟中嗅到了母语的缕缕清香。

对于母语来说，你了解得越多就会爱得越深。正是因为吴建英校长及其团队成员对母语怀有一份深挚的情感，才使得“中国风·母语美”微课程群由一株幼苗、一畦田地变成了一片葱葱茏茏的母语的绿洲，造就了一方明澈纯净的母语的天空。孩子们在这里尽情地采撷母语的花朵，呼吸母语的芬芳。相信将来，孩子们幼时获得的这一份母语的滋养一定会成为他们成长过程中情感的寄托、精神的寓所。

导　言

母语教育：从美出发

/吴建英

“母语”，英文说法：mother tongue，直译是“妈妈的舌头”。从妈妈的嘴里发出的声音，那是生命来到世上听到的最初的声音，也是最美妙、最温暖的声音。

作为母语的中文，是一种美的存在。鲁迅先生说，“汉字具三美，义美以感心，一也；音美以感耳，二也；形美以感目，三也”。的确，母语之美，美在字形，作为迄今为止唯一活着的象形文字，横竖撇捺、字形结构尽显“天生丽质”。母语之美，美在音韵，“平、起、注、落”四声调形成轻重有序、错落有致的抑扬之美，妙不可言。母语之美，美在意蕴，从《诗经》、《楚辞》、汉赋、乐府诗歌，到唐诗、宋词、元曲、明清传奇……五千年的沉淀，母语早已如高山般意蕴深沉、厚重博大。母语之美，美在智慧，象形、指事、会意、形声四种基本造字法，使汉字成为世界上最成熟、最完美的文字。此外，我们的母语还蕴含着中华民族的精神之美、文化之美，能让我们产生亲切感、归属感和文化认同感。

母语教育，是每一个国家教育的基础与核心。令人遗憾的是，我们的母语教育却长期走在歧途上。多年来，在大部分小学语文老师眼里，母语教育就是教语文教材。教学中生搬硬套其他语言系统的法则和定律，而轻视、漠视我国优秀的母语教育传统。教学方式大多沦落为语言训练，课堂上精讲分析，课后让孩子花大量的时间抄写默写、解词释义、修改病句、阅读分析……这些枯燥乏味的“工具性”语言训练，不仅不能让儿童感受到母语的魅力，而且使他们对母语学习失去兴趣，根本不可能提高他们的母语素养。

更糟糕的是，在全球化、网络化语境下，在审美观念、审美心理普遍“西化”的情况下，产生了严重的“母语危机”，母语被污损、遭粗鄙，母语文化根脉不稳、活力不足。令人忧心的种种现象提醒我们，要从更深层面去思考：母语教育究竟该从哪里出发？往哪里去？

母语教育，应该从美出发，回到经典。美是母语的本体，也是母语的终极旨归。最美的母语就在经典中，“经典母语”应成为儿童母语学习的重要资源。在现代“快餐式阅读”“浅阅读”大行其道的严峻态势下，回到经典，引领儿童去追溯、去探寻、去领略经典母语中的文字之美、文学之美、文化之美，进而激发他们对母语的炽热情感，培养他们对母语的认同感和丰富的语言感受力，最终才能实现学生母语素养以及核心素养的全面提升。回到经典，母语的火种才能代代相传、生生不息。

母语教育，应该从美出发，回到本土。著名语文教育专家李伯棠先生指出，母语教育，必须掌握两条原则：一是要符合本国语言文字的特点，二是要符合学生学习本国语言文字的规律。母语是一门最具民族性的学科，母语教育，理所当然应深深植根于本民族土壤。回到本土，继承优秀的母语教育传统，深刻把握和领悟汉语本质特征、审美特性和学习规律，构建独具民族特点和中国特色的母语教育体系，探求符合规律的现代母语教育方法，走出一条“母语教育民族化”之路。回到本土，才是母语教育刚健发展的应取之策。

母语教育，应该从美出发，回到儿童。儿童时期是一个独特的生命阶段，每一个儿童都是天生的语言学习者。母语教育应依循儿童学习母语的心理以及对母语的感受力，建立起儿童与母语之间的联系。必须坚持儿童本位，用各种乐学方式让儿童主动与母语温暖相逢，进而激发他们母语学习的潜能，培养他们母语审美的眼光，培育他们言语生命的悟性，让他们成为有“根”的人。

经典、本土、儿童，皆是母语教育的原点。母语教育，从美出发，回到原点。回到原点，就是为了最终抵达。

目　录

第一辑

思考与探索

最美的母语给最美好的童年

——“中国风·母语美”微课程群的构建与实施

吴建英

在今天这样一个娱乐至上、网络无极限、母语被弱化的时代，如何唤醒沉睡的民族语言经典？如何引领中国的儿童发现母语之美，激发他们对母语的热爱，找到回“家”之路？带着这样的思考，近年来，我们一直致力于“中国风·母语美”微课程群的构建与实施。

一、研发缘起：“四个基于”的思考

1. 基于母语教育的时代需求

德国语言学家威廉·冯·洪堡特说，民族的语言即民族的精神，民族的精神即民族的语言，二者的同一程度超过了人们的想象。也就是说，母语是民族精神的符号，她承载着连绵不断的民族文化。十八大之后，加强优秀传统文化教育已上升为一种国家意志，国家提出要把经典嵌在学生的脑子里，成为中华民族的文化基因。对于母语教育来说，必须放在民族文化建设、当代社会发展、未来人才需求的大背景下进行。只有重视母语教育，才能让我们的孩子热爱母语，从而增强文化认同感和家国情怀，树立坚定的民族自信心。

2. 基于母语教育的现状分析

母语教育发展到今天，积弊颇深，主要存在以下三大缺失：

（1）经典母语课程内容的缺失。由于受各种复杂因素的影响，大多数语文教师仍不敢跨越教材的樊篱。而现有教材中，经典母语选文内容单薄，可谓“短小轻薄”。同时，部分学校在经典母语阅读中存在盲目跟风、不注重系统性、对内容不加选择等问题，甚至把传统文化中的糟粕塞给了学生。

（2）儿童母语教学方法的缺失。近年来，我国母语经典阅读虽有成效，但并不乐观。一些教师教学方法单一，一味推行“填鸭式”灌输和不求甚解的死背，忽视儿童的母语学习心理和生命体验，这种母语教学方法与现代儿童观、教育观是相背离的。

（3）教师良好母语素养的缺失。教师是母语教育的关键要素，但很多小学语文老师在进行经典母语教育时捉襟见肘、举步维艰。作为儿童母语学习的引领者，自身缺乏对母语的认识与热爱，母语素养、文学素养、人文素养、教育素养都有待提高。

3. 基于小学生的智力特点

心理学家研究得出结论：小学毕业之前是一个人记忆力的高峰期，15岁以后人的记忆力慢慢退化，理解力慢慢上升。有这么一个说法，少年之记，如石上之刻；青年之记，如木上之刻；老年之记，如沙上之刻。根据小学生的智力发展特点，毫无疑问，重诵读、重记忆、重积累，应是小学生学习母语的重要法则！

4. 基于“微课程”的独特优势

微课程是指小而微的课程，具有主题聚焦、容量微小、时间短少、操作方便、参与自由、见效明显、特色鲜明等特点。这些特点，对母语课程内容的丰富和全方位建设无疑是十分有益的。另外，微课程的研发还有助于激发教师的专业发展。语文教师开发符合自己优势和个性化特点的母语微课程，形成微课程群，将成为今后母语课程改革的一个重要方向。

基于以上分析，我们遵循汉语言文字特点与儿童学习母语的规律，全面构建与实施“中国风·母语美”微课程群，以此推进母语教育改革，从而让儿童认识到母语之美，激发他们对母语的挚爱，唤醒融于血脉中的中华传统文化。这是语文学科的内在需求与本色回归。

二、架构体系：让儿童汲取母语营养

我们从儿童需要和发展出发，运用“主题·整合”思想，借鉴多种理论系统进行整体架构。按照儿童成长阶梯，分低、中、高三个学段，以经典、童乐、情趣、意蕴为原则，安排若干微课程，架构起独具个性的符合汉语言文字特点的、多元融合的母语微课程群新体系（见图）。

“中国风·母语美”微课程群

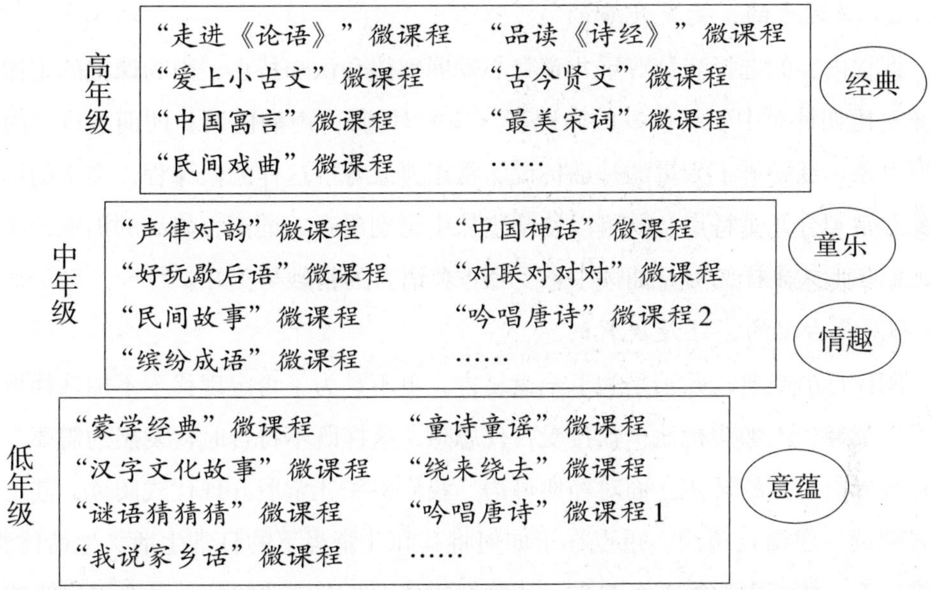

微课程群旨在“让儿童汲取最适合的母语营养”。如低年级的“蒙学经典”微课程，主要从《弟子规》《三字经》《千字文》等蒙学读物以及一些老课本中精选适合低年级学生诵读的内容；“童诗童谣”微课程，主要通过各种童谣的搜集、整理和吟诵，让儿童充分感受母语的独特和有趣。再如中年级的“声律对韵”微课程，主要从《历代趣味诗词》《声律启蒙》《笠翁对韵》等经典书籍中精选诗谜、颠倒诗（歌）、回文诗、对韵歌等让学生诵读、感悟、积累；还有成语、俗语、谚语、歇后语、对联等微课程，让学生感受母语的丰富多彩和活泼有趣。高年级的“爱上小古文”微课程，主要依托《论语》《老子》《增广贤文》等经典名篇中的名句以及精选的趣味小古文，让学生初步认识文言、爱上文言；另外，《诗经》、神话、寓言、民间文学等微课程，能让学生回到源头学习母语。

在我们的课程视野里，微课程主题的选择具有如下特点：

1. 是经典的，又是多元的

唐诗、宋词、元曲、四大名著小说等传统文化中的经典，理所当然成了课程的基础。同时，还把汉字、对联、灯谜、谚语、成语、神话、民间故事等，甚至把富有特色的“乡音乡韵”“家乡歌谣”也编入课程，尽可能为学生提供多元经典。

2. 是远古的，更是儿童的

课程内容的选择充分尊重儿童身心发展规律和认知特点，因为课程的主体是儿童。比如针对中年级研发的微课程《笠翁对韵》，声韵协调、朗朗上口，内容包罗万象，还融进了大量的神话传说、常用典故等。这样的微课程，文本韵律和形象非常契合儿童特点，既可以使学生从中得到语音、词汇、修辞的训练，又能让他们在形式多样的对仗诵读中感受到古典语言的精妙与美好。

3. 是古典的，还是现代的

阅读母语经典，并不是为了全盘复古，更不是为了否定现代。不加选择地让孩子去读经，不加辨析地全盘接受古代思想，这样既不符合时代发展的需要，更不符合母语教育的规律。面对经典母语，我们引领儿童展开现代式阅读，甚至批判式阅读、建构式阅读，重点在于如何将其和儿童当下的日常生活、生命体验、思维培养、情感表达等联系起来，让我们的孩子既有古典情怀，又有现代精神。

三、主题读本：最美的母语给美好的童年

每一个微课程的推进，主题读本的开发是第一步，也是关键。我们以把最好的母语给最美丽的童年为目标开发配套的主题读本，力争使这些读本成为儿童生命成长中最重要的母语养料。主题读本主要有以下特色：

1. 精选经典。经典作品，有着种子的力量。我们选编每个微课程读本，篇目不多，但必须是“经典中的经典”，去粗存精、去伪存真，或是语言表达上的经典，或是思想价值上的经典，为学生提供的不仅是最美的母语浸染，更多的是一种情感体验、思维方式以及思想内涵的引领、共鸣、提升。

2. 适合儿童。母语课程建构的基础理论核心是适合儿童。我们在选编读本时充分尊重儿童的身心发展特点，摒弃单调乏味、枯燥说教，尽量丰富多彩，并与儿童的生活经验相结合。

3. 互补整合。选编时，我们尽量避免与现有语文教材内容重复，而是通过解构、重组、精简、拓展等途径进行重构，互补整合，减负增效。如围绕“最美宋词”“中国神话”等微课程主题，整合了多个版本教材，做多维度的拓展、延伸、链接，在精选经典的基础上压缩、增添，形成读本。这种读本，可以说是基于教材，超越教材的。

4. 形成阶梯。根据学生年龄特点和认识水平，遵循国家课程标准，在确定好微课程目标的基础上，每一个微课程读本以主题为序列，以年级为阶梯，由易到难、由浅入深。

如开发低年级“汉字文化故事”微课程读本时，课程组的老师先阅读了大量的汉字文化类书籍《画说汉字》《汉字里的故事》《汉字王国》《有故事的汉字》等，然后在庞杂的汉字系统中精心选择有故事又有代表性的汉字，再依据教材中语文学习的进度循序渐进地引入，形成以下读本内容：

“汉字文化故事”微课程读本内容

年段	内容	年段	内容	年段	内容	年段	内容
一年级上学期	日月星辰	一年级下学期	鸟飞雀跃	二年级上学期	抛头露面	二年级下学期	车船风行
	气象万千		地上走兽		体腔胸背		古代兵器
	高山深谷		地面爬虫		手法多变		生活用具
	土石农田		鱼龙出水		足脚止步		鼓乐琴声
	河川流水		鸟羽兽毛		布衣丝巾		占卜文化
	树木枝丫		兽角兽踪		饮食器皿		耕织工具
	竹木草坪		人体造型		房屋居住		多形合拼

读本中，从“日月星辰”到“人体造型”，从“房屋居住”到“多形合拼”……主题涵盖天文、地理、历史、人物、动物、生活等，让学生从中阅读到汉字背后的故事，了解到汉字的前世今生，感受到汉字的文化内涵，轻轻松松学好汉字。

四、乐学策略：让儿童在母语中狂欢

母语教学中，一些教师教学方法单一，一味推行“填鸭式”灌输和不求甚解的死背，忽视儿童的母语学习心理和生命体验，学生无法体会到学习母语的快乐。课程实施中，我们努力汲取古代母语教育的精华，同时吸收当今母语教育改革的成果，找寻最适宜的乐学策略，采用儿童喜闻乐见、生动活泼的方式，让他们在母语中狂欢。

1. 多样诵读，感受母语乐趣

母语阅读，应以“熟读成诵”为教学原则，将“读”贯穿始终。清代姚鼐等人提出“因声求气”之说，“声”就是文句的音韵、节奏美，“气”就是作者所表达的精神、气势。也就是说，要让学生在丰富多样、充满情趣的诵读中，感知母语一唱三叹、回环婉转、抑扬顿挫等韵味。古人吟咏诗文之情状是“言之不足，故嗟叹之。嗟叹之不足，故咏歌之。咏歌之不足，不知手之舞之，足之蹈之也”。我们在“声律对韵”“对联”“绕口令”等微课程的教学中，根据教学内容，变换多种形式，采用表演读、拍手读、跺脚读，交替读、接龙读，快读、慢读，辩读、对读、引读、转换角色读等多种方法，让学生乐此不疲、乐趣无穷。

2. 寓教于乐，唤醒激活经典

国学大师南怀瑾先生曾说，现在一般的人们，根本不知道过去传统的教育方法是多么的轻松愉快，使儿童在歌唱舞蹈的气氛中，达到文化教育的要求。古人说“弦歌不绝”，就是这种境界。母语阅读，需要我们寓教于乐，用学生喜欢的方式激活、唤醒经典，可采用游戏、歌唱、舞蹈、短剧等形式，让母语“活”在儿童的生命里。

如在“缤纷成语”微课程中，我们结合学校京剧特色，让学生欣赏经典曲目，了解唱段背后的成语故事，在理解的基础上让学生学唱京剧中成语故事剧目《负荆请罪》《霸王别姬》《八仙过海》等。再如在“绕来绕去”微课程中，为了让学生感悟绕口令的趣味性，给学生播放了一首歌曲《中国话》，这首歌不仅充满时尚气息，节奏感强，其中伶俐快速的发音和无厘头的语言表现力，绕来绕去，妙趣横生，一下子吸引了学生。这样的母语学习才会饶有兴趣、有滋有味。

3. 模仿迁移，感受创编之乐

经典母语语言不仅精辟洗练、晓畅准确，又神形兼备、蕴含深厚。教学中，引导学生深入语言内部，感悟语言神韵，发现其内在的美。让学生感知“言”，积累“言”，仿照“言”，创作“言”，由表及里，步步深入，才能真正达到感受语言、领悟语言、积累语言、运用语言之目的。

如在“绕来绕去”微课程实施过程中，在多形式诵读之后，引领学生通过对一组绕口令的观察，了解绕口令的最大特点是“绕”，里面有许多字往往韵母相同。有了这样的认识，学生创编起来就如鱼得水了。创编过程分为两个步骤：一是出示绕口令，让学生填字；二是独立创作绕口令。在此基础上，又引领学生创编礼仪绕口令、健身操绕口令等。学生在这种创编过程中真正做到在语言中狂欢。

4．“互联网+”，体验更多奇妙

“互联网+”时代，信息技术和信息工具的运用，改变了人们获取知识的方式，也必然改变人们的学习方式。“互联网+”背景下的母语微课程也在不断寻求新的方式。如“汉字文化故事”微课程中，老师带领学生走进《汉字宫》。《汉字宫》用故事电视片形象生动地展示了汉字的形成过程，一字一小段情景视频。学生每天花10分钟漫步《汉字宫》，在看动画的愉悦中，不仅了解了汉字的起源，更感受到了汉字世界的丰富、神奇。此外，我们还引领学生在微信“博雅小学堂”里听《诗经》，在“跟我学小古文”中学小古文，用“为你诵读”软件进行“每日一诵”的练习、分享……互联网能让学生更便捷地学习母语，充分感受到新时代下母语学习的快乐。

另外，我们还让母语学习与社会实践、游戏活动、学校集会、礼仪训练、参观游学等相结合，让学生随时随地浸润在美妙快乐的母语世界中。

五、重组优化：用适宜的方法提高课程实效

在探索与实践中，我们积极更新教学观念，大胆进行课时重组、优化方法、评价模式的变革与创新，不断提高课程实施的效果。

1．课时重组，实施灵活高效

根据学生发展及课程实施的需要，我们以集中和分散相结合的形式，在课时总量不变的前提下，尝试将每周语文课时量的三分之二用于教材教学，三分之一用于微课程的实施。同时，还进行长、中、微等课时的调整与统筹安排。如晨诵15分钟的“微课时”，用于“唱唐诗”“绕口令”“好玩歇后语”等微课程的实施；午读30分钟的“中课时”，用于“中国寓言”“中国神话”“民间故事”等故事类微课程的实施；60分钟的“长课时”，用于“民间戏曲”“评书”等微课程的实施，这样能使课程活动得以自然开展，学生能在一个比较充裕的时间内完整地经历全过程。

2. 优化方法，提高实施质量

课时重组后，运用精读略读结合法、主题阅读法、比较阅读法、群文阅读法、单元整体阅读法等多种方法促进教学最优化。实践证明，优化教学方法，遵循儿童身心发展的规律和学科学习的规律，能有效提高微课程实施的质量和效果。另外，以社团为载体，采取选课走班的方式，让学生根据自己的个性、兴趣、能力，选择自己感兴趣并适合自己的母语微课程社团，为每一位学生的母语发展提供个性化平台。

3. 趣味评价，体验成功乐趣

课程落实，离不开评价的改革。我们主要启用“星级评价手册”，手册中根据学段有各种母语微课程大赛，如“汉字书写大赛”“诗词背诵大赛”“成语接龙大赛”“唐诗吟唱大赛”“神话讲述大赛”等，学生每参加完一个大赛，便可获得一枚“星级奖章”。此外，还采用展示性评价，在母语节、期末庆典时，让学生在“歇后语对对碰”“成语大闯关”“小儿对韵”“飞花令”等丰富多样的游戏活动中展示母语学习的成果。这些趣味评价，让儿童在母语学习中真切感受到学习母语的价值，体会到母语学习的成功乐趣。

“中国风 · 母语美”微课程群的研发与实施，实现了母语文化经典与学生核心素养发展的对接、与现代儿童成长的对接、与教育面向未来的对接，走出了一条富有民族特色和时代精神的母语教育探索之路。

一条“母语教育民族化”之路

——探索展示母语之美的“情意课堂”教学范式

吴建英

我们中国的儿童，学习的是汉语。汉语是汉民族的共同语言，是我们的母语。母语是最具民族性的，母语文化、母语人文情怀、母语思维方式、母语审美特点等对学生的影响是终身的，是永远的烙印。母语教育，就应该激发儿童对母语的炽热感情，唤醒融于血脉中的母语文化，从而在心灵上建构起牢不可破、永不遗忘的“母语情结”。鉴于此，我们进行“情意课堂”范式研究，努力将语文教学植根于汉语文本，探索展示母语之美的语文教学，走出一条“母语教育民族化”之路。

一、正本清源：母语教学的本色回归

母语教育发展到今天，积弊颇深，要想重新获得生机，必须正本清源，回归本色。

（一）对母语课堂教学现状的思考

审视当今母语课堂教学现状，我们发现，母语课堂常出现两种偏颇：一种是漠视汉语特点，弱化语文灵性。课堂教学建立在工具化、符号化和理性化的知识观基础上，重讲解轻体悟，重局部轻整体，重程式轻个性，含义解释、要点归纳、机械练习、语料记忆等做法不胜枚举。结果，鲜明的形象被淡化、丰富的情感被稀释、自由的想象被禁锢、美丽的意境被解析、文本的意蕴被肢解……这样的教学淡化、剥离了语文所固有的本体价值，使原本充满人性之美、富有情性之趣的语文变得不像语文了。另一种是过度追求感性，虚化语文内涵。重铺张轻静思，重花样轻内涵，重语意轻语言，课堂教学变得越来越复杂、越来越玄乎，让

人觉得教学内容非常丰富，但细细咀嚼，却又感觉平淡，缺乏内涵和品位，语文课变得苍白而贫乏。

母语课堂的这两种偏颇，使语文教学既缺失了母语的典雅与智慧，也缺失了生命的灵动与光辉。

（二）对汉语本体价值的认识

汉语是世界上最古老、最简洁、最丰富、最优美的语言之一，具有“情境建构”的特点：句读简短，形式松弛，组合自由，充满弹性，以神摄形，情趣盎然，气韵生动，意义遥深，具有“以象见意”的诗性特征，富有独特的人文品格。汉语“重意会、重虚实、重具象”，使“汉语保留了更多感性的东西，更接近人的瞬间体验而非理性思维”，因而显得有“情”有“意”。诗人郑敏说，“每个汉字都像一张充满感情向人们诉说着生活的脸”。汉语能“随物赋形”，重“意合”而轻“形合”。汉语的“意合”特点又与中国人传统的思维特点有密切的联系。

强调对汉语本体价值的认识，其实质是实现语文教育的民族化，在增长学生语文素养的同时，培育他们热爱中华民族的思维与情感，为他们成长为世界的中国人奠定坚实的基础。

（三）对“母语教育民族化”的澄明

“母语教育民族化”是一种教育理念，它不是“复古”，也不是“排外”，而是遵照汉语言文字特点与语文学习规律，遵照现代先进教育思想来改造母语教育，以尽快摆脱语文教学效率低下的困境，加速培养青少年乃至整个中华民族的文化素养。应该指出的是，母语教育的目标是现代化，其过程是民族化，只有坚持走“母语教育民族化”之路，才能实现现代化的目标。母语教育民族化，就是本位现代化。正如张翼健先生指出：“语文教育必须坚持民族化的方向。但我们这里所说的民族化，决不是狭隘的民族主义与保守的复古意识。相反，开放意识与现代化意识正是‘民族化’题中的本来之义……我们的现代化建设必须扎根于中华民族的文化，这是语文教育必须坚持民族化的重要依据之一。”“情意课堂”探索走一条“母语教育民族化”之路，是语文学科的内在需求与本色回归。

二、“情”“意”交融：母语教学的返璞归真

“母语教育民族化”的精髓应是：我们的文化传统与汉语特点。尚“情”尚“意”、“情”“意”交融，这是母语教学的返璞归真。这种返璞归真，不是一种简单的回归，而是一种螺旋式的上升。

（一）尚“情”尚“意”

情意课堂尚“情”，因为母语教学需要“情”，这是母语学科自身的特点所决定的。刘勰在《文心雕龙》中指出“情者文之经，辞者理之纬，经正而后纬成”，“情”是文章之灵魂；白居易说“感人心者，莫先乎情”，指出情感在文章中是感动人心的首要因素；王国维也指出“一切景语皆情语”。这些古典文艺理论的精髓，道出了情感在语文中的地位和作用。在语文课本中，有许多优秀的文章，它们都充盈着作者的情感，承载着作者的思潮，在一字一句之间，情感被渗透、被传达、被倾诉。语文教师应从文本中充分挖掘情感因素，以文导情，激起学生的情感波澜，与文本对话，与作者产生共鸣。

情意课堂尚“意”，因为“意”这个概念是我们文化传统中常用的，古色古香、意蕴丰厚。“意”是会意字，从心从音，或可谓“心音”。本意是：心志，心意。许慎《说文解字》注：“意，志也。”《春秋繁露》有“心之所谓意”，可见“意”以心为主宰，由心而生的志、趣、见、识、境、象，都可归于“意”。母语教学，应当聚焦语言文字所创造的“意”，把握住了文本的“意”，也就把握住了作者的心跳、文本的灵魂；把握住了文本的“意”，也就能走进情景交融、虚实相生、活跃着生命律动的、韵味无穷的诗意空间；把握住了文本的“意”，也就能使学生领悟作品所描写的言外之意、弦外之音，感受作品的审美情趣。

（二）“情”“意”交融

“情”能生“意”，“意”能生“情”，“情”与“意”互相促进、相互转化、共同发展。对母语教育“情”与“意”的两极融通做深入的理性追寻，能使语文课堂达到一种理想境界。

1. 以情为纽带，创设语言生活的“意境”

母语教学应回归语文本体，应充分发挥汉语言文字本身的魅力，深入理解语言文字所承载的“情”和“意”。情意课堂以情为纽带，引导学生对语言文字沉

潜品味，穿透语言表义，深入文本深层，感受语言的音韵之美、形体之美和意蕴之美。情意课堂为学生构筑的是一个多元启悟、自由对话的语言生活的“意境”。这种“意境”的构筑，不是由感官直接捕捉的，而是要通过联想、想象、体察、玩味、感悟，以及伴随的情绪、情思、激情等活动来“描摹”和“意会”的。

如在教学孙友田的《月光启蒙》时，通过轻柔的《小夜曲》配乐引读第1自然段后，播放了一段近两分钟的无伴奏歌谣。同时，屏幕上出现了一幅静谧的月夜图。唯美的画面与悠扬的曲调相得益彰，形成强烈的视听效果，学生在不知不觉中进入文章的意境之中，陶醉在妙不可言的氛围里。接着提问：“听着母亲的歌声，你有什么感觉呢?”学生在意境中灵感被碰触，顿时文思泉涌。在此情此景中，又出示第4自然段，在反复品读的基础上再让学生想象：当时的“我”是怎样听母亲唱歌谣的呢？学生在意境想象中体会到那个被母亲搂在怀里的孩子，在美丽的月光下，听着母亲用甜甜的嗓音深情吟唱着歌谣，感觉是那么快乐、幸福、美好。此时，学生对文章的美点“芳香的音韵”的理解也就水到渠成了。

2. 以情为根基，灵动儿童本位的“意趣”

小学语文是儿童语文，小学语文应当成为儿童的一种生命存在。“小学语文教学，应当更多地关注儿童的心态、儿童的感受、儿童的兴趣特征和思维方式……一句话，应当更多地去追寻儿童精神，莫让童心过早地消逝。”情意课堂以情为根基，来体现儿童本位的意趣：纯真美好的情感，奇特丰富的想象，天真纯粹的语言，童稚优美的意境……说到底，情意课堂就是让儿童过充满德行的、灵动的、创造的课堂生活。

如教学《月光启蒙》“品味歌谣魅力”板块时，我没有直接按课文顺序进行教学，而是提取文中五首民歌童谣，让学生用自己喜欢的方式充分朗读，边读边想，你能读懂些什么？把喜欢的歌谣读给大家听，并说说喜欢的理由或感受到了什么。学生很快进入情境，热情高涨，投入歌谣之中，融于其间，读得摇头晃脑、眉飞色舞，甚至情不自禁打着节拍，用方言尝试朗读。譬如文中有这样一首童谣：“毛娃哭，住瓦屋，毛娃笑，坐花轿。毛娃醒，吃油饼。毛娃睡，盖花被。毛娃走，唤花狗，花狗伸着花舌头。”当孩子们拍着手，跺着脚，捶着桌子，用天真的童音“唱”起来的时候；当他们一边有节奏地唱着，一边做着坐花轿、盖花被的动作的时候，童谣的魅力被表现得淋漓尽致。这些符合学生情感体验、年龄特点的童谣，在学生拍手、跺脚、拍打桌子的节律，在一遍遍的朗读甚至叫喊声中被唤醒。学生对民歌童谣有了新的理解：“童谣句式短小生动，语言简单易懂。”“童谣朗朗上口，节奏感强，自然活泼，讲究押韵。”“童谣俏皮有趣，语言幽默，而且还蕴含着道理。”“童谣想象奇特，天马行空。”学生和文中的诗人一起享受着童谣带来的快乐，一颗颗“混沌的童心”就像诗人一样“豁然开朗”，他们真正了解了民歌童谣明快、流畅、含蓄、风趣的特点，也感受到了民间文学的魅力。这种教学，充分体现了儿童本位的意趣。

3. *以情为动力，彰显主体发展的“意志”*

情意课堂尊重学生的主体地位。语文素养本身是不能通过诸如灌输、教导、训诫等手段获得的，而是要唤醒、激励和鼓舞学生去自信地学、自主地学、自觉地学。情意课堂，向学生提供的是一个活跃、开阔的语文实践平台，以积极的情感因素为动力，进而引发学生作为语文学习的主人去感觉、去领悟、去精思、去玩味，彰显主体发展的意志。

比如，让学生进行学习的自主选择就是一种主体意识、主体行为、主体能力、主体发展的体现。“自主”应该是学生真正意义上的自由。在课堂上有限的时间里，给学生以自由，学生可以选择自己喜欢的学习内容、学习方式、学习伙伴，从而真正获得学习的主动权。只有这样，学生才会真正知道学习是自己受益，学习是自己的事情。尊重学生自主选择的权利，有效地激发了学生的学习兴趣，促进了学生参与学习过程的主动性和积极性。

4. *以情为导向，洋溢文化积淀的“意蕴”*

母语教育的根在文化。可以这样说，教材中的每一个汉字、每一个词语，无不深深地烙着人类文化的印记。“一个民族的语言文字不是孤立的语音、符号系统，而是在其中积淀了这个民族的睿智、文化、精神和感情。”语文是文化的，沿着文化的血脉引导学生去解读文本、阐释文本、升华文本，这是情意课堂的重要职责。情意课堂，定是洋溢着浓厚的文化意蕴的精神家园。

如《碧螺春》这一课，蕴含着中国茶文化。教学中，借助文本引领学生走进茶的世界。同时，进行适度拓展，介绍茶知识，弘扬博大精深的茶文化。请看以下教学片段：

师：让我们泡上一杯碧螺春，一起细细品茶，你发现了什么？

生：我闻到了一阵扑鼻而来的芳香。

生：我看到了碧绿清澈的茶汤。

生：我看到杯中的茶叶先是蜷曲的，一会儿就舒展开了。

师：是啊，这就是碧螺春独特的色、香、味、形，难怪它深受人们的喜爱。有位外国诗人在品茶之余写下这样的诗句——（出示："在清香的碧螺春茶汤里，我看到了江南明媚的春光。"）让我们带着喜爱之情读一读。（学生齐读）

师：你在清香的碧螺春茶汤里，看到了什么？请拿起笔写一写。

（学生写，之后交流）

生：你的名字叫碧螺春，/你有那美丽的色彩，/俊美的形态，/清新的香气。/你是一幅画，印在我的心上；/是一首诗，萦绕在我的心间；/是一曲歌，回荡在我的耳畔。

……

师：无尽的风光在这美丽的碧螺春茶汤里展现，无尽的情意在这清香的碧螺春茶汤里流淌，源远流长的中国茶文化在这悠久的碧螺春茶汤里绵延。为了让我们这些生活在茶的国度里的人更好地了解茶文化、弘扬茶文化，老师介绍几个茶文化网站，同学们收集一些资料，在《茶文化》综合性学习中交流。

5. 以情为引领，追寻哲学启蒙的"意义"

儿童的天真、纯朴很难让人把他们与看似深奥的哲学联系在一起，其实，哲学离儿童并不远。哲学的本意是爱智慧，而追求智慧恰恰又是人的自然本性。人类的本性决定了儿童天生是个哲学家。儿童的身上，天生存在着智慧的因子。情意课堂，在情的引领下，不但要复活这些沉睡中的因子，更要将学生的"思"逐步引向深处，获得一种精神的敞亮。从语文哲学的高度看，追寻哲学启蒙的意义，借语文以育人，才是情意课堂的终极关怀。请看《珍珠鸟》的教学片段：

师：是呀，一只本来怕人的珍珠鸟，因为信赖，变得与人亲密、友好。老师读了文章后，深有感触，写下了我的一点儿感受：

（出示，配乐朗读：信赖源于一份关爱，一份呵护，也源于彼此间的尊重和宽容。只要我们心中充满了爱，善待身边的每一种生灵，就会看见它们出自天性的自由和欢乐。也许有一天，我们漫步原野，会有飞倦的小鸟在我们肩头歇脚；会有美丽的蝴蝶在我们发上扇动翅膀；会有可爱的梅花鹿，从远方的山岗上向我们欢快地奔来……让我们用宽广而细腻的胸襟去拥抱地球上那些可爱的生灵，让爱与我们相伴而行……）（播放一组人与动物和谐友好的画面）

师：我想，同学们和我一样，一定对"信赖"又有了许多新的认识。谁来说说你对"信赖"的一点儿感觉、一点儿滋味？

（出示：信赖，________________________。）学生练习写。

生：信赖，是搭建友谊的桥梁。

生：信赖，是打开和谐美好的金钥匙。

生：信赖，是一座桥，让我们彼此心灵相通、真情相融。

师：同学们体会出了这么多"信赖"的意味。是呀，只要有信赖，老师相信不仅在作家冯骥才的书房里，在世界的每一个角落，你、我、他都能创造出更多美好的境界。

《珍珠鸟》是一篇人文情愫较浓厚的文章。在以上教学中，深情交流自己的读后感受，播放一组人与动物和谐友好的画面，让学生浸润其中，深受熏陶。这样的拓展是基于文本、服务文本的，文本深藏的人文情怀得到充分挖掘与展示，点燃了学生的思想火花。最后出示："信赖，__________。"这样的句式，学生有感而发，思想精神得到了提升，思维品质得到充分的锻炼。思考的乐趣，思路的跌宕，思维的力量，思想的觉醒，尽在其中。

三、民族特色："情意课堂"的范式研究

母语素养与民族文化密不可分。"语言文字是民族文化的地质层，积淀着民族文化的精粹。"所以，情意课堂力争使母语教学充分展现中华民族的文化特点，呈现中华民族的语言特色。

（一）价值皈依：情智互动，言意共生

"情智互动，言意共生"是情意课堂追求的核心价值。

语文是一门特别富有情感的学科。母语教育只有引向情感，才可以在深入理解的基础上赋予文本以丰富的色彩，恰切的分量，显示出灵动的活力，艺术的魅力，发挥巨大的感染力。同时，语文又是一门富有智慧的学科。语文教育只有跨越知识和技能的樊篱，走向智慧，才能使学生的潜力最大限度地激发起来，才能促进儿童智慧的培养。情意课堂努力追求“情”与“智”的和谐融合、互促互补、相得益彰，从而使课堂生活成为儿童人生情感、生命智慧的一种诗意享受。

“言意共生”是语文教学的出发点和归宿。“言”和“意”，是汉语言的内在构成要素，处于谁都不可替代的核心地位。“言”又称为语、文、辞、章、体式、结构等，是指言语的形式、言语的样式；“意”又称为志、理、义、思、道、神、旨等，是指言语的内容。汉语言就是“以意为主”，又“从言出发”，其高妙之处正在于“言意之间”。“它要求运用者斟酌于言意之际，徜徉于言意之间，言意二者互观共照，相辅相成，彼此融合，以达到亦言亦意、非言非意、言意共生的美妙境界。”语文教学，说到底就是实现“言”与“意”的融合共生。语文课程无比的美妙，语文课程无限的魅力，就在于“言意共生”。

“情智互动，言意共生”使情意课堂更趋向于工具和人文的和谐统一，也更趋向于语文的本体，语文教学的本真。那么，情意课堂如何抵达情智互动、言意共生的境界呢？

1. 文本解读

任何一篇精美文章人文情感的流露，都是借助语言来展现的。教师在解读课文时，要在情感体验的基础上，提炼文本的意义和内涵，将初步的情感通过言意一致的阅读过程，转变为真实的感悟，才能使对文本的解读饱满而有力。

如《船长》一文，情节感人、内容真切、人物生动。很多教师在解读文本时，读到的是船长哈尔威的舍己救人，但仅仅这些是不够的。作为一名船长，哈尔威的个性品质和人格魅力，应当体现在对全船成员的生死决策上。譬如对于船长决策时简短有力的对话，我们至少可从以下几个层次进行文意解读：

（1）决定弃船：面对灾难，船长作出的决策完全取决于当时的情况。船长首先向机械师了解船的情况，为弃船逃生的决策提供了基础。问题无一多余，可见船长的果断和沉着。

（2）是否可行：接着问大副，了解整个船的实际情况，一个“够了”，为船长弃船逃生的决定提供了可行性。全船600余位乘客用20分钟逃生，这不是来自船长精确的计算，而是来自船长几十年的丰富经验。

（3）怎样逃生：一句简短有力的话——“哪个男人敢走在女人前面，你就开枪打死他！”这句震耳欲聋的话的言外之意是什么？值得我们对这一语言进行推敲：哪个男人敢走在女人前面，你就开枪打死他！——哪个船员敢走在乘客前面，你就可以开枪打死他！——如果我船长走在船员前面，你就开枪打死我！其实，决策的一刹那，船长毅然决然地把自己的生死置之度外了！

船长的恪尽职守、果断沉着，通过这一形象生动的语言展现得淋漓尽致。文本解读，实现言意统一，对于强化人物性格、深化文本价值和增强作品的艺术感染力，起着相当重要的作用。

2. 潜心涵泳

课文中有不少语意丰富或是深刻的重点句段值得品味感悟，对这些蕴含丰富的词句，教师要在关注言语形式的新颖性、独特性的基础上，寻求人文教育的最佳落脚点。因为文本内容的精彩处、语言的经典处，往往集中体现了作者深厚的遣词造句的功力，同时也蕴含作者丰富的情感和审美价值。因此，教学中教师要扎扎实实地引导学生与文本密切接触，沉潜于文本语言的深处，鉴赏玩味，潜心涵泳，领会其中的独特意义和情味。如《珍珠鸟》教学片段：

师：珍珠鸟淘气、美丽、可爱、娇小，还胆小，作者可喜欢它了。在文中，作者用了三个带“小”的词语形容珍珠鸟。（出示：“小脑袋”“小红嘴”“小家伙”）听老师读读这三个词，（读出儿化音）然后说说有什么感觉。

生：用上这三个带“小”的词语，让人感觉珍珠鸟的确是小巧玲珑的。

生：读的时候后面带上“儿”，让我感觉珍珠鸟更可爱了！

师：课文中还有好几处地方称珍珠鸟为“小家伙”，请大家读一读。（出示文中带“小家伙”的四个句子）

师：“小家伙”是对人的称呼，这里为什么称珍珠鸟为“小家伙”？现在请你们把“小家伙”换成“珍珠鸟”，再读一读，比一比，从中你能体会到什么？

生：用上“小家伙”，让我感觉作者把珍珠鸟当作自己的孩子了，很爱它！

生：用上“小家伙”，可以看出作者对珍珠鸟的喜爱之情，文章显得很有情趣。如果只用“珍珠鸟”，句子就像一杯白开水，无滋无味。

上述教学立足文本语言，精心体味三个带“小”的词语，比较品读带“小家伙”的四个句子，学生在潜心涵泳中读出了文字背后蕴含的情感，提高了语言的鉴赏和运用能力。可见，“在文字上推敲，骨子里实际是在思想感情上推敲”。只有从语言形式上来把握人文情感，才能够真正激活阅读。

3. 入境想象

语言文字所描述的显像结构本身没有直接可感性，必须借助人的想象，化干瘪枯燥的符号为形象鲜活的画面。文本生动形象的语言，蕴藏着作者的思想和情感。我们可以把语言想象成画面，再从画面中触摸到作者的情感，即由言生象，由象生情。这对培养学生理解语言的能力、想象能力以及美好细腻的情感乃至语言的表达能力都有着不可估量的作用。如《蚁国英雄》教学片段：

师：读着读着，你仿佛看到了那是一场怎样的大火？

生：这是一场可怕的大火。熊熊的烈火在草丛中蔓延，形成了一片火海。浓烟滚滚，呛得人直流眼泪。热浪扑面而来，好像要把整个世界吞没！

生：这一场大火铺天盖地、势不可当！起先只是一条火链，这条火链顺着风势越来越大，越来越猛烈，扑向小小的丘陵，渐渐地整个丘陵熊熊燃烧起来，变成了一座火山。大火真是无情啊！

师：是呀，这真是“火神肆虐、火舌舐动”呀！（出示词语，齐读）

师：这一刻，对于区区弱者——蚂蚁来说，意味着什么？

生：意味着它们即将葬身火海，意味着它们将会失去生命，意味着这个蚂蚁家族将灭亡。

师：在熊熊烈火中，万万没有想到，蚂蚁们像雪球一样飞速地滚动着，滚动着，它们要穿越火海，逃离火神。在熊熊烈火中，我们仿佛看见了……仿佛听见了……仿佛闻到了……（学生静思片刻）

生：我们仿佛看见了熊熊的火山在烧，一团黑风正沿着山脊流动，蚁团在迅速地滚动、滚动。

生：我们仿佛看见了在铺天盖地的熊熊大火中，蚂蚁们以惊人的速度蜷成一团，迅速滚动起来，它们无所畏惧、勇往直前。

生：我们仿佛听见了噼里啪啦的烧焦声，这爆裂的声响是外层蚂蚁肝胆俱裂发出来的声音！

生：我们也听到了，它们在高声喊着：兄弟们哪，我们一定要坚持住，绝对不能松手。兄弟们哪，坚持就是胜利！

生：我们仿佛闻到了一股股烧焦的味道……

这一教学片段凭借语言文字想象蚁团突围时的情景，将文本语言伴随着感性的形象扎根于学生的精神世界之中，从而把句子表达的情感、思维（想象）的延伸、情感的震撼巧妙和谐地统一起来。

4. 联系语境

语境，即言语环境。《课程标准》对语境作了多处要求与说明，“结合上下文和生活实际，了解课文中词句的意思”，“能联系上下文，理解词句的意思，体会课文中关键词句在表达情意方面的作用”，“对作品的思想感情倾向，能联系文化背景作出自己的评价”。这其中的“上下文”“生活实际”“文化背景”等都是指语境。教学中，利用语境可以有效地引导学生感受语言文字内在的、隐藏的情味、意蕴、理趣、气脉等。如《桂花雨》教学片段：

师：（出示：全年，整个村子都浸在桂花的香气里。）你被哪个字深深吸引了？

生：“浸”字。

师：齐读句子，想象你仿佛看到桂花的香气飘荡，在哪里飘荡？

生：桂花的香气在村子的上空飘荡。

生：桂花的香气在村子旁边的小溪里飘荡。

生：桂花的香气在家家户户房间里飘荡。

师：空气里飘着桂花香，树叶上留着桂花香，溪水里流着桂花香，所以作者这样说——（学生齐读）全年，整个村子都浸在桂花的香气里。

师：“全年”是什么意思？

生：一年、整年、一年四季、春夏秋冬。

师：请大家换个词读读句子，有疑问吗？

生：春天、夏天、冬天怎么会有桂花的香气呢？

生：吃桂花做的桂花糕，喝桂花茶，都能感受到香气。

师：让我们一起想象当时的画面吧！

（出示句式：盛夏的夜晚，村头的老槐树下______________________；

寒风凛冽的冬夜，邻居张奶奶家____________________。）

（生小练笔，交流）

师：读着听着，听着读着，你仅仅闻到桂花香吗？还感受到了什么？

生：乡里乡亲的友谊。

生：浓浓的乡情。

生：淳朴的乡情。

师：是啊，现在除了家乡的空气、树木浸在桂花的香气里，你感受到还有什么也浸在香气里？

生：快乐的生活。

生：淳朴的乡情。

生：童年的快乐。

师：所以，引读"全年——；五年——；十年——；永远——"。

《桂花雨》一文写了台湾女作家席君对故乡的思念，对乡情的眷恋，对孩提时代的怀念，文本表面是浓浓的摇花乐，其实字里行间流淌的是淡淡的忧愁。以上教学片段根植于文本的情感基调，找准了言意共生点，着力抓住表情达意的字眼"浸""全年""整个村子"展开教学。只有立足文本的整体意境，在语境中锤炼，在语境中去体会那浓浓的情感，才能有"言意兼备"的精彩。

5. 深层对话

对话，并不是简单的师问生答，而是围绕文本而展开的将沉默的文字还原、活化、复苏的过程，是师生间敞开心扉、真情交汇、精神契合的诗意之旅。要使语文教学感人，在于心灵深处真诚的对话：或是移情体验后的感同身受，或是切己体察后的真情告白，或是潜心涵泳后的心领神会。在逐层推进的深层对话中，理解得以深化，感受得以深入，情感得以升华。如《船长》教学片段：

师：是的，他把每件事、每个人都考虑到了，就连还是个孩子的克莱芒，他都考虑到了……（音乐起，教师动情地范读第29自然段，屏幕上船长图像逐渐

消失，最后出现第29自然段的课文内容）

师：转眼20分钟过去了，“诺曼底”号上的乘客与船员都得救了，哈尔威船长屹立在舰桥上，一个手势也没有做，一句话也没有说，随着轮船一起沉入了深渊，人们透过阴森可怖的薄雾，凝视着这尊黑色的雕像徐徐沉入大海。同学们，此时此刻，“玛丽”号巨轮上得救的人们可能会焦急地呼唤些什么？在生命的最后一刻，船长哈尔威一个手势也没有做，一句话也没有说，他的内心可能在想些什么？请拿起手中的笔，把他们内心的感受写下来吧！

（出示：“船长，您为什么不和我们一起回家________________________”“朋友，不是我不想家________________________”）（在低沉凄凉的音乐声中学生静静写话）

师：同学们，让我们停下手中的笔，一起走进那悲壮的一幕吧！看着可敬的船长像一尊黑色的雕像徐徐沉入大海，人们可能会呼唤——

生：船长，您为什么不和我们一起回家？您也有自己的家人，您那年老的母亲和可爱的孩子还等着您回去，他们都等着您回家团圆，难道您忘了出行前您的母亲盼您早日归来的话了吗？

师：多么动情的话语！可是船长一个手势也没做，一句话也没说，他想——

生：朋友，不是我不想家，我与“诺曼底”号相处了那么多年，它其实也是我的家，与它共存亡是我的职责呀！

……

师：此时海水已经淹没了船长的双肩，人们悲痛欲绝地呼唤——

生：船长，您还有您的事业，您还有您的生活，况且您还有个家啊！您那白发苍苍的老母亲天天盼着您能平安归来，您那贤惠的妻子早就做好了丰盛的菜肴等着与您共进晚餐，还有您那可爱的孩子天天念叨着找爸爸呢！难道您对这一切都毫不在乎吗？生命只有一次，“诺曼底”号的沉没并不是您的过错，您为了这次事故放弃自己的生命，值得吗？

师：船长一定听到了，可是他仍然一个手势也没做，一句话也没说。他在想——

生：朋友，不是我不想家。我又何尝不想我的母亲、妻子和孩子？我多么迫切地想见到他们。可是，我是一名船长哪！“船在人在，船亡人亡”，此时此刻我怎能离开“诺曼底”呢？再见了，朋友们，请代我对我的家人说一声——对不起。

师：多么感人的一幕啊！船长哈尔威用他的死亡又一次震撼了我们每一个人的心。因此，雨果说——（出示：哈尔威船长一生都要求自己忠于职守，履行做人之道。面对死亡，他又一次运用了成为一名英雄的权利）

（学生齐读）

教学中，教师利用文本营造了倾诉的氛围，创设了语言表达的平台。师生全身心地置身于情境之中，深层的对话更是为洋溢在课堂中的情感推波助澜。由于老师到位的铺垫，学生已分不清文字是“我之文”还是“彼之文”了，他们一声声深情地呼唤，撞击着人们的心灵。语言形式的运用和对文本的理解感悟得到了有机的整合，言意得到了高度统一。

6. 迁移抒写

只有在语言的迁移抒写中，才能更深切地感悟到遣词造句之真义、谋篇布局之技巧、绘形摹状之韵致、表情达意之魅力……语言与精神同根互生，精神越充盈，语言就越畅达、越适切、越具有感染力。如《孔子游春》教学片段：

师：水只有这四种美德吗？孔子还会怎么说？模仿文中的句式练一练。

生：水包容万象，亲吻人间所有事物，它好像有博爱的思想。

生：水清澈透明，一望见底，它好像有光明磊落的胸襟。

生：水勇往直前，从不停止，它好像有坚韧不拔的意志。

生：水源源不断，汩汩流淌，它好像有无穷的活力……

师：说得太好了！孔子对水怀有什么情感？

生：孔子满怀赞美之情！

生：孔子满怀感激之情！

生：还有敬仰之情！

师：是啊！在孔子眼中，水是什么？

生：水是亲爱的母亲。

生：水是敬爱的老师。

生：水是知心的朋友……

语言文字所描述的显像结构是有限的，但如果加入迁移抒写，便会衍生无穷的意境。以上教学片段中，简简单单一个问题“水只有这四种美德吗”引导学生以课文内容为描写素材，把语言形式的运用和课文内容的理解、情感的熏陶有机地结合起来，彼此交融，文本语言遣词造句之真切，表情达意之魅力被学生模仿得淋漓尽致。

7. 拓展反哺

一个文本，即使是一个自给自足的完整结构，在其中也会留下许多有待确定的空白。在教学时，拓展必要的文本（信息），促使文本间互相阐发，形成互相补足的理想效果，将有利于学生对难点内容的理解和对文本情感的把握，文本的意蕴才能得以最大限度地提升。如《渔歌子》教学片段：

师：读诗词，想象还不够。如果我们了解词人的生平，会有更多的发现。你们了解张志和吗？（出示：张志和不仅是诗做得好、画画得好，还精通音律。16岁写折子给皇帝，写的是治国良方，皇帝很喜欢，赐名“志和”。后来因事被贬官，从此再也不做官，隐居在太湖一带，扁舟垂钓，自称“烟波钓徒”。他的哥哥张松龄怕弟弟隐居不回家，就作了一首词《和答弟志和渔父歌》：“乐是风波钓是闲，草堂松径已胜攀。太湖水，洞庭山，狂风浪起且须还。”）

师：哥哥这首词写了什么？这样吧，我当哥哥，你们就是张志和。咱们来一次作诗、和诗吧！

师：乐是风波钓是闲，草堂松径已胜攀。太湖水，洞庭山，狂风浪起且须还。

生：西塞山前白鹭飞，桃花流水鳜鱼肥。青箬笠，绿蓑衣，斜风细雨不须归。

师：狂风浪起且须还。

生：斜风细雨不须归。

师：且须还哪！

生：不须归呀！

师：弟弟啊，为何不归？

生：哥哥，我不想去做官了，这里生活舒适，不用跟那些官场上的人争斗了。

生：哥哥，看到官场上的人明争暗斗，我不想跟他们在一起，在这里我天天钓鱼，多自在舒服啊！

师：兄弟啊，听说你是直钩垂钓，不放鱼饵，你钓到了什么呢？

生：我钓的是自己悠闲的生活。

生：我钓的是自由自在的生活。

师：明白了，世人哪得识深意，此翁取适非取鱼！张志和就这样直钩垂钓，天天流连在溪流边，这溪流就成了他的一面镜子，透过这面镜子，仿佛自己就是在跟一些神仙高人谈话，后来便写成《玄真子》。

很多诗词往往是诗人在特定环境下有感而发，挥毫泼墨留下的。本段教学，拓展了张志和的生活经历、时代背景，这种拓展为教学搭建了丰厚的文化平台，引领学生走近诗人，走进他的内心世界，从而更好地理解诗词的内涵，体会诗人悠闲自得的心态。

（二）审美追求：雅致灵动，情意交融

汉语言的特点决定了母语课堂应是一个见情、见性、见灵思、见神韵的审美课堂，应追求一种雅致灵动、情意交融的审美境界。“雅致灵动，情意交融”之美，不仅是教学形式的一种表现形态，更是对语文本源的一种阐释，是一种精神态度，一种美学追求。这种富有民族特色的审美追求，主要体现在：

1. 美智相映

母语教学的过程是美的欣赏与创造的过程，具有直觉意会的特点，它要求学生全身心地投入和体验，意象合一、身心合一、知情合一。柏拉图认为，人在直觉中会产生一种强烈的美感，受这种美感驱使，直觉者会以一种执着的癫狂进入思维过程，从而呈现出知、情、意一体化的结构。母语教学应以美为境界，发掘文本的语言之美、自然之美、社会之美、人物之美、情感之美、思想之美，通过图画再现、音乐渲染、语言描绘、角色扮演等策略营造一种美的氛围，让学生去感受美、领悟美、欣赏美、创造美，从而进入那种妙不可言、美不胜收的“癫狂”状态，使他们的兴趣、激情、智慧和灵性得以激发和张扬。

如教学《早发白帝城》时，教师可选择明快的古筝曲配乐吟诵，学生从中感受有山、有水、有彩云、有猿声、有小船的美的景象，体会诗人喜悦的心情，美的氛围为学生学习这首诗作好情感铺垫。之后，让学生用自己的话说诗句的意思，教师则用简笔画再现情境，勾勒彩云、山、水、小船，学生边讲教师边画，画面从无到有，处于变化之中，把学生带入情境。学生通过画面，感受诗中两岸悬崖峭壁，猿声啼叫，一叶轻舟在湍急的江水中随波漂荡的景象，画面静中有动，从有限的画面想到无限的画外，感受画中情，听到画外音，从而活跃了思维，更好地理解了诗句，在获得审美感受的同时，获得母语学习的“智趣”。

2. 动静相宜

子曰：“智者乐水，仁者乐山。智者动，仁者静。”我国古代唯物论和辩证法思想家王夫之认为：“静者静动，非不动也”，“静即含动，动不舍静”。两位智者不约而同地阐述了“动”与“静”对立统一的辩证关系。在母语教学中，“动”是指讲解、朗读、讨论、表演等，“静”是指学生默读、思考、想象等。“动”能激发学生的情绪，活跃课堂教学气氛；“静”则有利于学生深入思考。母语课堂应重视运用“动”“静”之间的辩证关系，顺应学生心理需要，根据不同的教学内容巧妙安排教学方式，构建静中有动、动中有静，静而不死、动而不乱，动静相宜、活而有序的课堂生态。

如在《地震中的父与子》这篇文章中，三次出现了“你们愿意帮我吗？”这个问句。从字面上看，这个问句毫无难度，但却是一个饱含着父爱的感悟点。如果不给学生充分的时间进入文本，挖掘问句背后所包含的深爱，这个问句就仅仅是七个字加一个标点而已。教学时，一位老师先让学生默读1至7自然段，要求学生尽情地读，静静地想：“这个简单的问句出现了三次，它们背后所传递的父亲的情感一样吗？”在静思默想之后，有的学生把父亲与众人的表现进行了对比，有的则展开了充分的想象……随后，再让学生朗读这三个简单的问句，他们声情并茂，读出了一份浓浓的情，一份沉沉的爱，一份重重的承诺。课堂中，给予学生充分静思默想的时间，不仅能让他们挖掘出文字背后的内容，还能对有感情地朗读起到推波助澜的作用，使随后的“动”更有意味，更有深度。

3. 虚实相生

在中国绘画、文学、书法、音乐、建筑等艺术形式中，历来都讲究虚实相生，并把它作为艺术家造诣深厚的重要标志。如文学创作中，“不着一字，尽得风流”，“诗在有字句处，诗之妙在无字句处”等，强调的都是言已尽而意无穷的无言之美，追求的都是“此时无声胜有声”的共鸣。母语教学作为一门艺术，也应注重教学“虚”与“实”之间的相互联系、相互渗透、相互转化，引领学生通过丰富的联想和个性化的想象，化虚为实，将抽象感情与哲理赋予具体生动的形象，以达到虚中有实、实中有虚、虚实相生的境界，从而形成无穷的意味和幽远的教学意境，启发学生思维，获得审美情趣。

如一位教师执教《草船借箭》时，没有对课文进行一一分析，而是抓住课文中诸葛亮说的一句话来启智引思：“‘诸葛亮笑着说’，诸葛亮在笑谁呢？笑什么呢？”“一石激起千层浪”，学生以此为切入点研读课文，激发了他们钻研文本、角逐智慧的兴趣。事实证明，学生经过探究，发现这个“笑”很有意味，不但理解了这个“笑”是对鲁肃、说曹操、笑周瑜，而且把“笑”的丰富内涵也剖析得丝丝入扣，句句在理，各有千秋。这一环节，既充分体现了阅读的个性体验，也重点理解了文本的内涵。粗看，这与教师的精设巧问是分不开的；细分析，就发现这巧问正是教学中“虚”与“实”的正确处理：虚问切题，实处求证。

4. 形神兼备

“形神兼备”是我国传统美学的一种。“形”，万物之象；“神”，万象之魂。“形”是“神”的外在表现，“神”是“形”的内在本质。母语教学追求形神兼备，首先要求教师对文本深度挖掘，精辟分析，甚至于细微之处的放大、延伸，形成对教材的独到见解，找到“神”之所在。然后以巧妙的教学艺术、高超的教学技巧、真挚的教学情感和妙趣横生的教学内容，形成一种“磁场效应”，学生被吸附浸润其中，全身心受到感染、熏陶，一步步感悟，一步步深入，从而获得对文本的理解升华，真可谓“神无可绘，真境通而神境生”。请看《天鹅的故事》教学片段：

师：老天鹅不断地扑打着，不懈地努力着，这时别的天鹅……只听得——（出示：“嚓——嚓——”冰层裂开了一条小缝……水面在慢慢地扩大。学生齐读）

师：你们就是那一只只被惊呆的天鹅，看着眼前这位破冰勇士的壮举，你在想什么？

生：我们得赶快破冰，我们就能找到食物了！

生：我会想，我也要去，我还要喊我的同伴一起去战斗。

生：我会想，我要去帮忙！伙伴们，让我们一起干哪！加油！

（师范读。出示：有几只天鹅来帮忙了，很快整群天鹅……就像那激动人心的劳动号子："兄弟们哪，加油！齐心干哪，加油！"）

师：此时你的眼前看到了什么？听到了什么？

生：我仿佛看到了天鹅群在老天鹅的带领下齐心破冰。

生：我仿佛听到天鹅们齐心协力破冰的劳动号子，冰面破裂的声音，天鹅扑打冰面发出的"扑扑"的声音。

师：你听到了文字背后的声音，你用心去体会了。湖面上不时传来"克噜——克哩——克哩"的叫声……（教师引领学生分排读）

师：这声音在贝加尔湖上空此起彼伏，奇迹终于出现了——（指名读）

（出示："小小的冰窟窿终于变成了一片很大的水面。……不时发出阵阵胜利的欢呼声："克噜——克哩——克哩！"）

师：它们仿佛在说些什么？你听懂了吗？

生：我们有吃的了，这多亏了老天鹅呀！

生：我们渡过了难关，我们可以生存下来了！

师：是呀，所有的天鹅都长长地松了一口气，它们掩饰不住内心的激动，昂着头，挺着胸，欢呼起来——"克噜——克哩——克哩！"让我们的欢呼声更响亮些吧！——"克噜——克哩——克哩！"

本段教学，把语言的感悟和情感的体验紧密相连，引导学生依托文本，抓住天鹅的叫声"克噜——克哩——克哩！"通过想象情景、联系上下文、多种形式的品读抓住学生的情感点，同时循声读文，通过比较、体验、建构，感其情，悟其理，化其神，从而达到形神兼备的教学境界。

5. 情理相谐

中国文学，历来都是草木皆情，载道显志。母语教学中，如果缺少"情"，就变得枯燥、机械；如果缺少“理”，则容易流于肤浅、片面。“情”是血肉，“理”是灵魂；“理”统率“情”，“情”在“理”中发展。所以，母语课堂应注重“情”和“理”的交融相通，互生互长。通过扣住文本中的“情”和“理”，创设情境，体味情语，使学生神飞思驰，有了情，再引导学生因文循理，进行理性的追问和思考，反复读、慢慢嚼、细细品、深深悟，从而把学生的感悟与思想引向深处，让理性伴随感性深深扎根于他们的精神世界。

如教学《月光启蒙》时，引导学生静心品读课文第5自然段，抓住关键词句、联系上下文，领悟隐藏在歌谣背后的东西。学生抓住两个含义深刻的句子：“那时，我们日子清苦，但精神生活是丰富的”，“黄河的故道不长五谷，却长歌谣”。并通过对两个“长”字含义的理解，读出了黄河岸边淳朴的民风孕育了那里纯朴的人们，勤劳的人民用最质朴的民谣来表达自己的心声，读懂了那块贫瘠的土地上世世代代流传歌谣的原因。母亲通过歌谣传递的不仅仅是对“我”的爱，同时也把她对故乡的爱、对生活的爱传递给了“我”。之后，通过语言描写再次把学生带入情境进行想象：“我”依偎在母亲怀里，听母亲讲故事，听着听着，看着高深莫测的夜空，“我”好像看到些什么呢？……学生完全浸润于母爱的情感体验中，一个能说会唱、天资聪颖、勤劳、美丽、爱孩子的母亲形象深深地烙在了学生的记忆深处。学生对“启蒙”内涵的理解也在不断深化：是母亲在月光下用歌谣、故事、谜语播下了一粒粒爱生活、爱文学的种子，使它们生根、发芽、生长……使孙友田成为一名才华横溢的诗人，“月光启蒙实则就是爱的启蒙”。这段教学，真可谓情中有理，理中含情，情理相谐。

6. 冲突融合

“有无相生，难易相成，长短相形，高下相倾，音声相和，前后相随。”可以说，矛盾统一为我们构筑了一个极具魅力的多彩世界。母语课堂，也是一个相对独立的世界，因而也存在诸多相互冲突的语文教学观：“言”与“意”、“情”与“理”、“讲”与“练”、“师”与“生”……“教学是挑起矛盾冲突的艺术”。母语教学中，教师应以一种宽广的胸怀和辩证的思维，注重设置有价值的“冲突”。“冲突”呈现后有效地引导学生进行“言语实践”，让学生在学、问、思、辩中达成“视野的融合”，从而构筑起智慧、灵动、丰满的母语课堂。

挑起思维“冲突”的可以是语言文字上的冲突，可以是表现手法上的冲突，可以是情意层面上的冲突，还可以是理解层面上的冲突等。如教学《二泉映月》，可引导学生讨论：阿炳长大之后，眼睛瞎了，又是一个中秋之夜，来到二泉边，为什么只听到了叹息、哭泣、倾诉、呐喊，唯独没有听到奇妙的声音呢？这不是和小时候父亲说的话矛盾了吗？教学《嫦娥奔月》，可引导学生思考：嫦娥吃了仙药升天成仙，这是一件多么高兴的事，为什么她飞上天的时候还“飘飘悠悠”的呢？这样抓住突破口，有意识地给学生设置问题的“障碍”，形成“冲突”，从而激起他们的思维灵感，使他们学得更主动、更积极，最终实现融合。

7. 韵味悠长

作家刘锡庆说：“韵味是一种隽永的情致，悠长的回味。有独到的性灵，又有独到的思索，自会有独特的韵味。”母语之韵味犹如一杯窖藏百年之美酒——醇香、甘甜。品之，动情入心；忆之，余味无穷。母语教学追求韵味悠长，要体现一个“趣”字，可通过多种方式激发学生的学习兴趣，使教学情趣盎然；要突出一个“导”字，可遵循学生阅读母语的规律，由浅入深、由表及里，层层启发、环环紧扣，营造出峰回路转、重峦叠嶂、柳暗花明的教学效果；要讲究一个“变”字，张弛有度、动静相衬、急缓兼施，从而让学生感受母语的丰富内蕴、韵味无穷，使之“流连忘返”“心旷神怡”。请看《爱如茉莉》的教学片段：

师：此时的爱，听不到豪言壮语，也没有甜言蜜语，但却让我们真真切切感受到了。再来看看妈妈的话。面对这样的爸爸，此时妈妈的心情怎样呢？妈妈会怎样说？（出示：妈妈____________说：“你爸爸伏在床边睡着了，我怕惊动他不敢动。不知不觉，手脚都麻木了。”）

生：妈妈甜蜜地说——（学生有感情地朗读）

生：妈妈疲惫地说——（学生有感情地朗读）

生：妈妈虚弱地说——（学生有感情地朗读）

师：是啊，正如作者在原文中所写的，这么简简单单、平平淡淡的一句话，却使我静静地流下泪来。课文有这么多令我们感动的细节。从文章的字里行间我们感受着爱，体会着爱。这份爱虽然平凡，却是那样的真切又富有诗意！这样的爱不正像一首诗吗？我们就以“爱在__________”这样的句式，写出读了文章后你感受到的爱。

生：爱在爸爸的一句叮嘱里。

生：爱在爸爸蹑手蹑脚的动作里。

生：爱在妈妈麻木的腿脚里。

生：爱在爸爸布满血丝的双眼里。

师：是的，爱在心里，爱在细节中。充满细节的爱，总是这样一次次温暖我们的心灵。

以上教学，看起来平淡无奇，品起来则幽香缕缕、清香袅袅。课堂上飘荡着浓浓的语文气息，师生在交往、对话中完成了对文本的审美，像一首清新的小诗，令人回味。

（三）基本策略：立象尽意，意会言传

母语教学的“全程阅读”应当包括两个阶段：“言→意”的转换和“意→言”的转换。但是，这不是简单的“由意到言”或“由言到意”，“言”“意”两者并不能直来直去。阅读教学的根本机制，就在于寻求“言”“意”之间的转换。如何得以转换？“立象尽意，意会言传”，这应该成为母语教学的一条基本规律。

1. 立象尽意

在“言→意”的转换过程中，“象”是中介。所谓“象”，指的是形象、印象、意象（王崧舟语）。作品的“象”是具体的、有形的，而“意”是抽象的、无形的。抽象的、无形的“意”往往依附在具体的、有形的“象”上。那么，如何使“象”浮现出来，使本无生命的文字符号变得有声有色、可触可感？这就需要“立象”。早在《周易·系辞》中就载有“立象以尽意”的说法。也就是说，文本当是以“言”来“立象”，以“象”来“尽意”。所谓“尽意”，就是要具体生动地、形象含蓄地、丰富深厚地表达作者的情感和智慧。

（1）依言举象，生成意象。

语言文字中常蕴含着丰富鲜明的“象”，“举象”就是将语言中蕴含的“象”呈现出来。教学时，教师可以通过提问、语言描述、启发想象等多种方式引领学生依据语言文字在心中的形象勾勒出文本之“象”，再细细品味其中滋味，衍生文本意义，从而生成鲜明的意象。请看一位老师执教《三亚落日》的教学片段：

师： 长时间地看这一轮落日，觉得眼前的这轮落日何止像一只大红灯笼，看着看着，这轮落日仿佛有了一份生机，有了一份情意。还记得李白的《送友人》吗？里面有这么一句："浮云游子意，落日故人情。"（出示）"故人"是什么意思？快速浏览课文，看看在作者眼里，这位"故人"是怎样的一位朋友？

生： 是个孩童。

生： 是一位跳水运动员。

师： 孩童也好，跳水运动员也好，既然是有血有肉、活生生的人，他总该有自己的相貌、个性和动作吧！读读这些语段，小组讨论讨论，想一想，落日是一个什么样的孩童？又是什么样的跳水运动员？

（学生分组讨论，教师巡视）学生讨论后汇报——

生： 我觉得太阳是冬天里的一位小姑娘，而且还有点儿害羞。不知是冻的，还是羞的，涨红了小脸，正低着头，摆弄自己火红的蝴蝶结呢！

生： 太阳像一位乡下野孩子，在外面疯玩了一天，临下山时，还是野劲十足。

生： 作为跳水运动员，夕阳入海时"水波不惊，悄然无声"，说明他是位技术高超的运动员。

本段教学，学生在充分阅读语言文字的基础上，依托小组讨论，利用自己的认识、经验构建出了个性鲜明的太阳图像，那是饱含着情意的美的图像。在学生心中，三亚落日不仅是一只悬在海与天边缘的红灯笼，还成了可亲可感的人，成了物我合一、情思交融的美的载体与象征。

（2）媒体辅助，显象造境。

"媒体辅助"是指音乐、画面、朗诵等完美融合。教学中，图文影音俱全的展示方式可与教师、文本优势互补，引领学生步入有声有色、有韵有味的美的意境之中，成为学生进行情感体验的有力支撑，成为学生理解文本内涵的情感纽带，成为学生积累语言、提高语文素养的有效手段。请看《黄果树瀑布》的教学片段：

师： 刚才我们欣赏了黄果树瀑布飞流直下的形态，而黄果树瀑布飞流直下撞击岩石后又会形成一种更为奇特的景观——银雨撒金街。“银雨撒金街”一个多么富有诗意的名字啊！我们乘着音乐的翅膀来到了黄果树小镇上！

（教师配上优美的音乐，播放多幅“银雨撒金街”的图片，学生边欣赏边赞叹）

师：如果让你为此番美景配上一段解说词，你打算怎样讲解呢？请边看图片边练习，可以用上书中的语言。（学生兴致勃勃地解说）

生：（在美妙的音乐声中，结合图片讲解）那瀑布激起的水花，飞溅起一百多米高，如云漫雾绕。水花晶莹剔透似银屑，艳阳高照，水雾蒙蒙，映出金色的光来，似真似幻，那街道就似乎是金色大街了。

师：（相机采访）面对此番美景，你有何感受？

生：此番景象美不胜收，我陶醉其中，好似来到了仙境。

师：“银雨撒金街”真是太美妙、太神奇了！请女生一起美美地读出来。（女生配乐读）

师：怪不得明代伟大的地理学家、旅行家徐霞客对黄果树瀑布情有独钟，他在考察了大瀑布后，这样写道——（出示，播放朗诵录音：捣珠崩玉，飞沫反涌，如烟雾腾空，势甚雄厉；所谓“珠帘钩不卷，匹练挂遥峰”，俱不足以拟其壮也。高峻数倍者有之，而从无此阔而大者。）

本段教学，教师为了凸现“银雨撒金街”的美妙、神奇，借助多媒体，让学生充分感受这迷蒙、诗意的意境。之后，请学生试着用文中语言为其配解说词，优美的文字和美丽的画卷印在学生的脑海里，活在学生的语言里。同时，通过媒体出示徐霞客的经典名句，升华了学生对黄果树瀑布的情感，真切地感受到黄果树瀑布不愧是一部大自然的杰作。借助媒体，能使学生在美化的、丰厚的、整合的、开阔的意境中学语言文字，悟人文内涵。

（3）延伸余味，深化意蕴。

有的文本结尾处戛然而止，给读者留下品味和想象的空间，可谓“言有尽而意无穷”，这是一种“留余味”的写作技巧。教学时，以原文的终点为起点，想象构思，延伸创编，从而深化意蕴。请看《长征》的教学片段：

师：读到这儿，老师在想这样一个问题：远征如此之难，到底是什么在支撑着我们的红军战士能够这样无畏、乐观地面对呢？

生：我认为是解放全中国的理想在支撑着他们。

生：那是一种伟大坚定的信念，相信革命一定会取得胜利！

师：就是这种理想、信念、乐观无畏的长征精神鼓舞着每一名战士和每一个中国人，如今，这种长征精神已经成为我们整个民族的精神！现在，让我们静下心来，细细回味，这长征精神究竟是什么呢？同学们，拿出手中的笔，把它们写下来，可以写诗中的，也可以写写你读到的其他故事。

（出示：

长征精神，是金沙江上________________________，

长征精神，是大渡桥上________________________，

长征精神，是大雪山上________________________，

长征精神，是茫茫草地中________________________，

长征精神，是________________________……）

（生写完后交流）

师：同学们，你们都读懂了毛主席，读懂了这首诗。但愿你们能时时谨记这样一种长征精神，让它激励着我们永远向前！让我们跟着这段激昂的旋律，再次吟诵这首诗。（配乐齐诵）

教学结尾处，巧妙地概括出诗歌的意蕴——“长征精神”，并通过创编小诗的方式把抽象的“长征精神”具体化、形象化，中国工农红军长征途中所表现出的大无畏英雄气概的形象将深深地镌刻在学生心中。

2. 意会言传

汉语的重要特性之一是意合，由此折射出的思维方式是意会。意会是一种由“言”知“意”的会意过程。人们常说“只可意会，不可言传”，意思是只能用心领会，无法用言语具体表达。但是，如果一味强调“意会”，而不注重“言传”，就会使原本就很虚无缥缈、浮泛微妙的感受由于缺乏言语思维的介入和参与，而显得凌乱模糊。其实，“意会”和“言传”不是完全割裂、相互独立的。意会是基础，是理解的内在过程；言传让意会显性化，是外在的表达过程。“意会言传”，有利于发展学生的创新性思维，培养他们对语言的直觉感受能力，有利于

还原语文教学的审美功能。

（1）整体感知，细节揣摩。

我国古代的语文教育向来重视对文章的整体把握，主张反复吟咏，潜心涵泳，以求明白文意。但是，强调整体感知，绝对不是只观其大略。汉语文具有“片言居要”的特点，追求“微言妙象以尽意”的境界，有时往往在细微之处能体现作者的别具匠心，因此对细节的揣摩非常有必要。只是这种揣摩要立足整体，目的是为了更好地把握文章的情思意脉。整体感知和细节揣摩相结合，才能更好地实现意会言传。请看一位老师执教《咏柳》的教学片段：

师：自由读读《咏柳》，这首诗主要写了什么？给你留下怎样的印象？

生：这首诗主要写的是春天的柳树，让我感觉很美。

师：读读第一、二句，说说美在哪里。（指名读）

生：柳枝细长柔嫩，样子很漂亮。

生：美在柳枝像绿丝带一样随风飘动，像丝带一样很有光泽。

师：能不能读得更美些？（指名读）

师：第一、二句写出了柳条的美，美在色如碧玉，形如丝绦。能不能把你感受到的美写下来？（出示画面）

生：柳叶像碧玉一样装点了柳枝，千万条柳枝垂下来，像千万条绿色的丝带。

……

师：写得真美，诗人用14个字写出了柳树形状、颜色的美。你还体会到什么美？读读后两句诗。（学生朗读）

师：这里的“裁”能不能换成“剪”？

生：后面有一个“剪”字，前面再用“剪”字，就重复了。

生：“裁”字更能显出春风的神奇灵巧。

师：这一“裁”，裁出了什么？

生：裁出了活泼机灵的燕子。

生：裁出了青的草，红的花……裁出了一个五颜六色的春天。

师：这是怎样的一“裁”？

生：巧妙的一裁。

生：神奇的一裁。

生：这真是巧夺天工的一裁。

本段教学，在学生整体感知诗歌“美”的基础上，以“美”为着眼点，引导学生揣摩细节寻找美、体会美，尤其对诗眼“裁”字反复咀嚼，发挥想象，使学生真正领会诗中用词的精妙。教学中，学生在整体感知和细节揣摩中不但“意会”了“美”，而且“言传”了内心感受到的“美”。

(2) 移情入境，物我合一。

所谓“移情”，是指在审美活动中凭借情感的牵引将主体移入观赏对象，由物我两忘，达到物我合一。阅读教学注重移情入境，即教师运用语言或其他形象化手段，调动学生的联想、想象，使学生宛如置身于与教学内容相应的情景中，以“我”的情趣注于“文”，以“文”的情感注于“我”，与对象产生心灵的共鸣和思维的共振，从而获得“怦然心动”“豁然开朗”“百感交集”的体验，进而实现意会言传。请看《蚁国英雄》的教学片段：

师：这真是一个让眼流泪，让心颤抖，让情涌动的场面！同学们看到了感人的画面，你们可明白它们的心、它们的情？如果你们就是外层蚂蚁，你们是怎么想的？

师：外层蚂蚁呀，你们的身体那么小，怎么能抵挡住这烈火的焚烧？

生：虽然烈火是强大的，我们是渺小的，但只要整个蚂蚁家族心往一处使，就一定能战胜大火！

师：外层蚂蚁呀，你的同伴已被灼焦，为什么还不放弃自己的岗位？

生：只要有一丝生存的希望，我们就不能放弃。同伴虽然被灼焦，但我们会前赴后继，绝不放弃自己的岗位。

师：外层蚂蚁呀，你们的寿命很长，有的甚至能活几十年，活着多好！你们难道不在乎自己的生命吗？

生：我们都渴望生存下来，但在烈火面前，为了整个蚂蚁家族，牺牲我又何妨呢？

师：生命是那样宝贵，但在需要的时候毫不犹豫地付出，你们真是英雄！

移情的目的在于让学生切己体察、推己及人，也就是努力用心灵去感应对象，在意会中进入“物我合一”的境界。本段教学，学生走进外层蚂蚁的内心世界，与之融为一体，进行心灵对话，从而获得对外层蚂蚁所做所思的深刻领悟，情感产生强烈的共鸣。

（3）调动经验，建立联系。

有人把阅读比作读者和作者之间的“经验汇兑”过程，在这个过程中读者经验越多，通过作品兑换作者的经验也越多。由此可见，学生有了一定经验的感受、积累，才能对语言进行意会。在教学中，教师应充分调动学生的经验，要让经验与语言建立起联系，使学生深刻理解语言的意旨，进而意会言传，实现真正的阅读理解。如《第八次》教学片段：

师：你从哪一个词语中可以看出布鲁斯王子此时的心情不好呢？

生：唉声叹气。

师：“唉声叹气”是什么样子的呢？（学生表演）

师：什么时候，你看到谁也是“唉声叹气”的呢？

生：在我学习不认真的时候，我看到妈妈唉声叹气的。

生：在我不听话犯了错时，奶奶也会唉声叹气的。

师：“唉声叹气”时，一般是怎样的表情呢？

生：不断地叹气摇头。

生：无精打采的。

生：眉毛低垂着。

师：布鲁斯王子唉声叹气的，他可能在想什么呢？

生：为什么我一而再，再而三地失败呢？

生：难道我们没有胜利的希望了吗？我们的国家真的会被侵占吗？

师：谁来把布鲁斯王子的心情读出来？（学生读，读出了“唉声叹气”）

以上教学，学生是借助生活中的经验来参与的。这一阐释过程，本质上就是对“唉声叹气”进行意会言传的过程。经验与语言建立联系，使语言获得了意义上的重构。

（4）多向感悟，融会贯通。

“感悟”一词，《现代汉语词典》释为“有所感触而领悟”，《辞海》释为“受到感动而醒悟”。可见，“感悟”的侧重点和落脚点在“悟”上，是一种领悟、顿悟或体悟。“感悟”实际就是在情感的纽带作用下，人的想象、直觉、创造性思维等共同参与所获得的智慧启迪。“感悟”指向的主要不是字面上的意思，而是隐藏于文字背后的弦外之音、言外之意，是对语言的形象、情味、理趣、气韵的把握和领悟。语文教学，可以通过多向感悟实现以言表意。请看《天游峰的扫路人》的教学片段：

师：作者写这段话，除了用“抛”字，还试着用“垂”“挂”“扔”等字眼，可为什么最终还是确定用“抛”字呢？让我们一起来揣摩揣摩，思量思量。

生：用“扔”字不贴切，显得太重了，这与“银丝”不太吻合。

生：我觉得用“抛”字是笔直的感觉，更能突出天游峰的陡峭。

师：可是“垂”和“挂”也给人一种笔直而下的陡峭之感呀！再结合前后的句子读一读，体会一下。

生：我注意到了“飘飘悠悠”这个词语。用“抛”字感觉有个神仙站在空中，手里拿着一根细细的飘带在空中抖动，更能体会出九百多级石梯在空中摇摇晃晃的感觉，多险啊！

生：我关注到了“仿佛风一吹就会断掉似的”这句话，只有用“抛”字才能表现出那种陡峭、窄小、轻飘的感觉，让人望而生畏。

师：看，天游峰险峻得让人心惊胆战，作者写得生动精妙，同学们的感悟深刻到位，让我们用心地把这幅险峻得让人望而生畏的画面读出来。

这一教学环节，一个“抛”字，看似平常，实则蕴藉极深，充满意味。教学中通过比较置换、静思默想、潜心涵泳、精心品味等多种感悟手段引领学生意会，竟然咀嚼出如此丰富的感觉和内涵。学生的多元解读、个性表达，使意会与言传达到了融会贯通。

（四）实施路径：曲径通幽，诗情画意

“曲径通幽，诗情画意”是中国园林的特点之一。“曲径通幽”是曲和折之后的一种新境界，如同画论中强调的“意贵乎远，境贵乎深”的艺术境界，是中国古人崇尚自然、顺应自然的体现。“诗情画意”是园林设计的主导思想，力图在有限的空间创造出深远的意境，采用各种手段造成变化，收到“步移景异”的效果。汉语言的特点决定着母语课堂也应把“曲径通幽，诗情画意”作为课堂的境界之一。情意课堂实施路径大致如下：

1. 披文入情，以情造境

教师首先要对作品有深刻透彻的理解，从内心深处感知作品震撼人心的艺术感染力。在感受作品、产生共鸣的基础上，从上课一开始就把握情感基调，渲染氛围，有意识地让教材蕴含的情感与学生的情感连接、沟通，引导学生“披文而入情”。“境”由“情”生，“情”浓“境”幽，师生带着情感进入作品所渲染的意境中。请看《长征》的教学片段：

师：前几天，我们一起读了不少红军长征的故事，说说看。

生：我读的故事叫《倔强的小红军》。

生：我了解了《金色的鱼钩》的故事，被深深地感动了。

生：我读了《丰碑》这个故事，很震撼。

师：真好！关于长征，老师这儿有一段话，请一位同学来读一读。（配乐，出示：红军一共爬过18条山脉，其中5条终年积雪，渡过24条河流，经过11个省份，路上行军共368天，有235天用在白天行军上，18天用在夜间行军上，剩下来的100天——其中有许多天是与围追堵截的敌人战斗——因此总长25000里的路上只休息了44天，平均每走570里休息一次，平均每天行军71里。）

师：这是长征结束后统计的数据。读着这段话，结合你了解的长征故事，说说长征给你的最大感受是什么。

生：长征是很艰难的。红军战士们行程25000里，遇到了很多艰难险阻。

师：长征之长，困难之多让人难以想象。

生：我觉得长征是伟大的。因为长征是为了中国人民的解放，为了人民过上好日子。

师：长征是伟大的，是中国人的骄傲。

生：长征在我眼里是一个榜样，它象征着一种勇往直前的精神。

师：是的，长征象征着一种精神。

（师出示：长征是前所未闻的故事。——索尔兹伯里

长征是一首惊心动魄的史诗。——埃德加·斯诺）

（配乐，生齐读）

师：同学们，七十多年过去了，长征离我们太远了，很多事情让今天的我们感到不可思议。而毛泽东主席的一首《长征》（出示《长征》书法图），向我们再现了那段令人热血沸腾的历史。齐读题目——《长征》。

本段教学，从学生对长征的了解入手，唤起他们的感受和情绪记忆，营造了氛围，调动了学习的积极性。同时，通过一组具体的数据带给学生直观形象的感受，震撼学生的心灵，感受长征的艰苦卓绝；接着配乐朗读名人对长征的评价，使学生对长征这一伟大历史事件有了深刻的理解，更为课堂教学奠定了情感基调。

2. 以境育情，动情涵泳

进入语境后，教师可采用创设情境、悬念激活、朗读质疑、感情渲染、气氛烘托等方法，借助美的形式、美的内容、美的语言、美的行为进一步创设艺术情境和情感气氛，让学生置身其中，去感受，去体验，去涵泳，学生的情感必然会涌动起来，这种内心情感的发展，驱使着他们全身心地投入学习过程，忘情地沉浸在“情感场”中。请看《月光启蒙》的教学片段：

师：母亲吟唱歌谣时会给我们带来一种怎样的感受呢？（屏幕上出现静谧的月夜图：以蓝色为主色调，一轮皎洁的明月，一个简朴的农家小院。同时，播放舒伯特的《小夜曲》，师生配乐齐读第1自然段）

师：听，母亲的歌从那篱笆小院中飘了出来……

（播放母亲清唱的歌谣，全场听得如痴如醉）

师：听着母亲的歌声，你有什么感觉呢？

生：母亲的歌声轻轻的、柔柔的，像三月的和风，像小溪的流水，我们都陶醉了！

生：这歌声像深谷的泉声，让我想起《二泉映月》中的一句话：像山泉蜿蜒而来。

生：那歌声就像轻柔的春风吹过我的脸庞，像涓涓的溪流淌过我的心田，滋润着我。

师：同学们的感受真丰富啊，都成了一个个小诗人了！孙友田的感受和你们是一样的，他在文中这样写道——（出示：她用甜甜的嗓音深情地为我吟唱，轻轻的，像三月的和风，像小溪的流水。小院立即飘满了她那芳香的音韵。）谁来读一读？

（学生读，声音轻柔、甜美，处理得合理到位，全场响起掌声）

师：你们能想象当时的"我"是怎样听母亲唱歌谣的吗？

生：月光如水，我依偎在母亲的怀里，双手托着下巴，听着妈妈的歌谣浮想联翩，我和妈妈乘着弯弯的小船飞到了千里万里之外的云南。妈妈轻轻地拍着我，我陶醉了！

生：月光洒在大地上，像给大地披上了一层纱。母亲动情地唱着歌谣，树叶沙沙地为她伴奏。我侧着脑袋，双眼凝望着母亲，倾听着美妙的歌声，身体不由地摇晃起来，我感到我是世界上最幸福的孩子。

师：是啊，此时的我快乐着、幸福着、陶醉着……把这些美好的感受读出来——（出示第4自然段，学生齐读）

师：读到这儿，你知道作者为什么要说"芳香的音韵"了吧？从这"芳香"中你品出了什么？

生：从"芳香"中我感觉到母亲的声音甜美、柔和，像花朵那样芳香四溢，花香沁人心脾。

生：芳香一般指嗅觉，这里讲"芳香的音韵"，是一种通感。因为这美妙的音韵和芳香的花朵一样让"我"感到如痴如醉。我觉得这是作者高妙的写法！

师：是啊，这"芳香"让我们品出了母亲声音的甜美、轻柔，品出了母亲的歌声使孩子如痴如醉，品出了那一首首歌谣表达出的美好的感受……这就是孙友田体会到的"芳香的音韵"。

这一段教学，设计了三次有梯度的朗读引导。第一步，通过优美的画面、抒情的音乐、动情的引读把学生带入情境之中，带入一个诗意的世界。让学生想想怎样才能读出"芳香的音韵飘满小院"？从而找出了存在张力空间的点，引导学生感悟。第二步，让学生想象画面：当时的"我"是怎样听母亲唱歌谣的？从而把平面的文字立体化、形象化，架设感悟的桥梁。学生描述出一幅幅快乐、温馨的画面后，教师指导学生进行移情朗读。学生在朗读中加入自己的体会，感悟又深入了一层。在此基础上，继续引领学生对“芳香”这个点进行感悟：从“芳香”一词品出了什么？因为有前两步的铺垫与品读，学生对这个词的理解水到渠成。在品读引导下，学生将自己的情感移植到对文本的感悟中，他们的悟性与灵性都得以充分发掘，在心领神会中朗读也就进入真正的妙境。

3. 多情共振，动情悟意

通过入情朗读、引情提问、激情研讨、抒情讲述、缘情想象等方法，促使文本情、教师情、学生情融为一体，在多情共振中把学生情感引向高潮，使之“登山则情满于山，观海则情溢于海”。以此为契机，精读品味，潜心会文，悟其意蕴，与文中对象同喜同悲、产生共鸣。在情感和思维的强烈震撼中领悟作者独特的个性、深邃的思想和美好的情操，真正达到情意交融、文我合一的境界。如《天鹅的故事》教学片段：

师：看来，这一行行文字都在诉说着一幅幅动人的画面，让我们首先走进老天鹅破冰的那一幕！谁来读？（指名读）

师：听了他的朗读，你知道老天鹅是用什么来破冰的吗？

生：老天鹅是用身体和翅膀来破冰的。

师：老天鹅这柔弱的身体和翅膀是怎样击打坚硬的冰面呢？继续默读第5自然段，边读边圈画。（学生默读，做批注）

生：老天鹅是腾空而起再击打冰面的。

师：为什么要腾空而起？

生：因为飞得越高，下落的冲力就越大。

师：你能读出老天鹅的腾空而起吗？（指名读）

生：我从“像石头似的让自己的胸脯和翅膀重重地扑打在冰面上”体会到，石头一般是很重的，老天鹅像石头一样笔直地从空中坠落在冰面上，说明这一击是多么的沉重。

师：是呀！请通过朗读把它的力量之大、速度之快表现出来。

生：我从“镜子般的冰面被震得颤动起来”感受到，能把这么厚的冰撞击得颤动起来，该用多大的力气呀！

师：同学们，你们知道那冰层有多厚吗？据有关资料介绍，贝加尔湖的冰层在冬天可达1米！即使在初春，至少也有一二十厘米厚吧（边说边比画厚度）。这样厚的冰层也为之颤动，果然是“沉重的一击”。你能读出这一击的沉重吗？（指名读）

师：石头是没有生命的，是不知道疼痛的，可是，孩子们，老天鹅是石头吗？它是血肉之躯呀！请伸出你们的右手，握成拳头，朝桌面重重地击下去！疼吗？

生：（右手握拳，敲击桌面）疼！

师：你们是“腾空而起”的吗？

生：不是！

师：是用整个身体击打的吗？

生：不是！

师：击打的是贝加尔湖的坚冰吗？

生：不是！

师：这沉重的一击将给老天鹅带来多大的痛苦啊！如果说老天鹅的行动是一首诗，那一定是世界上最壮丽的篇章！（把第5自然段改写成诗歌形式，出示）

师：老天鹅……（引导学生齐读）

师：它头昏眼花，身体钻心的疼，但它还是坚强地站起来……（学生再读）

师：冰面还是没有破裂，它飞得更高，落得更重……（学生再读）

师：冰面已经被震得颤动起来了，老天鹅又一次竭尽全力地……（学生再读）

师：镜子般的冰面开始剧烈地震动了，那么，第四次、第五次、第六次、第七次……在那皑皑的白雪中，冰封的湖面上，你看到了什么？（音乐响起）

生：我仿佛看到这只老天鹅的羽毛都掉了很多。

生：我看到一只老天鹅一次又一次地撞击冰面，老天鹅已满身伤痕。冰层终于裂开了，一小片水面也被鲜血染红了。

生：老天鹅持续不断地撞击着，终于痛苦地趴在冰面上了。可是它的眼中射出坚定的目光，一咬牙，它又飞起来了。

……

师：如果你就是那只老天鹅，我想问：老天鹅啊老天鹅，你像石头似的扑打冰面，难道真是钢铁之躯，就不怕那钻心的疼痛和刺骨的寒冷？

生：我像石头是因为我攒足了劲，要竭尽全力，我很疼，但我愿意！

生：不，我也知道疼痛和寒冷，但是为了我们的集体，我必须这么做！

师：老天鹅啊老天鹅，难道你就没有看到冰面上那片片白羽、斑斑血迹吗？

生：没关系，为了大伙儿的生存，我愿意。

生：我看到了，如果这白羽、血迹能够换来大家的食物，我心甘情愿。

师：老天鹅啊老天鹅，以你的声望，完全可以命令年轻的天鹅行动，何苦要忍受这般苦痛？

生：你错了，我要用自己的行动来号召大家投入战斗。

生：正因为我德高望重，才更需要做个榜样！

师：多么可敬的老天鹅呀！（音乐起，教师带领学生读第5自然段）

师：孩子们，此时的老天鹅仅仅是在同冰面作斗争吗？

生：它不仅仅是在同冰面作斗争，更是在同命运抗争。

师：是的，它在同饥饿抗争，同死神抗争，同命运抗争。在你的眼里它仅仅是一只天鹅吗？还是什么？

生：它还是破冰勇士。

本段教学以“情”为切入点，通过品味重点词、想象画面等方式深入体会语言文字，活化老天鹅的形象，使学生深切感受到文章的“情”，领悟其中的“理”。同时，从发掘内心体验的角度入手，走进老天鹅的内心世界，体验老天鹅的心情，感悟其舍生忘死、奉献牺牲的精神，并通过多种形式的感情朗读强化这种细腻的情感体验，学生获得了对生命的渴望、敬重和珍爱的感悟。

4. 意犹未尽，建构升华

从某种意义上说，人有两个世界，一个是物质世界，一个是意义世界，这个意义世界需要学生自我构建升华。在课将结束，余音绕梁、意犹未尽之际，让学生通过言为心声的抒发，自我反思，自我通融，形成内在的精神力量，构建升华自己的意义世界。请看《蚁国英雄》的教学片段：

师：读完整篇课文，让我们掩卷沉思……你们在想什么？

生：蚂蚁虽然渺小，但它们的生命同样是伟大的。

生：它们在大火面前，为了救别人，毫不犹豫地献出了自己的生命，它们是真正的英雄！

师：是啊，用自己的生命去换取别人的生命，它们是真正的英雄！这是一个关于生命的故事。假如没有抱成团的智慧，假如没有最外一层蚂蚁的自我牺牲，假如没有蚂蚁家族的团结合作，渺小的蚂蚁家族绝对全部灭亡。让我们再来看看蚂蚁的“蚁”字。“蚁”字是由“虫字旁”和一个“义”字组成的。你觉得这个“义”字代表什么呢？

生：义气，敢于牺牲自己。

生：情义，小小蚂蚁有情有义。

生：义举，这是伟大的举动！

生：义无反顾，永不退缩！

师：是呀，代表的是义气、情义、义举、义无反顾。学到这儿，让我们一起把最高荣誉献给这群小小的生灵，让我们毕恭毕敬地写上四个大字——“蚁国英雄”。（师生共同板书课题：蚁国英雄）

师：恭恭敬敬地叫它们一声——

生齐：“蚁国英雄”！

师：2006感动中国年度人物颁奖典礼上，独臂英雄丁晓兵获得“感动中国年度人物”的称号。组委会在给他的颁奖词中是这样说的：“一条臂膀，也能撑起血染的军旗，他是真的勇士。”如果请你给这群“蚁国英雄”们写一句颁奖词，你该怎么写呢？拿起笔写下来。

（在音乐声中，学生写）

生：一群渺小的蚂蚁却能战胜熊熊烈火，你们是真正的英雄！

生：小小的蚂蚁，面对死亡毫不畏惧，勇往直前，你们是真英雄！

生：为了救别人，为了救整个家族，你们毫不犹豫地献出了宝贵的生命。你们是真的勇士。

师：听了大家的颁奖词，老师已经明白，大家已完全融入课文。一只只蚂蚁看起来是弱小的，是卑微的，但是它们的生命同样是伟大的，是值得敬重的。

本段教学，通过对“义”字的理解，拓展阅读链接，还有“颁奖词”的撰写，使学生从文本中得到了关注生命、珍爱生命的启示，激荡起强烈的“生命意识”，构建起对“生命的价值”的认识，学生对文章的意蕴有了更深刻的理解和把握。

“越是民族的，才越是世界的。”母语教育民族化的主张，“情意课堂”教学范式的研究，旨在遵循汉语言特点与儿童学习母语的规律，构建起独具民族特点和中国特色的母语教育体系。或许，这才是语文刚健发展的应取之策。

母语教学应为儿童烙上“民族”印记

——以神话教学为例

吴建英　黄海勃

德国语言学家威廉·冯·洪堡特说，“民族的语言即民族的精神，民族的精神即民族的语言，二者的同一程度超过了人们的想象。”母语是最具民族性的，母语凝结着民族精神、民族情怀、民族立场。母语教学，理所当然应该深深植根于本民族土壤，回归优秀民族传统文化，让儿童积淀民族的语言、民族的精神和品格，烙上“民族”印记，形成有民族文化根基的学养和人格。下面以神话教学为例，阐释我们的思考与践行。

神话，作为民族文化最悠久古老、顽强健壮的生命之根，是“人类文明最早的一缕绮艳瑰丽的曙光”。学者谢选骏说，民族社会的各种宗教行为和神话传说都不是真正个人的东西，它们实际上是某种集体意识的表现。由此说来，神话教学更应担当起引领儿童认识、解读、剖析、破译华夏民族文化基因的重任。

一、讲述聆听，追寻华夏文明的源头

神话的“话”字明确无误地表明了神话是一种口头文学，是在一代代口耳相传中永生的。翻阅各个版本的教材，每一篇神话文本的练习部分也都有“讲故事”或“复述故事”的要求。由此看来，讲述聆听是神话故事在儿童心中烙上“民族”印记的语言基础、情感基础和审美基础的主要教学策略。

1. 在讲述中明晰独特的结构

神话作为一种口头文学，决定了其必是生动传神、好听易记的，否则无法长久流传。这就意味着故事有着独特的叙事结构，情节是类型化、有规律可循的。如《后羿射日》《夸父逐日》等大部分“英雄神话”，其结构一般是：人类面临巨

大的困境—神挺身而出拯救人类—神牺牲了。而《开天辟地》等“创世神话”的结构则不同：世界一片混沌—神开天辟地—神的躯体化身为世间万物。在神话讲述中，教师要引领学生发现神话独特的叙事结构，这样不仅能让学生清晰地建构起讲述的脉络，更重要的是这种讲述不仅是在讲“这一个”故事，而且是让孩子明晰神话“这一类”文体的结构特点。

2. 在聆听中领悟神话的精义

神话教学，教师应当是主要讲述者之一。每一次的表演都不仅仅只是一次表演，它是一次再创作。讲述是一种口头艺术，教学中，教师如能把握合适的讲述起点，选择合适的讲述内容，切入合适的教学环节，必能引领学生在聆听中领悟神话最广博、最深邃的精义。

《女娲补天》是一个流传千年的神话故事，在中国原始神话中，女娲是中华民族的人文始祖、创世之神、母亲之神。“女娲”这个名字很特别，很神奇。《说文解字》中列出：娲，篆文从女，呙声。隶变后楷书写作“媧”，如今简化成“娲”。基于儿童对这一故事耳熟能详的教学起点，教学中，教师除了用绘声绘色的讲述方式让儿童听出神话神奇的感觉外，还可以给学生讲述汉字的起源，找到“娲”的篆文和隶变的字体，结合《淮南子·览冥训》中有关“女娲造人”和“女娲补天”的原始记载进行讲述，让学生在聆听中感受“娲”这个字是古代劳动人民特地为那富有神奇色彩的女神女娲而造的。

二、含英咀华，破解集体人格的原型

所谓“集体人格”，是指一个民族特有的性格气质、精神境界、民族意识，它包含了一个民族认同的人生观和价值观。余秋雨先生认为，按照人类文化学的眼光，神话中包含着一种属于集体心理的真实，这种真实就是神话根本性的“原型”价值，它铸就了华夏文明的集体人格。那么，神话教学就可从人性审视的角度含英咀华，着眼于人物形象的揣摩，人物价值追求的体认，走一条人格的诠释之路。

《夸父逐日》主要讲了巨人夸父为寻找永恒的光明而不断逐日，最后口渴而死的故事，赞颂的是一种为了理想而献身的崇高精神。在课的结尾，笔者设计了这样一个教学环节：（1）夸父为了追赶心中的太阳，即使付出生命的代价也毫不在乎，你能模仿“感动中国年度人物”获奖人物郎平颁奖词的写法，写一写你心中的夸父吗？（2）夸父追逐的是太阳，在我们中华民族的历史上，你觉得还有谁也是“夸父式”的人物呢？他追逐的又是什么？通过以上两个教学环节，学生不仅在神话的品读和言语表达中感受到了神话人物夸父的“执着”形象，更能拓宽视野，回望历史长河，与夸父的精神继承者和延续者心灵相遇：如孔子“知其不可而为之”；如屈原“路漫漫其修远兮，吾将上下而求索”；如司马迁“人固有一死，或重于泰山，或轻于鸿毛”；如诸葛亮“出师未捷身先死”……在递进式的含英咀华中，学生感受到，几千年来，这样一种“夸父”精神浸染着华夏儿女的集体灵魂。

三、言语实践，传承诗性表达的特质

伽达默尔说：“人以语言的方式拥有世界。”神话的语言与其他文本不同，它朴素简洁、自然明快、形象生动，字里行间充满了神秘的色彩和神奇的想象力，有一种“单纯的诗性美”。因此，教学中要引领学生成为言语实践的主体，通过对语言的品析，感受神话的语言形象，把握其“诗性表达”的言语特质，经历一次由内而外的言语实践过程。

1. 读出“悦耳感”

朱光潜先生说，文字的声音与意义本不能强分，有时意义在声音上见出比在习惯的联想上见出更微妙，所以有人认为讲究声音是行文的最重要的功夫。这里的“声音”指的就是语言的节奏和音韵带来的悦耳感。基于口头传播的特点，神话的语言就带有这样一种“悦耳感”。

很多神话文本开头第一句都是“很久很久以前”，简单朴实的六个字不但为我们勾勒出华夏民族特有的“天地玄黄、宇宙洪荒”的邈远的故事背景，读来更是朗朗上口。部分神话文本中的数词用得特别多，《猴王出世》《开天辟地》的第2自然段都用了十几个“一”字。这么多的“一”字，其实也是和我们民族的文化基因有关联的。《说文解字》：“一，惟初太始，道立于一，造分天地，化成万物。”同时，在《淮南子·诠言训》中也有记载，“一也者，万物之本也”。“一”有第一、万物起始之意。除了意义层面，数字在听觉上也富有一种鲜明的节奏感。对于这样“悦耳”的民族特色文本语言，朗读是最基本的言语实践方式。

"有了语音，书面语言才有了活力，有了跳跃着的生命。"教师一定要通过各种形式的朗读，如示范读、指名读、表演读、小组合作读、比赛读、师生对读等方式，让学生酣畅淋漓地读，直至"其言皆若出于吾之口，其意皆若出于吾之心"。

2. 孕"诗性心灵"

对仗，是中国古代诗歌格律的表现手法之一，它体现了语言均衡美的特色，是我们民族特有的一种表达方式。这样的表达方式在最古老的神话中也多有体现。教学中，可抓住"对仗"将儿童的思维引向文字背后，在具体的言语实践中孕育儿童"诗性心灵"。

《猴王出世》中有一组描写石猴的对偶句："那猴在山中，却会行走跳跃，食草木，饮涧泉，采山花，觅树果；与狼虫为伴，虎豹为群，獐鹿为友，猕猴为亲；夜宿石崖之下，朝游峰洞之中。"教学中，可把目光聚焦于语言文字的表达上，"从怎么写的角度，你发现了什么秘密"，然后引领孩子在"语言中走个来回"，通过指导朗读、师生对对子、想象画面、批注赏析等方式反复玩味语言，既得意——感悟猴王顽皮可爱、活泼有趣的形象，又得言——品读文本是如何通过短句、跳跃的语言和对偶的方式描写猴王形象的。这样的教学，可以让儿童领略对仗句的魅力，感受和洞察遣词造句的精妙，将内容的理解、语言的揣摩、情感的体验巧妙地融合在一起。

当然，除了对仗，神话中还常会出现夸张、联想、排比等手法，这些都是引发儿童体悟神话语言特色的抓手。经典的传世神话，必然有着诗意的语言，必然是内容与语言的高度融合。

四、溯流而上，感受文化母体的博大

神话是一个民族的文化记忆，真实地记录了各民族在它童年时期最瑰丽的幻想。即使我们面对的是儿童，也应该让他们意识到：神话是诸多文化现象的源头，是当之无愧的"文化母体"。

1. 寻找经典文学之源

神话是文学的源头，"神话从诞生起就以其丰富的内容、乐观的精神、奇特的想象、斑斓的色彩、浪漫的风格哺育着中国的文学，为后世文学的发展提供了优质的营养"。

如《红楼梦》第一回中，就呈现了《女娲补天》的故事：“原来女娲氏炼石补天之时，于大荒山无稽崖炼成高经十二丈，方经二十四丈顽石三万六千五百零一块，娲皇氏只用了三万六千五百块，只单单的剩了一块未用，便弃在此山青埂峰下。谁知此石自经煅炼之后，灵性已通，因见众石俱得补天，独自己无材不堪入选，遂自怨自叹，日夜悲号惭愧。”在教学《女娲补天》时，我们就可适当拓展延伸，在女娲“冶炼补天”这个环节，适时拓展补充上面的资料，让学生初步感受神话母体对后世文学的影响之大。

2. 触摸传统习俗之根

传统习俗是在长期的历史进程和积淀中形成的，中华民族许多古老的传统节日就是以神话为源头的。神话与民俗密不可分，一方面，许多民俗源自神话；另一方面，民俗又传承着神话。

汉族客家人至今保存着一个传统节日“天穿节”。天穿节又叫补天节，源于女娲补天的神话故事。农历正月二十这天，当地人便用红丝线系上煎饼，将其掷于屋顶上方，寓意为“补天漏”或“补天穿”，有祈风调雨顺之意，也是对女娲补天的一种效仿。有些地方在此日还将煎饼撕成小块，抛向天空，意为补天，再撒些于地，意为补地。在教学《女娲补天》时，我们就可以为学生讲述这一古老的民俗风情，以期让他们感受华夏民族特有的传统习俗与神话的密切关联。

五、比较阅读，养护民族文化的基因

世界各国的神话有着许多相同的内容，如创世神话、洪水神话等。但是相同的内容里又闪现着不同的民族特性，如在西方神话中，诺亚制造大方舟躲避洪水，其依据主要是《圣经》，体现的是一种“神本主义”；而中国神话中则有大禹三过家门而不入，变“堵”为“疏”的治水故事，反映的是“人本主义”倾向，体现的是崇拜救民英雄的情节。不同的故事，反映的实则是东西方不同的文化传统和民族特质。教学中，可适度拓展同主题的中西方神话进行比较阅读，养护学生的民族基因。

笔者在教学创世神话《开天辟地》时，就引进了蒙古、日本、冰岛、北欧等国家和地区的创世神话进行比较阅读，通过对比，学生读出了《开天辟地》这则中国神话中的许多民族元素和民族特色，如盘古倒下后，他的血液变成了奔腾的江河，这里的江河是被中华民族誉为“母亲河”的长江、黄河；他的肌肉变成了东岳泰山、南岳衡山、西岳华山、北岳恒山、中岳嵩山，这五座山是中国的历史文化名山，它们被尊为“岳”是因为位于万里“母亲河”黄河岸边。黄河是我们中华民族的摇篮，是华夏祖先最早定居和繁荣的地方，生活在这片区域的就是炎黄子孙，就是华夏民族。在课堂弥漫着浓郁的传统文化气息时，教师进而设置悬念——“世界上的其他民族还有哪些类型的神话？”在此基础上，设计一个个阅读母题，如始祖母题、洪水母题、战争母题等，构建一个个神话微课程，进行阅读比较，在比较中给儿童铺设一条通向民族文学殿堂的道路。

源于母语内在特质的民族基因，是中华民族生生不息、不断发展壮大的精神动力。母语教学，就应为儿童烙上“民族”印记，滋养儿童的民族情怀！

小学文言文的教学价值与教学策略

吴建英

文言文入选小学语文教材，绝不是选编者的心血来潮，而是有意为之。文言文承载着中华民族几千年的经典文化，是中华文化之“源”。让儿童在“人之初”回到源头，学习文言文，了解优秀的民族传统文化，并成为学习记忆和文化记忆，将对他们的一生产生深远的影响。

一、小学文言文的教学价值

文言文作为中华民族源远流长的文化中的一部分，以其思想的博大精深、语言的古朴典雅、风格的异彩纷呈而成为中华文化殿堂里一笔宝贵的财富。小学生学习文言文的价值何在?

1. 感受文化之精博

南怀瑾先生说，中国文化宝库需要一把钥匙打开，就是古文。朱自清先生在《经典常谈》中也指出，经典训练的价值不在实用，而在文化。文言，是中国传统文化的精髓，“是中国人不能拒领的文化遗产”。学习文言文，就是给学生打开一扇窗户、铺出一条通道，让其感受博大精深的中国文化，获得民族的文化基因，产生对国家民族文化的认同感，为他们成为“文化中国人”奠定基础。

2. 领悟民族之精神

一个民族的语言能体现自己民族的精神。经过历史筛选，那些不朽的经典文言文，表达了古人对真善美的执着追求，弘扬了古代“英雄形象”和“先人形象”的优秀品质，给人以美的震撼、心灵的洗礼。学生浸润其中，会在无形之中受到民族精神的熏陶、感染，提升他们的境界、胸怀、志气、品性和修养，达到以古为范的教育目标。

3. 汲取语言之精华

古今汉语一脉相承，二者是“源”与“流”的关系，既有差异性，又有着千丝万缕的联系。经典文言，布局严谨，行文简洁，气韵生动，文采斐然。贾宝泉先生感叹，“古典文言文是不朽的文字”。作家张晓风说，文言是“好的白话”的母亲。文言文教学，既可以使学生品味其独特的表达方式，感受民族语言的魅力，汲取其精华；又可以收到探本溯源、察古知今、积累运用之效，促使学生语文素养的提升。

二、小学文言文的教学策略

在小学文言文教学中，如何针对文言与儿童的特点，彰显古文化魅力，实现以上教学价值呢？

1. 营造氛围，弥漫古味

小学生初学文言文，常觉深奥、难懂，这是因为年代过于久远所造成的。教学中，教师应着力营造浓厚的古文学习氛围，使课堂弥漫浓浓的古汉语韵味，充满古典意味，激发学生阅读古文的兴趣。

如在《伯牙绝弦》教学中，可出示《伯牙鼓琴图》，在古色古香的图画中介绍主人公；可将古文设计成一幅竹刻横轴，让学生吟诵涵泳；可播放《高山流水》的片段，让学生在古音古韵中想象感悟；还可呈现无标点、竖行排列、竖排繁体字的课文让学生反复吟诵，既让学生了解了古代文化的表达方式，体验了古人的读书方式，又让他们兴趣盎然。这些做法，不是简单的历史轮回，它代表着一种古文教学价值的确认，是一种文化的提升。

2. 多样诵读，感知古韵

对于小学生来说，文言文学习是在一种“弱语境”下学习语言的过程，要学好文言文，应以“诵读”为主。清代姚鼐等人提出“因声求气”之说，“声”就是文句的音韵、节奏美，“气”就是作者所表达的精神、气势。也就是说，要让学生在丰富多样、充满情趣的诵读中，感知古文一唱三叹、回环婉转、抑扬顿挫等韵味，实现“使其言皆若出于吾之口，使其意皆若出于吾之心”的教学旨归。

范读——初读文言文，学生一般都存有畏惧情绪。此时，字正腔圆、抑扬顿挫、节奏分明、音韵优美的教师范读就成了学生感受音韵之美的“见面礼”。正如叶圣陶所说，“当范读的时候，把文章中的神情理趣，在声调里曲曲传达出来，让学生耳与心谋，得到深切的了解”。

对读——教师可以先读、说译文故事，然后再给学生读原文，使学生产生强烈的“阅读期待”；接着进行文白对读，感知文本大意。文白对读，降低了学生学习文言文的难度，可帮助学生树立学习文言文的信心。

思读——引导学生对照注释思考阅读，学会运用变通的方式说说每句话的意思，把不理解的字、词、句或问题可以圈出来。思读，使学生学习古文的能力得到增强。

自读——在基本了解内容后，要强调学生个性化自读，入情入境、反复吟诵，做到“入于眼，出于口，闻于耳，动于心”，读到文章脱口而出，韵味十足。

趣读——古人吟咏诗文之情状是“言之不足，故嗟叹之。嗟叹之不足，故咏歌之。咏歌之不足，不知手之舞之，足之蹈之也”。教学中，可根据文言文特点，如古人一般，采用表演读、拍手读、跺脚读，快读、慢读，辩读、转换角色读等多种趣读方法，让学生乐此不疲、乐趣无穷。

品读——叶圣陶在《语文教学十二韵》中指出：“一字未宜忽，语语悟其神。”在文言文教学中，教师应引领学生在字里行间仔细揣摩，在想象、对比、感悟中，读出情趣理趣、韵味意味。

3. 穿越体验，化身古人

古人与今人虽相隔遥远，但对生活的感悟、情感的体验却是相通的。教学中通过“穿越”，化身古人，角色体验，可以促进学生对人物心理的揣摩，对人物情感的体验，从而变阅读古文为经历生活，变旁观者为当事者，变感悟人物情感为自我情感流露，实现与古人的“心灵相通”。

如《伯牙绝弦》教学中，通过“面对如此善听的子期，面对如此难得的知音，如果你就是伯牙，你最想说什么”“此时，如果你就是伯牙，满怀希望而来，等待你的却是一块冰冷的墓碑，一抔无情的黄土，你会是什么心情”这两个问题，让学生进入角色，感同身受，与伯牙同喜同悲，学生就能产生共鸣，更深地感动于“知音”之情，领悟到“知音”的文化内涵。

4. 品悟积累，模仿古言

经典文言，语言精辟洗练、晓畅准确，又神形兼备、蕴含深厚、耐人回味。教学中，应通过品味文言文，引导学生深入语言内部，感悟古文神韵，发现其内在的“美丽”。让学生感知“言”，积累“言”，仿照“言”，创作“言”，由表及里，步步深入，这样才能真正达到感受语言、领悟语言、积累语言、运用语言之目的。

如《东施效颦》一文，虽只有三句话，但每句都蕴藏着不同的写作方法。其中，第二句就借“邻居们的逃避”反衬出东施效颦的丑陋形态，这种侧面描写的方法相当巧妙。教学中，可运用比较的方法，通过侧面描写与正面描写的对比阅读，让学生发现语言的秘密，领悟作者的表达智慧，品悟出侧面描写的妙处。随后，再出示《陌上桑》片段加以佐证，让学生再一次受到古典语言的熏陶。最后，让学生大胆想象村子里其他邻居的反应，模仿着用文言文表达出来，将侧面描写的方法学以致用。课堂上，学生看似在学故事，更是在饮一杯语言的琼浆。

5.“言”“文”相融，感悟古意

简单地说，“言”指理解词句含义、读懂文章内容等，“文”指对文章主题与思想的把握。经典文言文的魅力不仅在于其语言精练典雅，更在于语言背后蕴含着博大精深的中华文化、民族精神。“言”是基础，“文”是最终目标，二者相融，相辅相成，相得益彰，并最终由“文言”之径通向“文化”之殿。

如《伯牙绝弦》一文，字里行间流淌着东方的文化品质——知音文化。如何将这种文化根植于学生心中？教学中，可抓“言”、品“文”、得“意”：从两个“善”字，引领学生品出伯牙与子期的心灵相通，相互呼应；从“志在高山”对“峨峨兮若泰山”，“志在流水”对“洋洋兮若江河”，品出子期已经走进伯牙的内心，对伯牙的了解已经到了极致；从“所”和“必”，品出伯牙所想的，子期必定领会，两人已融为一体，这才是“知音”的最高境界。这样，古文意蕴——对“知音文化”的理解就水到渠成了。

引领儿童过一种幸福的阅读生活

——阅读文化课程的开发与构建

吴建英

儿童的成长就是发展。儿童要健康良性地发展，需要良好的成长文化，需要教育对童年进行理想的文化设计。这是确保童年生态的必需，也是教育之必然。苏联著名教育学家维果茨基认为，儿童的发展可分为“天生的”与“文化的”。所谓文化的发展，“不只是文化经验的掌握，也是文化行为的形式与习惯的养成，以及这种文化的推理方式”。“文化的发展有助于透视使用符号去解决问题，解释读写能力的学习与发展。也就是说，经过使用更抽象表征的语言与活动，让儿童学会读、写、说。”依据维果茨基的观点，儿童的发展需要教育为之塑造良好的阅读文化。

阅读文化是一种新型的阅读理念，包括两个方面：一方面指阅读的是文化；另一方面指阅读本身就是一种文化。阅读是文化传承的重要途径。每个民族的文化传承很大一部分必须靠阅读来完成，民族的精神、文化、智慧很多时候是在阅读时熏陶、浸润中习得的。同时，阅读本身就是一种文化。阅读是活性的文化，因为阅读是人思维活跃的一种文化，是第二次创作，如果没有阅读，那些文字只是文字，它是冰凉的，没有温度的，因为阅读才使它有了温度；阅读是个性的文化，阅读是个人的，每个人的阅读都有不同的文化视野，同时也都有不同的价值倾向；阅读是诗性的文化，阅读能让人感受到生活的美好。阅读文化重在阅读中灌注一种积极的精神生命，高度重视价值引领、信念（仰）认同、终极关怀和智慧追求。培养儿童阅读文化素养，真正培养“读书人”，既需要我们在全学科注重阅读培养，更需要我们纳入课程设置进行精心组织、悉心培养。

一、阅读文化圈：建立师生共同成长的“理想村落”

我们构建了以学科文化阅读、主题文化阅读、经典文化阅读为主要领域，以课堂阅读、班级阅读、网络阅读、亲子阅读、自主阅读等为主要形式，以丰富多样的阅读指导和推广策略，以及充满激励和促进功能的阅读评价机制为支撑的阅读文化圈。

1. 选择精致的文化“点心”

面对琳琅满目的课外读物，为了避免鱼目混珠，让精致的文化“点心”进入儿童的精神世界是我们工作的第一步。我们遴选了许多蕴含时代性、趣味性、可读性、拓展性的读物。读物的筛选主要注意了以下几点：一是选择面广。我们以儿童文学作品为核心，兼选了自然科学、人文科学等方面的其他优秀读物，如《吹小号的天鹅》《新版小灵通漫游未来》等。二是更新经典。经典的作品只有贴近时代才更有生命力，如我们特别选择了安徒生文学奖作者的作品《长袜子皮皮》《时代广场的蟋蟀》等。三是指导分层。考虑到读物的可读性，我们又把图书根据内容按阅读年龄（阅读年龄不等同于孩子的生理年龄，因而同一个班级的学生，有些爱看图画书，有些爱啃大部头）进行横向分层。同时又根据《语文课程标准》的教学要求做了纵向分层，即把学生应该读的书目作为核心层读物，也就是精读书目，每月一本，由教师带领学生一起阅读，还有的拓展读的书目作为松散层读物。每学期，我们都会向全校学生推荐完善的书目。

2. 创建缤纷的阅读乐园

为了给学生创造一个良好的阅读环境，我们努力创建缤纷阅读乐园。教室就是图书馆，图书馆就是教室，各班建立了适合学生阅读的新书架、新报架，学生人均拥有5本书以上。每个班级通过成立书友队，创建班级读书会、亲子分享会、诗文诵读、师生共读、创编故事绘本等活动引领学生徜徉书海。

学校每学期都要举行一届阅读文化节，每一届阅读文化节都有一个鲜明的主题，如“亲近母语·传承文化·爱我中华”“文学，让儿童的心灵柔软起来”“聆听自然的声音”等。在阅读文化节活动中，我们努力营造读书的氛围，如把“书”的各种字体做成展示牌，挂在树上；每学期都会邀请儿童文学作家来校，开展作家面对面活动。金波、曹文轩、黄蓓佳、高洪波等著名学者、教授、作家都曾来校访问、讲学，与学生一起畅游书的海洋。我们还有班级读书会展示、童手写童心、我为名著写书评、书本剧表演、诗词诵读会等精彩纷呈而又实实在在的系列读书活动，为师生搭建展示读书成果的平台，唤起了师生阅读的原动力，推动了阅读文化建设。同时，强势推出每天中午30分钟的师生共读和日常30分钟的自由阅读活动，使学校成为一所永远开放的图书馆，成为师生共同成长的"理想村落"，让广大师生浸润于清朗而高贵的读书生活中，让读书成为全校师生每天生活中不可或缺的一部分。我们的读书活动还延伸到家庭、社区，让教师、学生、家长全部参与其中，班级读书会、亲子读书会、教师读书会如雨后春笋般涌现，"书香儿童""书香教师""书香班级""书香家庭"层出不穷。

3. 开展丰富的阅读活动

为了给学生搭建阅读交流的平台，将读书活动进行到底，我们开展了丰富多彩的阅读活动。主要有：

（1）"你讲我听"活动。学校要求老师坚持利用校本阅读课、午读时间等为学生大声朗读课外书。一部部经典儿童文学作品在教师的朗读中传递给了学生。

（2）"持续默读"活动。学校要求中午30分钟，由教师带领，师生共读书、共交流。在师生共读的氛围下，各班涌现出了许多小书迷。

（3）班级读书会活动。各班组建班级读书会，经常组织形式多样的班级读书活动。如让学生做小画家，为自己喜爱的一本书画几张精美的插图；当播音员，朗诵自己最喜爱的优美片段；过作家瘾，把读书之后的感受记录下来等。

（4）创办班报活动。老师组织学生办好班报、读书小报，让班报成为学生交流阅读感受、阅读心得，展示自己才华的舞台。

（5）亲子阅读活动。我们倡导家长和孩子共同读书，形成书香浓浓的家庭读书氛围。为此，发了《为孩子的诗意阅读致家长朋友的一封信》，同时各班还组织了"亲子读书乐"活动，组织家长学习学校制订的《家长指导孩子阅读手册》，开展"亲子阅读沙龙"活动，组织"亲子阅读"征文评比比赛。让家长认识到孩子语文能力的提高要靠广阔的知识背景的建立和丰富的课外阅读的积累。

（6）主题阅读活动。配合学校的文化节，如游戏文化节、生态文化节等，列出系列阅读书目，组织各班购买相应书籍，推动主题阅读，为学校文化节活动的顺利开展奠定了坚实的基础。

（7）学科阅读活动。我们一直认为：儿童阅读不局限于文学阅读，只有将阅读全面渗透到所有学科中，真正的书香校园才能产生。实验中，我们大力倡导推行学科文化阅读，文学阅读、科学文化阅读、数学文化阅读、历史文化阅读、英语文化阅读应时而生，成为学校一道迷人的风景。

二、阅读指导：引领儿童感受文学的无穷魅力

儿童与成人不同，成人有一定的阅读和生活经验，很容易在再造想象中将文字符号转化为脑海中的形象，儿童由于年龄与审美经验的不足，对文字美的内涵往往难以把握，这就需要教师“蹲”下来，用儿童能够理解的方式去唤醒他们的审美体验，激发他们的想象力，使其充分感受文学的魅力。基于建构主义的观点，理想的阅读应该是儿童与书本实现对话，相互比照，发现自我、升华自我、创造自我，从而建构一个具有独立精神世界的自我的过程。我们的阅读文化指导由此出发，使儿童的实际生活经验与书本中的世界实现对话，产生融合、碰撞、互动、升华，从而架起儿童和作者之间的桥梁，让文本成为儿童心灵里一个真实的生命场景，让阅读成为一个心与心交流的方式。

我们立足教学实际，摸索和总结阅读文化指导课的基本课型，例如阅读指导课、读物推荐课、阅读欣赏课、读书汇报课、语言积累课、班级读书会、大声朗读课、经典诵读课、读写结合课等。通过指导课，学生积极参与阅读实践活动，在生动积极的思维和情感活动中，加深理解和体验，受到情感熏陶，获得思想启迪，享受审美乐趣，获得阅读方法，培养阅读习惯。

三、文化读本：带领儿童走进崭新的阅读天地

文化是一种积淀，一种濡染。我们树立了凡适合儿童阅读的书籍都是教材的思想，充分利用汉语的文化禀性，借助开拓阅读的疆域，来开拓文化视野，让学生走进迷人的童话、绮丽的诗歌、精彩的小说，阅读神奇的科学、绵延的历史，以及充满人文情怀的民歌、对联、成语、农谚、童谣等。改变过去平面式的只阅读一本语文课本，而语文课本大多以单篇美文为主要阅读材料的阅读课程体系，将中华经典诵读、主题美文的赏读、儿童文学名著的阅读指引结合起来，尝试建设独具个性的符合汉语言文字特点的阅读文化课程体系。

如让课外阅读与课内教学结合，开发编写文化读本。教师对教材进行了重组、整合，将同主题的文章放在一起，比如把写长征的文章组合在一起教学，并以此拓展多篇相关的或者同主题的文章、书籍，让孩子去阅读。如果说课文是“经”，那么拓展的文章、书就是“纬”，这样构建成的“经纬”交错的阅读网络，促进了知识的迁移、融合，使课内外相互补充，相得益彰。

再如让课外阅读与大主题单元活动结合，开发编写文化读本。我们通过大单元主题活动引领儿童畅游书的海洋。如二年级开展了“安徒生童话周”的大单元主题活动，在“童话周”活动中，孩子们读安徒生童话、听安徒生童话、画安徒生童话、演安徒生童话，孩子们在各种活动中走进了安徒生童话王国，和“海的女儿”说话，跟“卖火柴的小女孩”交朋友。他们尽情地展开想象的翅膀，赏读安徒生诗一般的语言，尽情抒发内心深处的感受。在每一个大单元主题活动中，我们都对丰富的文本资源进行整合与优化，为学生精选读本，如针对“母亲节”大单元主题活动，我们开发了《母亲节文化读本》，针对其他大单元主题活动，我们还开发了《中秋文化读本》《游戏文化读本》《海洋文化读本》……文化读本从母语所涉及的汉语言、自然、人文、历史、社会、家庭、传统等多元文化视角中，特别是具有丰富文化意蕴的传统文化和生活世界中确立某一文化主题。围绕这个文化主题，精选古诗文、名家名篇、现代诗文、科普小品等。文章的选择力求文质兼美：内容上有情趣，字里行间闪烁着人性的光辉、思想的光辉、大自然的和谐和童真童趣；文字有张力、有质感；语言上有意味，规范、生动、优美；文章具有较高的认识价值、教育价值和审美价值。

文化读本的开发，为学生搭建了一个博大精深的文化背景，在情韵丰满、意象深远、充满情趣的补充文本中亲近母语，使儿童的个体生命成长具有鲜明的书香之气。用文化读本带领儿童走进一个崭新的阅读天地，使他们“对美丽的中文存敬爱之心”，感受到母语的亲和、温馨，更加自由舒畅地吮吸到丰足的滋养，以此来成就每个个体对于自己民族的母语情结。

四、阅读手册：指引儿童走向文本深处

《阅读手册》以经典的儿童文学作品为范本，根据儿童的认知特点和现代的阅读观念，全方位挖掘文本的语言、人文、美学等价值，设计相配套的形式灵活的阅读指导和练习，引导学生从整体感知入手，从学习语言、品味语言入手，培养良好的语感和整体把握能力，既便于课堂师生互动，进行高效优质的阅读指导和讨论，又便于深入理解名著。

我们向学生推荐了上百篇必读书目，既有名著经典，又有现代诗文。教师每人重点研读一部优秀作品，力争成为该部作品的专家，通过对一部作品的理解带动儿童对文学整体的理解，并以儿童的视角把它作为教材来开发。教师边读书边设计，在每一堂课，每一次教育活动中都有意识地去整合、开发、利用多种课程资源，特别是书籍中最丰富的文本资源。老师们共同研读《青铜葵花》《根鸟》《安徒生童话》《西游记》等近百本儿童文学作品，并从字、词、句、篇、章以及听、说、读、写等方面逐步建构起以名著为精读范本的阅读课程新体系，编制了一本本内容丰富、形式多样的阅读手册，设计了一系列的阅读指导和练习，这些练习包括讨论、争议、剧本创作、想象、动手做，甚至游戏等等，把读书与听、说、议、讲、编、写、画、演、做、想象相结合。如中年级的阅读手册《夏洛的网》，里面有分享感人片段、探究话题、仿写摇篮曲、写给主人公威尔伯一封信、与好朋友分角色朗读表演等听说读写的综合练习。我们充分利用每周一节课外阅读课一起分享、探讨、思考、感悟，使师生一起步入美化的阅读境域，在广泛的阅读中，启智怡神，将文化的积淀融入一个个生命个体中。在这些创造过程中，老师们重新认识了课程的意义与内涵。

五、文化研修：让教师成为文化阅读的领路人

随着阅读文化活动的不断推进，我们意识到，教师的文化阅读视野是决定学生阅读品质的重要前提，阅读文化的关键在老师。大量的文学作品，流淌着高品位的文化。起文化启迪的作用是导师不是技师，文化育人是一种濡染和积淀的过程。如果我们的教师没有文化意识，缺乏文化底蕴，就悟不出其中的文化内涵，在教育教学中也就不可能实施文化渗透。在教师的知识结构中，应该有一种更宏观、更广阔的视野和思想文化背景，追寻最有价值的文化引领，教师得先种文化的大树。我们组建教师文化团队，在文化阅读、文化沙龙、文化欣赏、文化讲坛等多种活动中培植教师自己的文化大树，让教师成为文化阅读的领路人。

1. 文化阅读

我们开始了艰辛而又甜蜜的“文化之旅”，成立了读书俱乐部，读书内容丰富，有文化类经典书籍，如《论语》《教师人文读本》等；有促进教师专业发展的书籍，如《情境教育的诗篇》《文学的故事》；有儿童文学，如《青铜葵花》《小王子》等；有提高文化品位的书籍，如《美学散步》《智慧之旅》等。

2. 文化沙龙

我们就《情境教育的诗篇》展开了课堂情境有效性的话题研讨，就《百万宝贝》进行了生命与信念、成功与代价的人生哲思的探讨，就《澳洲课程故事》进行了域外教育本土化的实践探索汇报……沙龙过程，开启了一扇扇智慧的门，打破了学科间的壁垒，填平了学科间的鸿沟，站在文化的大背景下，老师们都立体成长着。

3. 文化讲坛

文化讲坛，坛坛都是“好酒”。我们邀请专家、教授在文化讲坛上做报告，让老师走上讲坛，演绎自己精彩的教育思想、课程故事。精彩纷呈的报告讲座，自由开放的座谈对话，令教师们情思激越，悟性顿开。在专家学者睿智的思辨中，在激烈的思想碰撞中，老师们梳理着自己教育人生的枝节蔓叶，默默构建着自己的教育哲学。在一次次的对话交流中，老师们感受到生命的成长。

整本书共读：为童年播下最美妙的种子

吴建英

早在1941年，叶圣陶先生就明确提出“把整本书作主体，把单篇短章作辅佐”的主张。现今，《语文课程标准》也要求，“多读书，好读书，读好书，读整本的书”。可见，整本书阅读的重要性。

如何引领儿童进行整本书阅读？朱永新先生发起的新教育实验倡导“共读”，即通过共同阅读，拥有共同的语言，共同的密码，共同的价值，从而实现真正的共同生活。我们在整本书共读理念的引领下，不断探索与实践，走出了一条行之有效的阅读之路。

一、共读经典，让学校成为开放的图书馆

朱永新教授说，要把“最美好的东西给最美丽的童年”，还要“为每一个儿童寻找到此时此刻他最适合的书”。为了能让儿童共读经典且又契合其身心发展的书，新教育研制了“中国小学生基础阅读书目”，为中国小学生提供了一份有水准、有品位、有眼光、有趣味的专业性书单。

在“中国小学生基础阅读书目”的基础上，我们构建了一至六年级整本书校本课程体系。在书目选择上，注意了以下四点：

第一，绝对是经典的。把最经典、最美好、最优秀的书籍带给孩子。这样，在儿童精神成长最敏感的时期遇到好书，就可以形成好的“胃口”，好的品位。第二，必须是儿童的。尽量选择儿童喜欢的且适合他们的书。如选择与学生心灵息息相通的书，与他们生活密切相关的书，学生读时会感到特别亲切，可以从中寻找到“自我”，还能从他人的经历中体验到生命的成长。第三，强调是分层的。童年是一段由浪漫到精确、粉红到天蓝的彩色阶梯。我们以阶梯阅读的相关理论按照小学低、中、高三个学段来推荐，给学生更切实的指导。第四，应该是全面的。所选的书以儿童文学为核心，兼选自然科学、人文科学等方面的其他优秀读物，让学生获得全面的营养。

博尔赫斯说，“天堂，应该是图书馆的模样”。其实，学校就应该是图书馆。为了促进共读，我们努力打造独具特色的阅读生态。除了校园里设有形式多样的“书吧”“书亭”“书站”外，每学期都要举行一届阅读文化节，每一届都有鲜明的主题，如“文学，让儿童的心灵柔软起来”“在语言中狂欢”等。节日中，开展作家面对面、班级读书会展示、童手写童心、我为名著写书评、书本剧表演、诗词诵读会等精彩纷呈的系列读书活动，为儿童搭建展示读书成果的平台。日常，还会开展“你讲我听”“持续默读”“主题阅读”“学科阅读”等活动，使学校成为一所永远开放的图书馆，让广大师生浸润于清新而高贵的读书生活中，让共读成为师生真正的生活方式。

二、共读对话，在“三部曲”中拾级而上

新教育倡导的“共读”“共同生活”理念，是基于教育与学习是建立在一种有效对话基础上的理解。最好的阅读应该是充满魅力的书籍与阅读者之间对话的过程，这是书籍、教师、学生多向对话的过程。在共读对话中，教师的重要任务是导读，而且是和孩子们一起读，就像哲学大师加缪所说，“请不要走在我的前面，因为我不喜欢去跟随；请不要走在我的后面，因为我不爱充领导；我只期望请你与我同行”。

我们每周开设一节共读课，师生每月共同精读一本经典，独创了整本书阅读的导读—推进—延伸“三部曲”的模式，并出版了《给孩子们上的阅读课》一书，使阅读指导更好地适合儿童的心智成长和精神发育。

导读，开启学生的阅读期待。阅读期待是一种迫切求知的心理状态，是通过悬念的制造、情境的创设等，激起学生体验和探究的欲望。重视阅读期待，对于激发学生的阅读热情、培养良好的阅读情趣有着重要的意义。

导读部分充分利用阅读期待，或从书中选取一个美好的场景、几个鲜明的形象，或讲讲作者和相关书评，或以书中精彩的内容、情节，或用书中的插图，或用故事里出现的音乐等，激发学生对新书阅读产生一份关注，形成一种期盼。比如，《绿野仙踪》的作者弗兰克·鲍姆本人的经历充满传奇色彩，导读时给学生讲讲作者的故事，尤其是他创作《绿野仙踪》的经过，一下子就能抓住学生的心。导读部分，要做的就是让学生对即将开始的阅读旅程充满期待，兴趣浓厚。同时，为后面推进部分的主题探讨做好铺垫，有目的地阅读比漫无目的地阅读效果要好得多。

推进，这是共读中的重要环节。可以是分章节的讨论，也可以是通读全书后若干小主题的讨论。此时的共读讨论，需要带着一定的指向性。教师要做好引领，提出一些重要话题，让学生带着话题进行阅读、对话。

比如，儿童小说、故事的共读推进，可从故事情节、人物形象、语言风格、文学意蕴等方面展开。以《蓝鲸的眼睛》为例，这本书语言优美抒情，意境空灵神秘，人物角色身上有着丰富的精神内涵。推进中可以引导学生品味“蓝鲸献出眼睛”这一段文字，在品味中感悟语言文字的特点与魅力。书中的经典段落形象地刻画出角色形象，反映出角色的内心情感和精神内涵，让学生有感情地诵读描写主人公的主要段落，并引导其想象、交流，谈对角色的印象。在诵读与交流中，学生不断丰富和铭记角色形象，感悟到书中深厚的精神内涵。在此基础上，再让学生给喜爱的角色写颁奖词，来呈现他们对角色和内涵的理解，在写话中提升阅读品质。这样的共读推进，学生不但能理清思路、深化理解，还能分享快乐、分享经验，使阅读走向深入。

延伸，一本书读完，并不意味着阅读的结束，相反，在推进部分结束时，学生由于观点的碰撞、心得的交流而获得的阅读体验正激起新一轮高潮。此时，应把握这一时机，巧妙整合资源，进行拓展延伸，顺势将阅读活动引向更为广阔的时空，深化阅读感受。

可以共同拓展阅读作家的其他作品，如读完米切尔·恩德的《永远讲不完的故事》，补充阅读他的《毛毛》《犟龟》等；可以共看电影，如读完《草房子》《夏洛的网》《城南旧事》之后再看电影，别有一番滋味；可以排演书本剧，如读完《一百条裙子》之后演书中的精彩片段，学生会有更深的感受；可以进行延伸的写作活动，如读了《亲爱的汉修先生》，模仿书中作者用假想收信人的方式倾诉自己的心声；还可以画画、讲故事等。总之，只要巧妙安排，延伸活动能使学生对书中的情节、人物、内涵的了解更深入全面，感受更具体。

三、共读关注，让阅读更科学有效

师生共读整本书，有时教师不注意阅读规律，大包大揽、无微不至地“指点”，如此，反而加重了学生负担，破坏了学生的阅读“胃口”。如何进行科学高效的阅读指导，提升整本书的阅读质量？我们以为，要重点关注以下三点：

第一，关注“整体”。整本书阅读，关键是“整体”。在读书交流时，教师始终要有整体观念。比如，对情节连贯性较强的小说类作品，要让学生抓住人物和事件的主要线索，形成连贯、整体的印象。读《鲁滨孙漂流记》，就可以让学生画一张鲁滨孙的漂流图——他依次到过哪些地方？待了几年？干了些什么？这样，先从整体上把握这本书的脉络和走向，初步形成对书的整体印象。随着阅读的逐步深入，可以通过细节挖掘，牵一发而动全身，加深学生对整本书的理解。最后，再从整体上结束阅读，确保在学生头脑中形成一个完整的印象。

第二，关注“体裁”。教师要有“体裁意识”，不同体裁的书有不同的特点，要把握体裁的特点进行指导。如童话的阅读，要引导学生进入童话情境，成为童话人物，展开丰富想象；小说的阅读，要从故事情节、人物形象、文学语言、表达主题等方面指导；科技作品的阅读，要把握事物特征，理清说明顺序，研究说明方法，体会语言特点；传记的阅读，要了解主人公的人生经历，分析人物形象，分析作品的选材、表现手法、语言特色，关注作者对人物及有关事实所作的评价等。这样，引导学生掌握不同体裁整本书的阅读规律、基本方法，才能使他们真正读有所得。

第三，关注“话题”。共读中，选择话题至关重要。有的老师将一本书的内容细化出无数的问题，学生阅读的过程好像成了解答问题的过程，这样很容易陷入被动和机械的阅读。王林先生曾指出，“少提小问题，多提大问题；少提事实性的问题，多提诠释性的问题；少提认同性的问题，多提批判性的问题；少提简单陈述性的问题，多提创意思考的问题；少提封闭性的问题，多提开放性的问题”。这“五少五多”原则，很有参考价值。我们认为，应选择能在学生心灵中产生一石激起千层浪的话题，如可以引发学生认知冲突的话题，或涉及作品主题内涵的话题，或引导学生品味细节的话题，或源自学生需要的话题，或能够链接学生生活和情感世界的话题等。有了这些话题的讨论，阅读才会更深入、更动人、更持久。

四、共读手册，让阅读向更深处漫溯

叶圣陶先生曾指出，“读整本的书，不仅可以练习精读、速读，有利于养成好的读书习惯；还可以进行各种文学知识与文体阅读的训练，学生阅读的心理会更加专一，阅读效果也会更好。它可以收‘一石多鸟’之效”。由此可见，引导学生读整本书，有利于学生阅读能力的提高。

六层次阅读能力系统理论认为，阅读能力包括六个能力元素：复述、解释、重整、伸展、评鉴、创意。如果要培养“理想的读者”，就需要我们根据阅读层级采取不同的阅读策略对学生进行各方面的训练。为此，我们通过设计《共读手册》详细指导儿童如何阅读整本书。

《共读手册》设计了与阅读相配套的、形式灵活的指导与练习，这些练习包括讨论、想象、表演、多形式读、剧本创作、动手做，甚至游戏等，把读书与听、说、议、讲、想、编、写、画、演、做等相结合。这样，既便于课堂中师生高效优质的阅读指导和讨论，进行阅读“互动建构”；又便于学生自主深入阅读，“自读建构”，提升阅读质量，提高阅读能力。《共读手册》成了儿童的阅读“地图”和“指南”。如《〈草房子〉共读手册》设计片段：

1. 这本书的题目是《草房子》，书中第一章就用生动的文字在我们眼前搭建了一个由十几幢草房子组成的美丽校园，找到这段文字了吗？摘录下来，并把它画下来，别忘了那些草房子之间的“安排”哦！

2. 充满诗意的景色描写是《草房子》这部作品的一大亮点，你来摘录几处，细细品味吧！

3. 有人说“一切景语皆情语”，结合内容想想，这些景物描写是否让你有什么特别的感受呢？

再如《〈时代广场上的蟋蟀〉共读手册》设计片段：

1. 在和玛利欧分别之际，柴斯特为他举行了一场独奏会。书中这样写道：“蟋蟀抬起了翅膀，轻轻地拉出了一声低吟。在这一声鸣叫里，它献上了它的一切爱，它代表了它的惜别。”这一声鸣叫包含了柴斯特想说的许多许多话，你听懂它在说什么了吗？请写下来。

2. 试着在某一个空气清新的早晨，或者是某一个万籁俱寂的夜晚，用心聆听风声、雨声、虫儿的鸣叫声……你一定会发现，大自然就是一位演奏家。模仿本书的描写方式，请你也来写一写你听到的美妙音乐吧！

以上设计，引导学生在整本书的阅读中摄取特定信息，回味感悟出文学的语言美、形象美、情感美、意蕴美，并迁移模仿。其中，儿童的审美鉴赏能力、文学感悟能力、语言表达能力、联想扩展能力等均能得到提升。我们充分利用《共读手册》一起阅读、分享、探讨、思考、感悟，将阅读的积淀融入一个个生命个体中。这样的精读、共读，更深入，更持久，更有效。

同时，我们还辅之以《阅读评价手册》。根据阅读书目，学生每读一本书，在得到老师、家长或伙伴的认同后，可得一颗星，积满20颗星，就可获得“阅读奖章”。“阅读奖章”共七枚，依次为“水星奖”“金星奖”“火星奖”“木星奖”“土星奖”“天王星奖”“海王星奖”。读完140本书，就能获得最高奖——“海王星奖”。之后，还可继续挑战，新的阅读奖章就以学生的名字来命名。通过阅读挑战、星级评比，引领学生以持久的热情拾级而上，欣赏一路风景，享受最美童年。

童年是最美好的岁月，童书是最美妙的种子。引领儿童共读一本本书，就是在他们的童年播下一粒粒最美妙的种子，那是文化的种子、语言的种子、审美的种子、思想的种子……这些种子里有强烈的信仰，我们相信，会有奇迹的发生！

第二辑

构建与实施

汉字有故事　故事有文化

——“汉字文化故事”微课程的构建与实施

陆　莉

“小学有形、有音、有义，三者互相求，举一可得其二。”（清代文字学家段玉裁语），这句话揭示了汉字音、形、义之间的意义关系。我们的孩子写错别字的一个根本原因就在于识字教学音、形、义“三者互不相求”“举一不得其二”。

“自古词章，导源小学”，我们的母语由汉语、汉字、汉文组成，千年文言、百年白话，一脉相承的根源是汉字。汉字不只是一种信息传播的工具，它蕴含着古老的智慧、古老的文化。我们的识字教学还不能仅止步于“不写错别字”这样一个实用目的，更重要的是要能揭示汉字背后所蕴含的智慧与文化。

当然，给小学生讲汉字，不能深奥艰涩，也不能一本正经，我们要带领儿童以游戏的方式去触摸汉字。于是我们把目光锁定在“故事”上。爱听故事是孩子的天性，故事会说话，汉字会说话，而“讲述一个‘故事’，就是在讲述汉字的起源及其发展中的中国文化史”（《汉字王国》作者林西莉）。

一、课程架构——梳理“故事集”

课程实施的第一步就是要在庞杂的汉字系统中，梳理出既有故事又富有代表性的汉字，并且依据国家课程的语文学习进度循序渐进地引入。我们课程组的老师阅读了大量的汉字文化类书籍《画说汉字》《汉字里的故事》《汉字王国》《图说汉字五千年》等，初步梳理出低年级汉字文化故事微课程的内容：

年段	内容	年段	内容
一年级上学期	日月星辰	一年级下学期	鸟飞雀跃
	气象万千		地上走兽
	高山深谷		地面爬虫
	土石农田		鱼龙出水
	河川流水		鸟羽兽毛
	树木枝丫		兽角兽踪
	竹木草坪		人体造型
二年级上学期	抛头露面	二年级下学期	车船风行
	体腔胸背		古代兵器
	手法多变		生活用具
	足脚止步		鼓乐琴声
	布衣丝巾		占卜文化
	饮食器皿		耕织工具
	房屋居住		多形合拼

从“日月星辰”到“人体造型”，从“房屋居住”到“多形合拼”，内容涵盖了天文、地理、历史、人物，在汉字故事的讲述中，一幅幅关于汉字起源的历史画卷向懵懂的孩童徐徐展开。

二、课程实施——视听“故事汇”

“字之初，本为画”，画个山来代表“山”字，画个弯月来代表“月”字，这些远古时代最初的文字，是人类祖先留下的智慧。而这，与人在孩童时期的形象思维特点是多么的吻合。我们的课程实施也以此为路径，引领学生步入汉字故事的文化乐园。

1. 漫步“汉字宫”

一字一小段情景视频，形象生动地演示汉字的形成过程，我们首先引进的是《汉字宫》。《汉字宫》依据汉字的“相似原理”，用古人造字的神话故事，采用故事电视片的形式展现出来。每天10分钟，孩子们在看动画的愉悦气氛中，了解汉字的起源。漫步“汉字宫”，儿童的多种感官被充分调动，吸引他们的何止是好看，更多的是汉字世界的丰富和神奇。

2. 讲述“汉字小故事”

讲述汉字背后的故事，了解汉字的前世今生，让每一个汉字如同生命般鲜活起来。在课堂上，学习生字时，我常常会请一些小朋友上台讲述汉字小故事。这些小故事是提前布置给他们的双休日亲子作业。孩子把汉字小故事带回家，在爸爸妈妈的帮助下练习讲述，一些有心的家长还在网上找到相关的视频给孩子边看边讲。

书写“太”字时，常常有小朋友漏写最后的一“点”，莫怪孩子粗心，其实是我们没有把那一“点”的故事讲给孩子听。下面是这一“点”的故事：

大家看，这个“太”字像什么？像不像一个人骑在另一个人头上？一个人骑在另一个人头上，那不是“太过分”了吗？很久以前呀，在甲骨文中，“太”就是表示一个人骑在另一个人头上，有“过于、过分”的意思。后来呀，那个人被写作一点。所以，我们可千万不能漏了这一“点”哦，它可表示那个被欺负的人呢！

如果我们老师单纯把识字教学分解为结构和笔画的记忆，那孩子学得多辛苦又多么无趣。我们的做法是，不放过任何一个有故事的汉字。比如，教学“西瓜”的“瓜”字时，我们讲述了关于这个汉字的有意思的故事：

很久很久以前，人类想记事的时候都是画画。这个“瓜”字也一样，人们想画个瓜，但是如果只画一个圆，人们怎么知道那是瓜呢？聪明的人类就把瓜藤和瓜蔓都画下来。首先画了一横代表的是瓜藤，然后下面有三根瓜蔓，弯弯曲曲地垂下来，瓜蔓下挂着的圆圆的就是瓜了，什么瓜呢？不知道。所以“瓜”的本义是一种植物，会结果实。比如西瓜、冬瓜、丝瓜、甜瓜、南瓜、地瓜……瓜大多是圆的，就引申出“脑袋瓜”这个词，因为脑袋也是圆的呀！但是“傻瓜”却不是“瓜”，是指一类人。

在笑声中，孩子牢牢记住了这个有故事的汉字。每次有小朋友上台来讲汉字小故事，台下的学生们小眼睛亮亮的，听得可认真啦！这些原本简单的汉字，此

时在他们的眼里活起来、动起来啦！而之后一横一撇一点一捺的书写，也似乎变得或神圣或有趣。那一个个汉字小故事，带领孩子们穿越五千年历史文化的隧道，和充满智慧的祖先进行了对话。

3. 画画“汉字源”

在教室的后墙板报上，我们专门开辟出一块“汉字源”，里面展出的是孩子们画出来的一个个字源。看，牛头、羊角、鹿身、兔影、火形、石状……这些汉字最初的模样是画又是字，是一个个谜，又是一个个故事。每一期“汉字源”的展出，都配合着最近讲述的汉字小故事。孩子们在课间围着、指着、猜着、讲着，被中国汉字之美深深地吸引着。看，这一期的“汉字源”，孩子们最喜欢猜的是这个“”字。看看，像什么呀？一颗大大的糖果！一个大大的礼物，里面装着好多好东西呢！原来是东西的“东”字呀！最难猜的是这个“”字。一开始，有的孩子猜是“钟”，有的猜是“亭”，后来还是画这个字源的小朋友揭开了谜底：是东南西北的“南”，“南”的本义是一种敲打的乐器，后来才假借为方位词。古代的皇帝召见大臣们时，一定要面向南坐，以表示尊贵。

4. 读读“汉字绘本”

画字源，读图画，讲故事，每一个汉字，除了它的演变代表了历史与文化的生生不息外，汉字所包含的许多传统故事同样可以滋养孩子的心灵。《汉字里的故事》，不仅再现了文字起源，还用水墨画的绘本形式再现了许多与汉字相关的历史故事。比如，学了“毛”字，孩子去读《千里送鹅毛》的故事；学了“光”字，再去读《凿壁偷光》的故事；学习“草”字时，知道了《神农尝百草》的故事……孩子们捧着一本本汉字绘本书，那些古老的文字、动人的故事，让他们爱不释手。

三、课程展示——我是“小小汉字学家”

讲完一个汉字小故事，得一颗红五星；展出一幅汉字源，得一颗红五星；作业本上汉字书写漂亮，也得一颗红五星。比比谁的红五星多，大家都来争当“小小汉字学家”。

最令人难忘的是我们的汉字主题阅读课。在这样的课上，孩子们可大显身手了，他们向老师、同伴尽情展示自己的汉字研究功底。这是在一节《神奇的汉字》公开课上，我和孩子们的对话：

师：一个汉字就是一幅画，一个汉字就是一首诗。猜猜这幅画表示的是哪个汉字。别急，我们可以一部分一部分猜，然后再合起来想一想。

生：“宝盖头”代表房屋。

生：房屋内有四个“草”字，草中好像有一个人躺在那儿。

生：下面还有两点，我们以前学过两点表示“冰”。

师：把这些意思合起来想一想。

生：房屋内的一个人睡在草窝里，双脚冰冷，这个字应该跟“冷”有关。

生：而且是“宝盖头”的，所以我猜是“寒”字。

师：恭喜你，猜对了！（掌声）

师：大诗人杜甫曾经写过这样一句诗（出示诗句）“安得广厦千万间，大庇天下寒士俱欢颜”，意思是说我多么想拥有千万间的屋舍，让天下穷苦的读书人都能在此安心快乐地读书啊！所以说，一个汉字就是一幅画，一个汉字就是一首诗。

汉字里有故事，故事里有文化。希望我们的每一位语文老师，在孩子识字之初，带着温暖的心，和孩子一起讲故事、写汉字、读图画，以中国悠久的历史文化去滋润孩子的心田。

绕来绕去　趣味横生

——“绕来绕去”微课程的构建与实施

季　萍

一、寻觅语言的狂欢体验

苏联文学理论家巴赫金曾提出过语言与文学的狂欢理论，他提出“复调对话与狂欢也有内在同一性，主要表现语言层面上具有同一源头——民间笑文化”。他的这一理论告诉我们，我们的语文要回到民间去，回到田野去，回到“草根”去，才能让孩子获得语言的狂欢体验，也才能真正爱上自己的母语。

在对传统文化精髓的反复研读中，“绕口令”进入了我们的视线。绕口令是传统民谣的一个门类，它注重节奏感、趣味性、幽默感，同时它还带有一定的竞技性，满足孩子们游戏、竞技、好胜的愿望。朱自清先生把“绕口令”归于“练习发音”类的童谣，称赞它是儿童世界里“最美妙的歌词”，是儿童文学中不可多得的好材料。

就这样，“绕来绕去口腔操——绕口令”母语课程由此而生，一粒经典、愉悦的种子悄然萌发。

二、搭建狂欢的内容阶梯

我们确定了如下课程目标：

1. 通过课程研发，激发学生对绕口令的兴趣，丰富学生的发音技巧积累，初步了解绕口令的特点。

2. 营造良好的展示氛围，为学生创设文化传承的平台，提高学生的文化品位和审美情趣，提升人文素养，感受中华文化的博大精深。

3. 通过对绕口令与传统戏曲中相声、快板等经典形式的整合进行积极探索，改变传统表现形式，探索出新时代的绕口令的传承和展演方法，提高课程学习的趣味性和有效性。

确立了课程目标，我迫不及待地投入到绕口令课程的研发和实践中。我发动学生及其家长一起从书籍、网络、报刊上搜集了大量绕口令，然后按照由易到难的顺序，又大体配合语文教材中生字出现的次序，列出了一、二年级四个学期的绕口令练习篇目，每学期有12篇。具体篇目如下：

年段	内容	年段	内容
一年级　上学期	《小花猫》	一年级　下学期	《狗与猴》
	《鸟和猫》		《猫鼻子》
	《雕与猫》		《我有一条狗》
	《花青蛙》		《乌鸦说黑猪》
	《白果树》		《毛毛和猫猫》
	《花和瓜》		《种冬瓜》
	《收葵花》		《梁大娘买粱》
	《蓖麻》		《秃丫头》
	《好孩子》		《鹅过河》
	《白家伯伯》		《送花》
	《六叔和六舅》		《羊和狼》
	《牛牛和妞妞》		《斗放豆》
二年级　上学期	《颠倒歌》	二年级　下学期	《河里有只船》
	《兜装豆》		《花鸭与彩霞》
	《汤烫塔》		《高高山上一条藤》
	《皮鞋、蒲鞋》		《盆和瓶》
	《白石塔》		《比锤》
	《天上七颗星》		《窝和锅》
	《六十六斗牛》		《青龙洞》
	《妈妈骂马》		《分果果》
	《司小四和史小世》		《画狮子》
	《炖冻豆腐》		《造房子》
	《拔萝卜》		《捉壁虎》
	《婆婆和嬷嬷》		《胡子和驴子》

三、释放母语的唇齿狂欢

课程如何实施呢?

1. 说唱引入，让孩子兴趣盎然

记得第一次引领孩子认识绕口令，为了让他们感悟绕口令的趣味性和幽默感，我为孩子们播放了一首歌曲《中国话》，这首歌曲不仅充满时尚气息，节奏感强，其中伶俐快速的发音和无厘头的语言表现力，绕来绕去，趣味横生，一下子就吸引了孩子们的注意力。就这样，孩子们的目光聚焦在绕口令这种古老而又诙谐的语言表现形式上。随即，我又向孩子们介绍了绕口令这个独特的民间艺术，出示了几个简单的绕口令，孩子们兴趣高涨，不停地问我：“季老师，这些是从哪里找到的？我也想学！”我故作神秘地从身后拿出《精彩绕口令》《古代绕口令故事》等书。几天后孩子们手中都有了有关绕口令的书籍，他们自己练习着，缠着大人说，一时间，学说绕口令成了一道亮丽的风景线。

2. 多样练习，让诵读掷地有声

绕口令精彩的语言表现力如磁铁般吸引着孩子。兴趣有了，那么如何让孩子进行持久学习，始终充满新奇感呢？首先训练孩子舌头的灵活性以及咬字的清晰度，我巧妙地借用了“口腔操”，让孩子做：双唇运动“噼里啪啦”、舌齿运动“叽叽喳喳”、气息练习“数数，中间不吐气”。看似搞笑的一个训练，实则对孩子的绕口令训练很有益处。

正式练习绕口令了，第一次我引导孩子练说《扁担长》，为了提高练说效率，我先让孩子找这个绕口令中的关键词“扁担”和“板凳”，让孩子先练说这两个词语，再由慢到快有序练习。孩子们兴致高涨，一个个“噼里啪啦”说个不停。

之后，又开展了以“生命美丽绽放”为主题的绕口令活动。活动中，孩子们个个摇头晃脑、眉飞色舞，甚至情不自禁地竞技起来。一切那么自然、自由、活泼、无拘无束……孩子们捕捉到了蕴藏其中的“顽皮的精灵”，感受到了民俗文化的亲切、美丽和神奇。我还特别要求孩子用方言读绕口令。家乡话是每一个人生命的基因，用家乡话来表达，是家乡文化走进儿童心灵的一条捷径。

3. 语言揭秘，让创编精彩纷呈

读了，赏了，但是绕口令课程充其量只能达到愉悦身心的目的，思维参与、智力挑战的强度显然不够大。于是，我和孩子们决定体验一把自己创作的激情。

绕口令的创作离不开对语言的研究。绕口令在长期流传中形成了稳定、成熟的特质，结构、题材、语言等都区别于其他民间语言种类。这个奥秘对于孩子来说有些难度，需要我引领他们去发现。通过对一些绕口令的观察，孩子们了解绕口令最大的特点是“绕”，里面还有许多字音都是很相近的，往往韵母相同。在一般文学中禁忌的“拗、绕”恰恰是绕口令所倡导的。有了这样的认识，孩子创编起来就如鱼得水了。创编过程我分为两个步骤：一是出示绕口令，让孩子填字；二是独立创作绕口令。孩子们在这样阶梯式的创作中体会到语言狂欢的魅力。

为了适合低年级孩子的思维特点，我选择从最简单的一种绕口令——“比比令”开始进行创作。我先让孩子在观察中体会“比比令”的特点，在此基础上让孩子自行创作。孩子们的小脑筋动得飞快，一条条精彩的“比比令”在智慧的碰撞中诞生了！

在此基础上，孩子们综合了其他学科的知识，创编了礼仪绕口令歌曲、绕口令健身操……绕口令已不仅仅是一种语言训练的途径，它更是一门融合各门学科的综合性课程。可以说，在孩子们的努力下，绕口令课程有了新的生命活力。

孩子们一天天在长大，我们的课程也一天天在继续。我坚信：绕口令独特的语言魅力必然会让民间课程这棵参天大树更加苍翠挺拔，那些朴素却又不朽的绕口令一定会永远在儿童的心中回荡……

赏谜之谜　悟谜之韵

——“谜语猜猜猜”微课程的构建与实施

唐　娟

特级教师周益民认为，“谜语等民间文学样式是一种活体记忆，是生命开端状态的存在，儿童因为它们而在语言中获得一种迥异现实的生命认同，它们是个体源初的精神家园、话语故乡”。确实，谜语源自我国古代民间，历经几千年的演变和发展，是古代劳动人民集体智慧的文化产物。它极具吸引力，以生动形象的语言来暗射所言之物，吸引充满好奇心的儿童开动脑筋，激发智慧。身为母语启蒙老师的我们有责任带领孩子们去感受谜语中的智慧，领悟谜语的独特魅力。基于这样的认识，“谜语猜猜猜”微课程应运而生。

一、课程架构——寻找适合儿童的语言营养

为了实施好课程，我们阅读了《中国谜语基础知识》《回归话语之乡》《谜语大全》《中国儿童益智谜语大全》《趣味猜谜》等书。这些书带领我们打开了谜语这扇窗，使我们感受到了谜语的独特魅力。

结合低年级孩子的认知特点，我们确定了以下课程目标：

1. 初步了解谜语的起源、发展、组成、分类等，感悟谜语音律上的押韵、表达上的准确、构成上“回互其辞”的特点，全面认识谜语这种民间语言的表达方式。

2. 通过搜集、摘录谜语，掌握不同类谜语的猜谜方法，发展学生的思维，感受猜谜的快乐。

3. 掌握编写谜语的常用手法，学会观察事物的特点并进行简单的创编活动，能用比喻、拟人等修辞手法生动形象地写出物体的特点，感悟创编谜语的快乐。

4. 在活动中品味谜语语言的韵味美，认识到谜语是民间文学的一部分，包含着文化韵味，激发学生对传统文化的兴趣和热爱。

各学期具体分段目标如下：

年段	内容	目标
一年级（上）	有趣的字谜	在字谜世界中认识汉字，掌握猜字谜的方法；通过亲子阅读搜集字谜故事，关注汉字背后的故事，感悟字谜文化。
一年级（下）	好玩的动物谜	摘录动物谜语，在动物谜语中认识身边的动物，关注身边的动物；感悟不同动物的特点，了解不同动物的典型特征。
二年级（上）	好玩的植物谜	搜集植物谜语，在植物谜语中感受不同植物的特点，掌握猜植物谜的方法，学会根据植物特点自己编写谜语。
二年级（下）	灯谜和谜语诗	组织开展灯谜会，走进谜语诗，在活动中感悟祖国传统文化和传统节日的魅力，感悟祖国语言文字的魅力。

二、课程实施——找到适合儿童的成长力量

（一）多种途径，走进谜语世界

1. 课内课外相结合

课堂上，我们精心设计相关课例，带领学生走进不同的谜语，上好导学课。“有趣的字谜”“好玩的物谜”“趣话谜语诗”等精彩课例让孩子们在课堂上走进谜语世界，与不同的谜语进行亲密接触。孩子们陶醉在谜语文化中，享受着谜语的“回互其辞”带给自己的思考快乐。

课外，孩子们阅读谜语书籍，在“我说你猜”“你说我猜”中产生了一个个“谜语达人”。他们摘录自己喜欢的谜语，制作谜语手卡，张贴在教室内“快乐谜语会”板报中。这些活动丰富了孩子们的业余生活，感受到了分享的快乐，获得了成长的自信。

2. 校内校外相结合

在学校里，孩子们走进精彩课堂，走进“快乐谜语会”社团，观看相应的猜谜语视频，参与了一系列丰富多彩的谜语活动——“字谜猜猜猜”“猜谜达人”“字谜故事会”“编谜高手”“谜语手卡秀”“元宵灯谜会”等，他们在活动中尽情展示自己，享受着谜语带来的快乐。

课外，我们鼓励学生将学校所学的谜语知识转述给父母听，鼓励孩子带领家长共同参与猜谜活动，开展“家庭猜谜会”，让家长也了解谜语这种民间语言文化。我们鼓励家长和孩子一起阅读关于字谜的故事，带领孩子参与大商场、公园、古镇等地举行的谜语会，感受谜语文化。

3. 线上线下相结合

除了前面的线下活动，我们还打开网络，《猜谜语》《猜谜语大全》等成为孩子们每天5—10分钟的课后加餐，丰富了他们的课余生活。我们一起打开“汉谜网”，字谜、成语谜、人名谜、地名谜、诗词谜语、音乐谜语、影视谜语等带领孩子们走进了一个广阔而神奇的谜语新天地。

（二）多项措施，收获成长喜悦

1. 在猜谜中认识汉字

课程实施中，我们经常让学生在猜谜中认识汉字。请看以下片段：

师：孩子们猜一猜“一山又一山”，“行千里”分别是哪两个字。

生1：“一山又一山”是“出”，“行千里”是“重”。

师：恭喜你答对了，你是怎么猜出来的？

生2：老师，您曾经教过我们猜字谜的方法：将谜面提示的部分字的笔画和字进行增加或减少来猜。“一山又一山”，就是山上加山，就是“出”字；“行千里”就是“千”加上“里”，就是“重”。

师：有理有据，说得真好！有补充吗？

生3：老师，我感觉这两个字的读音有点问题，交换一下比较合适。你看，“一山又一山”，山叠山就是很重，“行千里”，就是出门呀！所以“重”读作“出”，“出”读作“重”。

生4：是呀，最近和妈妈一起看过有关汉字的书。书上说，传说仓颉在造字的时候，由于造字数量太多，不小心将“出”“重”这两个字的读音搞错了。

生5：最近我和爸爸也读了许多有关汉字的故事。我知道最早统一天下的“秦”是怎么来的。书上说，之前并没有“秦”这个字，秦王为了完成大业需要取一个国名，他的下属就推荐了“秦”这个字，选择了春和秋两字各一部分，意思是“完成春秋霸业”。秦王听了大喜，一下子就采纳了这个建议。最后，果然秦国成为最早统一中国的王朝。

生6：我也知道一个关于“秦”的字谜故事。宋朝秦桧是个大奸臣，有一年，皇帝要求民间献灯谜，老百姓就制作了一个横行霸道的螃蟹灯，并写上“春来秋往，压日无光”的字谜。原来这是老百姓讽刺秦桧的，秦的上面就是“春无日”，下面就是“秋无光（火）”。据说秦桧看到这个字谜后气得半死。老百姓真是聪明啊！

生7：我还知道许多关于猜字谜的故事——例如故事《以谜猜谜》，王安石让王吉甫猜谜“日”字，王吉甫就以“日”为谜底重新编写了一则谜语，这种字谜故事听上去特别有趣。

……

一个又一个字谜，让孩子们掌握了猜字谜的方法，训练了他们的思维能力；一则又一则字谜故事，带领孩子们走进了一段又一段历史，开阔了他们的眼界。字谜，让学生了解字的构成，联系了生字之间的关系，认识了许许多多的生字。

2. 在猜谜中发展智慧

北朝刘勰在《文心雕龙》一书中特意给谜语下了定义：“谜也者，回互其辞，使昏迷也。”所谓“谜”，就是绕着弯子说话，使人产生错觉。谜语以它独特的语言形式促使学生在猜谜的过程中去发展思维：读谜面，抓关键，培养的是孩子们的阅读能力，提炼关键词句的能力；联系全文作判断，考查的是孩子们对生活的观察能力，联系生活的能力，概括思维的能力。读着谜面，猜着谜语，孩子们就忍不住跃跃欲试了。一串葡萄出现在他们眼前，有的说，“一串小珍珠，全身紫薇薇，揭开绿树叶，满满一屋子”。有的说，“藤上挂珍珠，颗颗亮晶晶，有紫又有绿，酸甜真美味”。还有的说，“头戴绿帽子，身披紫紫衣，酸酸又甜甜，味道真不错”。孩子们发现了编写物谜的秘诀：要想编谜编得妙，寻找特点很重要。颜色、形状和味道，比喻、拟人少不了。熟练地猜谜，有意识地去编谜，孩子们越猜越聪明，越编越智慧。

3. 在猜谜中感受文化

“物谜猜猜猜”课上，我们带领学生感悟谜面语言的美，用多种形式诵读谜面。孩子们或用富有节奏的语言读，或美美地读，或用家乡话读，感受谜语这种民间语言形式的朗朗上口。在反复诵读中，孩子们喜欢上了谜面语言，领悟到了谜面的语言美、音韵美。

又是一年元宵节，为了丰富孩子们的生活，年级组特意举行了“庆元宵灯谜会”。孩子们和父母一起动手，制作红红火火的灯笼。活动前，他们了解了灯谜文化：灯谜是写在彩灯上的谜语，人们将谜条系于五彩灯上，供人们欣赏、猜谜。明清时代，猜灯谜在民间非常流行。活动开始，每个教室张灯结彩，仿佛走进了灯的海洋。孩子们手拉手，穿梭于灯笼之间，一边欣赏花灯，一边猜灯谜，他们在热热闹闹的猜灯谜活动中感受着传统节日文化，迎接红红火火的一年。

“趣化谜语诗”课上，让学生与谜语诗进行亲密接触——谜语诗的诗句就是谜面，题目就是谜底，诗人故意不把谜底写在诗里，又叫“避题诗”。孩子们了解了古人对谜语的喜爱；了解了谜语古时候称“廋辞”“隐语”；知道了谜语诗中隐藏着“智趣”“妙趣”“雅趣”；诵读着《画》《画鸡》《风》《雪》等千古流传的佳篇；聆听着曹操、陆游的谜语诗的故事……谜语诗以它的独特魅力吸引着孩子们，孩子们陶醉其中，沉浸在母语的芬芳中。

国家督学成尚荣先生曾指出，“语文教材，理当是千百年来人类馈赠给孩子们的文化结晶，理应让孩子们去触摸人类那唇齿间的智慧，去亲吻田野上的花朵”。谜语，正是祖先赠予孩子们的宝贵的文化遗产。相信谜语这样的民间文学课程会让孩子们回归童年，回归语言之乡。

让生命与黎明共舞

——“生命主题晨诵”微课程的构建与实施

高姗姗

一、课程背景

在“中国风·母语美”微课程群的建构中，我们发现，诵读生命主题的诗词童谣会让儿童获得感动、柔软内心，敬畏生命、懂得珍惜，满足儿童了解生命、探究生命的本能欲望。于是，生命主题晨诵渐渐成了“中国风·母语美”微课程群的一个重要组成部分。

二、课程框架

晨诵有别于普通意义上的早读，其最大特点就是：晨诵，是一个课程。这个课程每一个阶段的主题都是精心整合在一起的。通过同一主题下不同诗词歌赋的学习、比较，让诗歌的介入更有序、更系统。我们在晨诵课程中找寻“生命”主题的经典诗歌，重组、增加，研发了低、中、高各年段“生命主题晨诵”课程：

低年级生命主题晨诵篇目

篇目	作者	篇目	作者
《九九歌》	农谚	《秋风娃娃爱下乡》	高恩道
《花朵开放的声音》	金波	《秋天多快乐》	崔增录
《野蔷薇》	〔日〕金子美铃	《秋天笑了》	张春明
《我和小鸟和铃铛》	〔日〕金子美铃	《秋姑娘的信》	滕毓旭
《邻居的杏树》	〔日〕金子美铃	《大雁飞在蓝天里》	赵铁民
《早春呈水部张十八员外》	〔唐〕韩愈	《雪地里的小画家》	程宏明

《赋得古原草送别》	〔唐〕白居易	《都大一岁了》	郑春华
《悯农》	〔唐〕李绅	《再见》	张秋生
《萤火虫》	漪然	《萤火虫》	伊能静

中年级生命主题晨诵篇目

篇目	作者	篇目	作者
《小花的信念》	顾城	《盲姑娘和她的妈妈》	王宜振
《调》	顾城	《蒲公英》	黎焕颐
《无名的小花》	顾城	《小草》	向彤、何兆华
《毛虫和蛾子》	顾城	《花的种子》	方敬
《梦想》	顾城	《墨水瓶》	〔意〕贾尼·罗大里
《愿站成一棵树》	金波	《树》	艾青
《倒下的树》	金波	《悬崖边的树》	曾卓
《其实，我是……》	金波	《你是我的眼》	萧煌奇
《不可思议》	〔日〕金子美铃	《惠崇〈春江晓景〉》	〔宋〕苏轼
《星星和蒲公英》	〔日〕金子美铃	《夏日绝句》	〔宋〕李清照
《蓝蝴蝶》	周梦蝶	《墨梅》	〔元〕王冕
《一天只有一次清晨》	林武宪	《石灰吟》	〔明〕于谦
《我在长》	〔苏联〕巴尔托	《竹石》	〔清〕郑燮
《给奶奶送阳光》	刘梦琳	《可爱的女孩》	〔美〕艾米莉·布尔松

高年级生命主题晨诵篇目

篇目	作者	篇目	作者
《生于忧患，死于安乐》	孟子	《山高路远》	汪国真
《鱼我所欲也》	孟子	《欢乐》	何其芳
《采薇》	《诗经·小雅》	《冬天的树》	汪曾祺
《夸父逐日》	《山海经·海外北经》	《在山的那边》	王家新
《观沧海》	〔三国〕曹操	《时间雕刻刀》	滕毓旭

《蜂》	〔唐〕罗隐	《信念》	罗洛
《山中问答》	〔唐〕李白	《热爱生命(节选)》	汪国真
《江城子·密州出猎》	〔宋〕苏轼	《母亲对儿子说》	〔美〕兰斯顿·休斯
《爱莲说》	〔宋〕周敦颐	《希望是一只小鸟》	〔美〕狄金森
《满江红》	〔宋〕岳飞	《我们去看海》	金波
《人琴俱亡》	〔南朝宋〕刘义庆	《雅舍》	梁实秋
《过零丁洋》	〔宋〕文天祥	《存在》	汪峰
《卜算子·咏梅》	〔宋〕陆游	《怒放的生命》	汪峰
《我爱这土地》	艾青	《知道不知道》	姚谦
《沪杭车中》	徐志摩	《望月》	国风

“生命主题晨诵”课程中除了一些经典的古典诗词、童诗歌谣，我们还别出心裁地引入“歌词”元素，让文学和艺术相融，晨诵焕发出别样的生命光彩。

歌词《萤火虫》是低年级孩子最喜欢的晨诵篇目之一，文字简单易懂，孩子自然而然就明白了：生命是“赠人玫瑰，手留余香”；我们推荐中年级孩子诵读《小草》的歌词，让他们体会到生命是心怀感恩；高年级同学则在汪峰的《存在》《怒放的生命》等传唱度很高的歌词中思考生命的价值，探寻生命的意义。

当然，生命也有亲人逝去的无奈，这是我们为六年级的孩子推荐的歌词《知道不知道》。略带伤感的音乐中，读到最后一句“想你的时候，哦，抬头微笑，知道不知道”，孩子们不由得红了眼眶。有孩子哽咽地说，想起了《望月》的歌词——“月亮升得再高，也高不过天，你走得多么远，也走不出我的思念”，对生命回归的终极释怀，自然地在孩子心中流淌。这就是生命主题晨诵赋予孩子的灵性。

除了引入“歌词”元素，我们还引领孩子在古典诗词中找寻“生命”的足迹。诵读《诗经·小雅·采薇》，明白任何生命都应该被尊重；从白居易的《赋得古原草送别》读出生命的坚韧；从李清照的《夏日绝句》中读出生命的价值……就这样，我们用晨诵将生命的浩然之气润物无声地根植于学生的心田。

三、课程实施

1. 根据班级课程整合晨诵主题

“七彩阳光”班根据班级、学生的特点再度筛选晨诵篇目，每天早晨，孩子们都用生命主题诗歌和黎明共舞，开启新的一天。

有孩子这样说——

一个月的生命主题晨诵，让我知道：生命是赠人玫瑰，手留余香；生命是心存感激、心怀感恩。我们在童诗中发现生命的美妙，在古典诗词中感受生命的浩然正气。我们甚至还开始尝试探寻生命的意义，思考生命的价值。感谢老师为我们精心准备的主题晨诵大餐。

2. 编织——儿童精神世界的悉心关照

生命主题晨诵不是一般意义上的“学习”。晨诵之诵，应该让孩子们在诗歌中找到自己，以期让孩子与诗歌产生生命的共鸣，从而实现“诗中有我，我中有诗”的境界。如此说来，“编织”就是最好的方式。

场景一：唤醒共鸣

20世纪最伟大的儿童文学作家之一，贾尼·罗大里曾经写过这样一首经典诗作《墨水瓶》。

这首诗与孩子生命的交集点在哪里呢？“多么美的诗句，如果能用一束阳光来写。多么纯净的诗句，如果能用一丝轻风来写。”诵读到此，我问：“亲爱的孩子们，我们没有阳光，也没有清风，但是，在墨水瓶底隐藏着宝物，你们的墨水瓶底藏着什么样的宝物？”孩子们静默了一会儿之后若有所悟：“是智慧”“是坚持”“是勇气”“是信念”……

这时，我将孩子们的回答“编织”进诗歌：在墨水瓶底，隐藏宝物，“七彩阳光”班的孩子们，用你们的智慧、坚持、勇气和信念，去将它打捞，配上最黑的墨水，写下我们灿烂人生的词句。

就这样，一首沉睡的诗歌被巧妙地唤醒，它与孩子们的生命实现了完美的连接，产生了紧密的共鸣。

场景二：生日诵诗

最让孩子惊喜和感动的“编织”莫过于生日诵诗。对他们而言，没有什么比全班师生送生日诗更美妙的事了。

《可爱的女孩》是孩子们很喜欢的一首诗。很巧，正好有四个女孩在暑假里过生日。更巧的是，诗中描绘的四种可爱的女孩形象，和班上这四个丫头个性非常符合。龚琳贻活泼热心，李亭颖谦逊文静，赵艺丹聪明灵动，黄铄钦开朗温和。于是，新学期的第一次晨诵，我把这首诗作为礼物送给她们，期望通过生日送诗这一特殊形式，帮助她们去认识并形成良好的自我认知。

宋弈铮：

活泼如羔羊，
忙碌如蜜蜂——
人们喜欢的小女孩
应该是龚琳贻这样。

姜昊辰：

谦逊如紫罗兰，
可爱如玫瑰初放——
人们喜欢的小女孩
应该是李亭颖这样。

沈峻宇：

聪明如宝石，
纯洁如珍珠——
每个人都喜欢
赵艺丹这样的小女孩。

陈宇轩：

快乐如知更鸟，
温和如白鸽——
所有人都喜欢

黄铄钦这样的小女孩。

师：

我四处飞翔，四处寻找，

我心目中的天籁。

因为琳贻、亭颖、艺丹、铄钦这样的女孩

是我们全班的珍爱。

伴随着灵动的音乐，听着同桌男生和老师对她们的赞美，四个小丫头咧着嘴，脸上挂着羞涩的微笑，眼睛里放射出了从来没有过的光彩。整个教室被一种温馨的甜蜜包裹着。

过后，孩子们这样说——

这是我收到的最棒的生日礼物了！它比生日蛋糕更甜，比芭比娃娃更值得我珍惜。虽然，我没有大家说的那么好，但我一定会努力成为大家喜欢的最可爱的女孩！

每次生日诵诗，整个教室都会被一种温馨的甜蜜包裹着。我期望通过这种特殊形式，能帮助孩子们去认识并形成良好的自我认知，能诗意地装点他们的童年，能成为他们记忆中永远不会被时间抹去的美丽印记。

3. 亲子诵读

我们还为家长推荐“为你诵读”“喜马拉雅”“为你读诗”“全民K诗”等诵读软件，鼓励家长和孩子一起诵读，上传至朋友圈，让家庭也溢满生命之花的芬芳。

家长们在班级群里这样聊：一开始觉得有点麻烦，现在哪天要是不读上一首诗，总觉得缺了什么；有时孩子兴致来了，要接连读好几首才过瘾；用这样的方式记录孩子的童年特别有意义；我家儿子一开始读诗结结巴巴，现在有点感觉了；有时冷不丁冒出一句诗，连我都不懂什么意思；她关在房间里一个人读，还不让我们听，非常陶醉……

一个个家庭在诵读的过程中，与生命主题诗歌交融相汇、沉浸其中、玩味其间，享受着经典诗作中生命怒放的色彩与张力。

惠特曼说，一个孩子每天向前走去，他看见最初的东西，他就变成那东西，那东西就成了他的一部分……一首又一首诗歌，就是我们在孩子向前走的时候，种在路边的高大的橡树、幽香的兰花、热烈的向日葵……在孩子最重要的童年时代，让这些或清新明亮或睿智深刻或充满灵性的诗歌，随着晨诵课程，自然而然地成为学生生命中的重要部分，他们的心灵也一定因此而澄澈敞亮。

探秘歇后语

——“好玩歇后语”微课程的构建与实施

何裕琴

歇后语又称俏皮话，是我国古代劳动人民在生活实践中创造的一种语言形式。歇后语句式独特、短小精悍，语言诙谐、幽默有趣，意象丰富、引人深思，颇受广大劳动人民的喜爱。

孩子们在语文教材上接触了歇后语后，便深深喜欢上了这种特别的语言形式，一个个都乐此不疲地开始“半路上出家——从头学起”。对于“搜集更多的歇后语，准备全班分享”的作业，孩子们更是“抱着枕头跳舞——自得其乐”，不停地问我什么时候开分享会，看来小小的歇后语魅力无穷。为了让孩子们感知中华文化，在认识歇后语、传承歇后语、发展歇后语中丰富言语认知，提升表达能力，我带领孩子们开始进行“好玩歇后语”微课程的探究。

一、问源：打破砂锅——问到底

寻根问源了解歇后语的历史成了课程行动的第一步。我们利用互联网搜索、查找各个版本的语文教材，还翻阅了各种古籍。在经历了资料收集、阅读筛选、组织梳理后，对歇后语的了解更多、更深了。

歇后语最早出现在唐代，带有明显的中华文化烙印——含蓄，因为符合我们中国人委婉、含蓄的表达习惯，所以在以后的各朝各代都得到了传承与发展。如今歇后语的数量已突破千万且依然在增长，不得不说，根植于生活的语言永远是鲜活而有生命力的。

每条歇后语都分“引子”和“后衬”两个部分，中间用破折号连接。所谓的“引子”像谜面，即不先直接说出想表达的意思，而是借某些现象、事物或典故作比喻，或形象生动，或有趣幽默，意在引起大家的关注和兴趣；所谓“后衬”像谜底，在“引子”比喻、举例的基础上，把后半截想说的话抖出来。

二、架构：泰山顶上观日出——高瞻远瞩

1. 目标规划

根据学生的年龄与心理特点，我们设计了四级目标，即搜集、研究、运用、创编。通过搜集歇后语，广泛阅读，进一步感受歇后语的量多、面广，有趣、生动；通过研究歇后语，进一步发现歇后语的构成、类型、主题及特色；通过运用歇后语，学生在情境中学以致用；通过创编歇后语，引领学生借自己生活中的现象，将想要表达的核心话题糅合进有意思的歇后语中。

2. 内容梳理

在广泛阅读、发现的基础上，我们将课程内容分类组合，分主题呈现，力求让学生在两周的时间内，感受不同主题的歇后语，在此基础上，发现歇后语的创编用意——抓住关键事物的特点表达。

第一周	主题(构成分类)	第二周	主题(内容分类)
一	(一)历史典故类	一	(一)数字类
二	(二)趣味谐音类	二	(二)十二生肖类
三	(三)逻辑推理类 (喻事类)	三	(三)四大名著歇后语 《西游记》《水浒传》
四	(三)逻辑推理类 (喻物类)	四	(三)四大名著歇后语 《红楼梦》《三国演义》

三、行动：八仙过海——各显神通

1. 赏读汇报——分享

我们遵从由形式到内容、由表象到内在的探究路径。每个主题都从朗读开始，通过个人自读、组内汇报、全班展示三级网络，让每一个学生都经历“广泛涉猎—精心筛选—认真赏读”三部曲。

在分享内容的同时，孩子们也在分享自己的发现——歇后语的结构、歇后语的类型、歇后语的利弊。他们聪明地发现：原来并非所有的歇后语都是有意义、积极向上的，学习歇后语要有思考、要会分辨。

“读”既是展示形式，更是研究手段。人人都在为人读，人人都在听人读。赏读，让每个孩子经历着思辨、吸纳、分享、成长；可谓“宝剑出鞘——锋芒毕露”。

2. 经典解读——丰富

歇后语的精妙意蕴仅凭朗读是绝对不可能完全感受到的。在每一个歇后语的背后，也许是一个有趣的现象，比如“芝麻开花——节节高”；也许是一个有趣的故事，比如“只要功夫深——铁杵磨成针”；也许是一个深刻的哲理，比如“哑巴吃黄连——有苦说不出”……我们研发“歇后语里有故事”小微课程，借助歇后语的呈现，引领学生读一读其中的人物故事，品一品背后的一语双关，议一议语言构成的精彩纷呈。边做边思边分享，我们发现原来歇后语的世界真的是奇妙无穷！

3. 情境运用——成长

情境运用是学生个人将歇后语的相关知识内化、迁移、成长的过程，有了一定积累的孩子们个个抢着“壁虎子掀门帘——露一小手”。

我们举行“夸夸你”——用歇后语去夸夸身边伙伴的活动，孩子们收到了各种“歇后语式”赞美：写作水平高的，大家夸他“春笋破土——节节高”；人热情善良的，大家说他是“六月里卖火盆——热心的人”；有同学在运动会上破纪录了，大家送上“半夜三更放大炮——一鸣惊人”……

我们开展“花开歇后语”片段分享活动，让孩子们在自己的习作中恰到好处地用上歇后语，比比谁用得妙，谁用得好。一个同学这样写道：说起咱们学校呀，那可是“窗户边吹喇叭——名（鸣）声在外”。一项项学校荣誉挂满校史陈列室，好比那“卢沟桥上的石狮子——多得数不清”。这里的老师个个都是“钢珠落玉盘——当当响”。特别是咱们校长，不但是海门市最年轻的特级教师，而且还是江苏省人民教育家培养对象，整个“飞机上吊水壶——高水平”啊！生活在这么优秀的校园里，我真是“九月的甘蔗——甜到心”了！

情境运用，让歇后语有了灵动跳跃的生气，更看到了孩子们对歇后语的喜爱。

4. 精彩创编——个性

根据生活中的人或事创编歇后语是极有趣的过程。我们组织学生分组进行创编大赛，评选最佳文字奖、最有趣奖、最有哲理奖等。孩子们从生活中观察，用童真的视野，发现着精彩并呈现着精彩。“丢了作业的学生——怎一个“急”字了得”“育才的校服——精神”“英语老师说英语——地道”……

生活阅历也许不多，但孩子们有自己的慧眼与解读。更重要的是，他们在创编中，摒弃了传统歇后语中消极的嘲笑、讥讽，一条条充满正能量又不失幽默的歇后语，真正让这种特有的语言形式得到了传承与发展。

四、评价：拔了萝卜窟窿在——有根有据

鉴于很多活动都是以小组为单位展开的，所以课程的评价我们以小组常态评价与活动评价相结合的方式进行。常态的小组评价以学生的课程参与度为主进行积分，而活动评价以内容展示为主。在积分争夺战中，孩子们对歇后语的了解更多、更深了。

歇后语以它独特的魅力征服了孩子们，也激起了更多孩子对祖国语言文字的学习热情。我们有理由相信，歇后语课程的开发研究于孩子们而言，不只是“六月里吃萝卜——图新鲜”，更是不断探究，不断收获。让我们“冷水泡茶——慢慢来”，带领孩子们一起在歇后语的王国徜徉，发现更多，收获更多。

插上对韵的翅膀

——《笠翁对韵》微课程的构建与实施

高　峰

一、课程缘起：追根溯源看对韵

中国汉字都是方块字，不仅字字独立，而且每个字都有自己的字形、读音和字义。所以人们在写诗、写作文时，为了让语言更美，很喜欢用汉字来玩“派对”的游戏。久而久之，在诗文创作上便形成了一种规矩，古人叫它“对偶”或“对仗”，俗称“对对子”。古时候，只要孩童刚刚开始识字，教师就会教他们对对子的种种技巧，目的是让他练好写诗作文的基本功。

《笠翁对韵》正是一部训练儿童作诗对句，掌握声韵格律的古代最佳启蒙读物。全文采用韵语形式编成，以自然、社会中常见的事物作为编写对象，既能帮助儿童辨音识字，又能教会他们掌握作诗的规律与对仗的窍门。更为可贵的是，作者李渔还将其慧思妙语镶嵌在韵文之中，既有谚语民俗，又有典故逸事，这些都是最值得保护的母语文化。

这本书固然是写给古代儿童的，但它同样可以帮助现代儿童增强写作能力，全面提高语文水平。于是，我们开发《笠翁对韵》微课程，带领学生学习声韵技巧，领会诗文的韵律之美，尝试写出属于学生自己的对韵歌。

二、课程架构：确定主题理对韵

根据学生年龄特点及学习母语的规律，我们确定了如下课程目标：

1. 感受对韵歌的特点与魅力，学习、积累优美的韵语。

2. 在诵读、品味、分享中领略对韵歌四声的旋律、押韵的神奇、对仗的美妙，感受母语之美。

3. 了解相关天文、地理、花木、鸟兽、人物等知识，接触其中的神话传说、历史典故，感受优秀的中国传统文化。

确立了课程目标，我们从书籍、网络、报刊上搜集了不同版本的《笠翁对韵》，然后按照一定的主题，梳理出《笠翁对韵》微课程的内容：

单元	内容	单元	内容
第一单元 对仗	第1课　一东	第三单元 四声	第9课　二箫
	第2课　四支		第10课　五歌
	第3课　五微		第11课　六麻
	第4课　六鱼		第12课　七阳
第二单元 押韵	第5课　八齐	第四单元 对联与诗歌	第13课　八庚
	第6课　十灰		第14课　十一尤
	第7课　十一真		第15课　十二侵
	第8课　十三元		第16课　十四盐

三、课程实施：形式多样学对韵

1. 诵读激趣，叩响经典之门

学生诵读对韵歌，不能生硬要求其每天必背多少首，而是先要为他们打开一扇通往对韵歌的大门，用儿童喜闻乐见的形式，让他们听到历史亲切的呼唤，进而情不自禁地走进去，去亲近这本古朴厚重的文化经典。

我班学生在学完《三字经》《百家姓》《千字文》之后，到三年级开学初一起共读《笠翁对韵》。我首先选择书中的《一东》带领孩子们一句句朗读，然后以不同的节奏诵读，可以采用拍手读、跺脚读、击掌读，配乐读，男女对读等，让孩子们充分感受到对韵歌的韵律感。几天后，孩子们就不知不觉沉浸其中，课间哼唱的由原先的“人之初，性本善，性相近，习相远……”慢慢地变成“天对地，雨对风，大陆对长空。山花对海树，赤日对苍穹……”一段时间后，孩子们爱上了对韵歌，踏进了经典诵读之门。

2. 美读巧背，体验母语之美

朱光潜说，学古文别无秘诀，只要熟读范作多篇，在头脑里甚至在筋肉里浸润下那一套架子、那一套腔调和那一套用字造句的功夫，到时候下笔一摇，那些所谓“骨力”“神韵”就自然而然地来了。美读，是触摸对韵歌最好的方式，通过美读，可以内化语言，丰富情感，激发想象。我常用美读唤醒学生亲近对韵歌的欲望，用美读搭建走进对韵歌的桥梁，用美读带给孩子心灵的震撼，用美读让学习对韵歌变得简单而优雅。

每学一篇对韵歌前，教师首先要自己读进去，我扎扎实实地练读对韵歌，读出韵律节奏的美感，读出意蕴精髓。教学时，我带着学生读一遍，再读一遍，鼓励全班齐读、分组读、个别读、默读……采用多种形式，让学生读出声、形、情、味、神。熟练之后，我再让学生们拍手背、接龙背、集体背、同桌对背、比赛抽背、“见缝插针”地背……在读读背背中，我带领着孩子们一起走进对韵歌，感受对韵歌独特的语言魅力。

3. 跨界统合，感受经典魅力

跨界，就是引入时下流行的方式，对经典的语言文字作艺术化的处理，引导学生更轻松随意地走进经典。

例如学习《五微》时，我由时下流行的吟诵版《五微》导入，优美的旋律，有趣的曲调，一下就吸引住了孩子，在此基础上再展开教学，学生的兴趣一下就高涨了；学习《六鱼》“鸡冠对凤尾，芍药对芙蕖”这句时，我借助大屏幕展现鸡冠、凤尾、芍药、芙蕖的图片，帮助学生更为形象地理解记忆；学习“疏影暗香，和靖孤山梅蕊放”这句时，我由一段历史故事谈起，“在我国历史上啊，有很多高人，他们呀特别喜欢那种自由自在、无拘无束的生活，常常与青山秀水为伴、与绿树红花为伍。宋朝诗人林和靖就是其中一位，他四十岁后就隐居在杭州的孤山。相传他喜爱梅花到了痴迷的地步，他在孤山种了三百六十余株梅花。他种梅、赏梅，一辈子没有娶妻生子，就把梅花当成了自己的妻子，把仙鹤当成了自己的孩子”，然后引出对韵歌，在深情的吟诵中，品味文字的味道，感受经典的魅力。

如何突破对韵歌阅读的难点？不妨这样一试：让优美的音乐流淌起来，配以相应的画面，引入历史故事……孩子们很快发现，原来对韵歌并不神秘。

4. 学而常吟，呈现亮丽风景

晨间共诵：为了保证学生诵读的时间，我规定每天晨诵的15分钟为固定背诵对韵歌的时间。师生共同诵读，琅琅的读书声让校园早晨呈现最亮丽的风景。

课前吟诵：充分利用每节课课前两分钟时间，开展“课前吟诵”活动，要做到“读而常吟之”，“学而时习之”。吟诵的内容往往是前一天学习的对韵歌，同学们齐诵，达到互相学习、共同交流的目的。

课间诵读：课间、放学后，学生在游戏时进行巩固诵读，跳着皮筋，和着节奏，拍着手背诵对韵歌……不同形式的诵读活动随学生的兴趣自由发挥，在游戏中让孩子体验韵律，学习国学。

5. 课程展示，畅享文化宴会

每月月底，我们都会开展一次经典学习成果展示活动，每一次的成果展示，都是全班学生、家长和老师一起参加。展示当天，学生背诵经典韵文、讲述书中典故、畅谈背诵心得、吟唱韵文选段、展示书画作品……活动结束后，及时表彰和奖励表现突出的家庭和学生个人，颁发证书和奖品。丰富的活动充分调动了学生学习经典的兴趣，激发了家长参与展示活动的热情。

通过对韵歌的欣赏、诵读与积累，学生走进书籍，积累经典，享受学习的乐趣，提高人文修养，积淀文化底蕴，打好人生起步的根基，从而实现快乐童年、诗意人生。

步入一个形正音美的对联世界

——“对联对对对”微课程的构建与实施

俞慧英

一、课程缘起——从“上联VS下联”中明确方向

新学期伊始，学生们捧着一副对联找我评理：“老师您说，这究竟是上联，还是下联?”我接过大红春联，读了读，问他们怎么看。他们虽说法不一，归根结底是“跟着感觉走”。我感慨万千的同时，发现了一块值得我和孩子们一起深入探寻的语文新天地。

早在四年级上学期，孩子们便学过《春联》一课，对春联讲究对仗的特点是了解的，但课文对音韵方面的介绍却比较模糊。学生对上、下联究竟怎么区分表现出一知半解，实属正常。但这一问题恰好反映了我们语文学习与生活的脱节，也恰好说明教材只是一个引子，它为我们打开了无限延展的可能。于是，延续着《春联》的学习，我便开始了“对联对对对”微课程的研发与思考。

二、目标定位——在积累、赏析、运用中提升素养

对联，也叫楹联，“它是我国独有的一种文学艺术形式，是祖国异彩纷呈的艺术百花园中一朵别具风姿的奇葩”。这朵奇葩相较于唐诗宋词元曲，更贴近我们的生活，具有更鲜活的生命力。陈书良教授在《楹联之美》一书中说，它“兼备了赋、骈文、诗词曲等文学形式的某些优点和特色，从而形成了自己的审美特征和实用价值”。它“可长可短，可浅可深，可庄可谐，可雅可俗……赢得了历代各个社会阶层人们的青睐，以致今天仍在广泛流传和应用”。此话一点儿不假，从各家各户到春晚舞台，从商贾店铺到庙宇门楼，仔细找，对联无处不在。即便我们日常所念、交际所用，也都不由自主地夹带着对联。采撷这朵传统文化

园中的奇葩，是对传统文化精髓的传承与发扬，是积淀文化底蕴、全面提升学生文化素养的重要途径。于是，根据对联这一独特的文学艺术形式的特点，鉴于它在我们日常生活中不可或缺的地位，结合学生身心发展规律，我为微课程确定了以下目标：

1. 认识对联，了解对联的起源、种类、特点，在练习对对联的过程中，提升思维品质，开启语言运用的智慧。

2. 通过书籍阅读、生活实践等方式广泛搜集各种对联，读读背背，积淀文化底蕴。

3. 学会根据对联特点赏析、品评对联，养成在日常生活中自觉运用对联、创造对联的习惯，传承经典文化，全面提升语文素养。

三、课程架构——以好玩为媒，以生活为介

张志公先生在《传统语文教育初探》中说："属对是一种实际的语言、词汇训练和语法训练，同时包含修辞训练和逻辑训练的因素，可以说，是一种综合的语文基础训练。"可见，对对子有诸多好处，对联在我们的生活中也被不自觉地广泛运用着。但不得不承认，这种运用，对绝大多数，尤其是小学生来说，是被动的、无意识的，像"春华秋实""桃红柳绿""千山万水"之类的文字，我们使用它，并非因为它的形式之美或音韵之美，只是用惯了而已。广泛使用却不谙其中的妙处，这是十分可惜的。不仅不利于传统文化的传承与发扬，更有可能闹笑话。如今，重拾这一经典文化，在架构课程内容时，就必须以激发兴趣为先，并兼顾课程的落地生根，发挥属对的最大作用。于是，针对四年级学生的特点，我们从"听故事、搜名联、对对子"等形式入手，安排了以下内容：

<table>
<tr><td rowspan="10">上学期</td><td colspan="2">课内活动内容</td><td rowspan="10">下学期</td><td colspan="2">课内活动内容</td></tr>
<tr><td>走进对联的世界</td><td>春联积累背诵</td><td>对联故事《刘毅传信》</td><td>名胜联积累背诵</td></tr>
<tr><td>对联故事《对联的起源》</td><td>春联积累大比拼</td><td>对联故事《庄子·秋水》</td><td>名胜联积累大比拼</td></tr>
<tr><td>对联故事《哦，豆芽》</td><td>行业联积累背诵</td><td>对联的特点——平仄与对仗</td><td>一字对、二字对练习</td></tr>
<tr><td>对联故事《三星白兰地》</td><td>行业联积累大比拼</td><td>对联的技巧——析字、叠字</td><td>三字对、四字对练习</td></tr>
<tr><td>对联故事《异字同音对》</td><td>趣巧联积累背诵</td><td>对联的技巧——双关、回文</td><td>长句练习</td></tr>
<tr><td>对联故事《偏旁巧对儿》</td><td>趣巧联积累大比拼</td><td>对联的书写</td><td>对联书写练习展示</td></tr>
<tr><td colspan="2">课外活动内容</td><td colspan="2">课外活动内容</td></tr>
<tr><td colspan="2">游山玩水赏对联</td><td colspan="2">诗词歌赋觅对联</td></tr>
</table>

四、课程实施——在日常中学习，在活动中淬炼

对联作为一门独特的文学艺术品类，它贴近于生活，既是庙堂文学，又是民俗文学。课程的实施，也应与这一特点相契合，既要在课堂上正统地学，也要到社会生活中去汲取养分，使学生自在地徜徉于对联的世界里，使对联艺术成为学生生命的一部分。

活动一：亲近大课堂，品析名对联

课堂是课程落实的主阵地，对联这一传统文化项目的学习，更需要老师在课堂上的引领。每周三下午的社团活动课，我们便按照计划开始课程学习。上半学期的课程分为“对联故事”和“对联积累背诵”两部分。老师首先讲述一个类别的对联故事，集体品评赏析对联，学生交流自己搜集到的相关对联故事，在交流中学习对联。然后，进行对联的背诵。第二堂课学习时，进行背诵大比拼，强化对联的积累。下半学期主要对对联的技法进行学习，并由浅入深地尝试对联练习，充分发挥它语文基础训练的作用。

活动二：课前三分钟，对联我来讲

对联学习如果仅限于课堂的40分钟，学习无法形成一定的连贯性，学生便无法真正走入这片充满形式之美与音韵之美的语文天地中。于是，“每课三分钟”，成了培养学生学习兴趣与习惯的主要措施。每节语文课前3分钟，学生按学号轮流先将自己搜集的对联写在小黑板上，然后领大家读，给大家讲解意思，最后大家把对联摘录在自己本子上。日积月累，这一措施对一部分后进掩沓的孩子起到了推动的作用，同时也给了学生更多的口语表达机会，孩子们的胆子更大了，仪态越来越大方了，可谓一举多得。

活动三：拥抱新生活，积累活对联

语文即生活，生活即语文。走出课堂，走向广阔的天地，是拓展语文积累、加强语文能力训练的重要手段。对联学习，更要走到生活中去。在课程架构中，我们安排了两次课外活动。一次是从街上、宅院、旅游景点等各个地方去发现对联、摘抄对联、积累对联。另一次是从古诗词、成语或其他课外书中寻觅对联，背诵积累。活动，使学生处处感受到对联的存在，也通过文字与实际相结合的方法，加深对对联的理解，感受特定场合、特殊语境中对联的妙处，使对联的积累运用活起来。

活动四：“对联达人秀”，我的大舞台

“对联达人秀”是学生在对联课程结束后的展示舞台，起到了活动总结、评价、表彰、推动的作用。活动丰富多样，在这个舞台上，学生可以根据自己的爱好、特长，“八仙过海，各显神通”：

1. 成语对联擂台赛——课程实施过程，每学期设一次擂台赛，学生通过课外成语的积累，找出构成对仗的成语，打擂台赛，最后获胜者即为一期擂主，颁发奖状。

2. 最优对联讲解员——每学期评出“课前三分钟讲解”的最佳小老师五名，颁发荣誉证书。

3. 书画对联——具有书画特长的学生，可以通过书画的形式，来展示对联故事、对联内容，每期从参赛作品中评出30%的作品颁发一等奖。

4. 我是对联王——对联王的评选分两类。学生展示自己的对联积累摘抄本，积累最多、背出最多的为对联王，每期两人；通过日常观察、民主推荐、投票选举，日常交际、书面习作等运用对联最多的亦为对联王，每期两人。

长期、坚持地学习，学生对对联产生了浓厚的兴趣，即便这一周没有对联课，也经常有孩子找到我，兴奋地给我讲他读到的有意思的对联故事，或者拿他读到的对联来考我。更让人欣喜的是，对对子也成了学生茶余饭后的游戏活动之一。比如阴雨天，他们会出“惊天雷”，对上个“牛毛雨”；看到有人上课心不在焉，他们就对“课上瞌睡，作业受罪”。虽然他们还只停留在三字、四字的对子层面上，质量也不算上乘，但这股浓郁的学习氛围却是难能可贵的，是我们朝对联这一中国传统文化迈出的第一步。

在别样的“书”中狂欢
——“评书”微课程的构建与实施

秦飞飞

一、课程缘起：亲近说书传统

爱听故事是孩子的天性。会讲故事的人，可追溯到宋代的说书人。古代说书人在街头市井当场说故事，他们惟妙惟肖地模仿故事中人物的声调、语气、神态，让人听得如痴如醉，欲罢不能。

时至今日，传统说书虽失去了往日的辉煌，但仍拥有很多忠实的爱好者，彰显了顽强的生命力和无穷的魅力。莫言在《讲故事的人》中写道，他经常去听“说书”，回来以后加上自己的理解和想象讲给妈妈听，正因为大量的听和说，给他的文学创作打下了深厚的基础。台湾作家蒋勋在《蒋勋说文学》中也介绍了这种口传文化的价值和魅力，指出古代小说就是在说书人的口耳相传中发展起来的，并提出担忧：随着时代的发展，源自民间的说书传统怎样去延续？

评书，作为一门优秀的中国传统文化艺术，它包含了历史、人文、诗词，以及各种技巧，就像一座宝藏，有无数的奇珍异宝等着我们去开发、整理、研究。基于此，我们借助网络上丰富的评书资源，开发适合儿童认知水平的评书微课程，旨在培养学生对说书传统文化的亲切感、认同感和丰富的语言感受力，唤醒学生对传统文化的兴趣，最终实现学生母语素养以及核心素养的全面提升。

二、课程架构：梳理“故事集”

网络上的评书资源不胜枚举，选择并确定适合小学阶段儿童收听的评书内容成了首要任务。我们围绕“那些年听过的评书”组织了沙龙，一起回顾童年听书的经历。大多数“60后”“70后”的教师说起评书，如数家珍：刘兰芳的《杨家将》《岳飞传》、袁阔成的《三国演义》《封神演义》、单田芳的《白眉大侠》《童林传》……这些经典评书就像一幅幅画卷徐徐展开。我们博采众长，结合中国评书网的相关资料，制订了中高年级经典评书推荐目录。

中高年级经典评书推荐目录

三年级	四年级	五年级	六年级
上学期 《哪吒传》 演播：常志 《西游记》 演播：孙敬修 下学期 《八仙过海》 演播：田战义 《封神演义》 演播：单田芳	上学期 《铁伞怪侠》 演播：单田芳 《花木兰》 演播：单田芳 下学期 《三国演义》 演播：袁阔成 《隋唐演义》 演播：单田芳	上学期 《水浒传》 演播：单田芳 《岳飞传》 演播：刘兰芳 下学期 《白眉大侠》 演播：单田芳 《童林传》 演播：单田芳	上学期 《林则徐》 演播：单田芳 《千古功臣张学良》 演播：单田芳 下学期 《乱世枭雄》 演播：单田芳 《楚汉争雄》 演播：单田芳

我们根据学生的年龄特点和认识水平，结合评书的不同类型，确定了各年段的经典评书目录。筛选出来的评书内容难度呈螺旋上升的阶梯状，帮助学生搭建了一个系统的评书微课程体系。

三、课程实施："听说读写"齐上阵

1."21天听书之旅"——让评书走进生活

因为对传统的评书不熟悉，所以听评书的小学生寥寥无几。让学生接受并爱上评书，成了本课程的首要任务。我们结合推荐目录，开展了"21天听书之旅"的活动。21天是一个人的习惯养成期。活动期间，学生每晚收听评书，倾听评书大师讲述那些在远逝已久的英雄人物身上上演的一出出波澜壮阔、气吞山河的悲喜剧，并把所听、所感、所悟上传至微信朋友圈，在亲朋好友的支持鼓励下，坚持完成"21天听书之旅"。教师为完成任务的学生颁发听书勋章，帮助学生强化这一行为。通过这样的活动，学生们很快就喜欢上了这种优秀传统文化。学生在完成第一轮听书之旅后，自觉地进行了第二轮、第三轮……把听评书的习惯融入日常生活中。

评书最大的特点就是说书人在讲故事的同时，还会加入自己对事件和人物的评论，教你辨是非、明事理。针对这样的特点，我们利用语文课“课前两分钟”来“聊评书”。孩子们会为评书中人物的悲惨遭遇而长吁短叹；为英雄好汉的壮举而拍手叫好；为小人得势，迫害忠良的行为而义愤填膺；为谁对谁错，谁善谁恶而争论不休……“课前两分钟”成了每节语文课的前奏，成了学生最期待的快乐时光。

2. 自主开发说书稿——跟着大师学评书

《西江月》中说道：“世间生意甚多，唯有说书难习。平叙说表非容易，千言万语需记。一要声音洪亮，二要顿挫迟缓。装文装武我自己，好似一台大戏。”这对说书人的文学素养和艺术功力提出很高的要求，同时也说明“说评书”是锻炼口才、提升语文素养的有效途径。“跟着大师学评书”是我们继“21天听书之旅”后的延伸活动。

评书大师都拥有深厚的文学功底和艺术表现力，是学生学说评书最专业的老师。就以袁阔成讲的评书《三国演义》为例，袁老的发音字正腔圆，嗓音中正平和，语言流畅精致，富有韵律感，是学说评书的最佳范本。师生在“课前两分钟”的交流中，确定练说的精彩情节，由教师开发成适合本年段学生练习的“说书稿”。每一篇“说书稿”都是一个独立、完整的故事，语言口语化，生动又形象，用演员们的话来说，这就是“立”起来的语言。学生有了“说书稿”，犹如神器在手，说起评书，有了三分神似。

每周的社团课是雷打不动的“说书时间”。学生们身穿长衫，手执纸扇，俨然成了一个个专业的小小说书人。课堂上我们先播放评书录音，让学生对照说书稿，细细揣摩表演技巧。然后，引导孩子们品味人物的语言、心理、动作等，进一步对一些关键语句的语气、语速、声调乃至发声部位给予提示指导。接下来，学生模仿练习、展示。

孩子们是天生的小演员，他们喜欢这种口头文学，讲起来特别带劲。瞧，他们的眉毛在跳舞，小眼睛在发光，小嘴巴噼里啪啦，小手上下挥舞……练得口干舌燥，如痴如醉。很快，班上涌现出一群优秀的小小说书人。自从爱上了说书，他们在舞台上更是落落大方，举手投足间颇有评书大师的风范，口头表达能力得到了显著提高。

3. 发现写作密码——架起评书与写作的桥梁

随着对评书的深入研究，我们发现评书就像一座取之不尽、用之不竭的宝藏。有许多珍宝等着我们去开采、挖掘。“开脸”是评书中塑造人物形象的重要手段之一，也叫“人物赞”，就是用语言文字描摹出人物的面貌、穿着打扮和外在特征，以一段或长或短、不长不短的贯口一口气说出来，堪称精彩。比如《三国演义》中诸葛亮的“人物赞”：“这位孔明先生是身高八尺，面如冠玉，眉分八彩，目似朗星，鼻如玉柱，口似丹朱，两耳有轮，头戴纶巾，身披鹤氅，飘飘然，有神仙之感哪。”这是一段非常典型的人物外貌描写范例，包含了从整体到局部、由上到下的写作方法，运用了比喻、排比、夸张等修辞手法。语言干脆利落，富有韵律，说起来如气贯长虹般酣畅淋漓，豪爽痛快，展示了评书语言的独特魅力。评书中除了常见的各种英雄人物的赋赞，还有同样精彩的“兵器赞”。顾名思义，“兵器赞”就是描摹兵器的外形、功能、威力的赞词，是指导学生描写状物的典型范例。评书中的经典俗语也是评书艺术宝库中的重要财富，说书人在讲述的过程中，总会时不时冒出一两句贴切形象、诙谐幽默又朗朗上口的俗语，如点睛之笔，令听者拍案叫绝。

师生在收听评书的过程中，有意识地收集精彩的“人物开脸”“兵器赞”和经典俗语，并整理成集，品味、诵读。渐渐地，评书的语言和创作手法对学生的写作产生了潜移默化的影响，他们对事物的描摹更细致入微，经典俗语在学生的习作中经常出现，为文章增色不少。当我们在评书和写作之间架起一座桥梁，学生将给我们呈现出无限的精彩。

回到人类童年 唤醒民族记忆
——“中国神话启蒙”微课程的构建与实施

张永杰

一、源于一个天真的问题

“老师，我妈妈说我是从胳肢窝里生出来的，是真的吗？”二年级的明明好奇地问我。我当时还真不知该如何回答：“等你长大后，就知道了。”

虽然，这件小事过去了，但是我想孩子们问的问题，我们小时候也同样困惑过。“天是怎么来的？”“山是怎么有的？”“鸟又是从哪儿飞来的？”……于是我萌发了开发神话微课程来和孩子探究这些问题的想法。一、二年级的孩子比较小，属于听童话的年龄；五、六年级的孩子抽象思维发展迅速，开始对科学感兴趣。所以我就把课程放在三、四年级。

二、思索我们该走到哪里

神话是人类童年时期的产物，里面有神奇的人物、神奇的器具、神奇的力量。它是远古先民与世界对话的结果，先民用神话解释客观世界，解释自我，处理与自然、与他人、与其他族群的关系。神话承载着民族传统文化的精髓，是民族传统文化的范本之一。《盘古开天辟地》《女娲抟土造人》《贴“福”字的来源》……这些老故事，世世代代流传。它们并不单单是老故事，而是在文化内核上和现代人的精神世界密切相连的精神食粮。

“中国神话启蒙”微课程不应以掌握知识、训练技能为根本，而应以文化的陶冶与传承为根本。因此，“中国神话启蒙”微课程应当致力于以下三大目标的达成：

一是回到人类童年，了解先民对世界的解释。回到本文开头的问题，读神话可以解决三、四年级学生心里的一些疑惑。通过微课程的学习，为学生重新认识自然、审视生活带来启示。

二是传承民族精神，播下一粒真善美的种子。神话时代实际就是华夏民族肇始和文明滥觞的英雄时代，很多很多的老故事共同奠定了中国文化的基础。神话故事中推崇的社会法则、伦理道德、价值观念，无一不作为文化源头，建构着中国特有的文化模式、思维模式。英雄超人的力量和正气、高尚的品德和行为给儿童一种震撼感，在他们心里播下真善美的种子。

三是感受神奇想象，加大对经典文本的积累。先民最初与世界的对话富有想象力和浪漫情怀，反映了人类童年时期的思维方式。神话启蒙微课程就是要感受这种奇特的想象，阅读神话、讲述神话、复述神话、表演神话，加大学生对经典神话文本的积累，体会神话中想象的丰富、合理、奇特、美妙，感受母语的优美与诗意。

三、搭建阶梯阅读的框架

我们精选最经典的中国古代神话，搭建阶梯阅读的框架。

三年级上学期：创世神话；三年级下学期：发明神话；四年级上学期：诸神神话；四年级下学期：英雄故事、传说故事。通过阅读，了解人是从哪里来的，山川河流是从哪里来的；探索房屋、火、文字是怎么来的；感觉到生命本源的神秘力量，感受到先人的英雄气概，体会先人对于真善美的不懈追求。

年段	内容		年段	内容	
三年级上学期	创世神话	盘古开天地	三年级下学期	发明神话	仓颉造字
		女娲造人			燧人钻木取火
		女娲补天			神农尝百草
		雷神的儿子伏羲			有巢氏
		伏羲女娲兄妹结婚			嫘祖养蚕
四年级上学期	诸神神话	夸父逐日	四年级下学期	英雄故事	尧的故事
		精卫填海			舜耕历山
		刑天舞干戚			大禹治水
		后羿射日		传说故事	八仙过海
		嫦娥奔月			牛郎织女
		雷泽华胥			沉香救母

四、熬一锅神话的“石头汤”

学者何新提出:“每一个神话系统都可以划分为三个层面:一是语音、文字所组成的语句层面;二是由一个语句集合构成的一个语义层面,这个层面乃是对语句的第一层解释;三是作为深层结构的文化隐义层面,它构成对一个神话由来的真正解释。”“中国神话启蒙”微课程的推进着重在语义层面,文化隐义层面则只是作为启蒙或者说是播下神话的种子。

1. 激发学习动力,文白对照反复读

孔子说:“知之者不如好之者,好之者不如乐之者。”“中国神话启蒙”课程要创设各种情境,激活学生学习神话的兴趣和动力。一般以神话文言文为主,让学生捧起文本自由自在地读,或默读或吟诵,或轻念或朗读,以读得正确、流利为准则。在反复读的基础上,文白对照,让学生自己领悟神话文言文的意思,教师不做细致分析与讲解。我们阅读这些神话的过程,并非是一个获取知识的过程,而是一个强烈的情感体验的过程。当学生大致读懂后,再次激发学生大声朗读的兴趣,采用小组对抗读、火车接龙读、角色扮演读、配乐美读、擂鼓助兴读等,让学生在琅琅书声中,充分感悟文言文。

2. 感受多样艺术,视听结合悟形象

神话故事,往往都被拍成了动画片,也被录制成了有声故事。毫无疑问,动画片与有声故事是最受学生欢迎的。当读完了文本材料,来“阅读”视听材料时,学生的理解与感悟变得更为丰富、深刻。

我们还尝试了“神话启蒙课程”学科整合课。语文老师带领学生一起阅读文言文《女娲补天》,科学老师讲述女娲补天可能跟远古时代的一次陨石雨灾害有关,美术老师带领学生欣赏中国艺术家袁熙坤创作的《女娲补天》雕塑,音乐老师教学生唱歌手方圆的歌曲《女娲补天》。这样的整合课学生感到很新奇,也很喜欢。

3. 开展别样活动,动手动脑来表达

★创编故事

每一个神话故事中都有情节留白,这些留白正是培养学生想象能力、进行言语实践的好素材。如《盘古开天地》一文中盘古化生万物:“首生盘古,垂死化身,气成风云,声为雷霆,左眼为日,右眼为月。四肢五体为四极五岳,血流为江河，筋脉为地理，肌肉为田土，发髭为星辰，皮毛为草木，齿骨为金玉，精髓为珠玉，汗流为雨泽，身之诸虫，因风所感，化为黎氓。”还有许多没有写出，《女娲补天》中对这神奇的石头语焉不详，这石头是从哪里来的啊？女娲到底用了多少块石头啊？有没有剩余的石头啊？这就为后者续写这块石头的故事留了很大空间……这些留白可以让学生进行言语表达实践，也可以让学生与文本对话产生更强烈的阅读期待与创作欲望。

★设计名片

阅读完神话，让学生根据文本材料，查查资料，给神仙设计名片，既是提取信息，也是一次非连续性文本的创作。下面是一位同学给女娲设计的人物名片的文字材料。

中文名：女娲　　出生日期：远古时期

别名：女希氏，娲皇　　长相：人首蛇身

出生地：甘肃天水　　代表作品：五色石

职业：中华上古第一女神　　主要成就：抟土造人，炼石补天

★发现英雄

让学生到神话里找一找英雄，并按照下面的格式梳理梳理，这是一种切合神话特质的做法。不管是儿童，还是成人，都有着英雄崇拜情结。在梳理的过程中，学生自己会发现“正义”“勇敢”“责任”“大爱”……

神话	神话里的英雄	英雄的事迹	我的感言
《盘古开天地》	盘古	盘古为了创造天地，牺牲了自己，身体化成了万事万物。	古人的想象是那样的奇特，盘古是伟大的，虽是神话，但是我能感受到在远古时期，一些英雄人物为了部落牺牲自我，这些事迹令人感动。
……	……	……	……

五、讲述一个动人的故事

神话源于先民的日常生活，口耳相传是神话的一大特点。因此，“中国神话启蒙”微课程评价的重要内容就是让学生生动地讲述一个神话故事。指导学生讲好故事主要从以下三个方面入手。

1. 梳理情节图

梳理故事情节结构，为讲述故事做铺垫。情节图可以是情节流程图，可以是思维导图，还可以是树形图、鱼骨图等等。比如写出《大禹治水》情节流程图：

洪水泛滥→察看水流和地形→挖通大河，劈开大山→三过家门而不入→洪水被制服

2. 一句变三句

“一句变三句”就是在原有故事基础上加上适当的想象，让人物说起来、动起来、想起来，变得栩栩如生。譬如：

师：讲故事的时候，我们要把一句话变成三句话，这样才能将故事讲生动。“后羿射掉了天上的九个太阳。”这一句怎么变成三句呢？

生：我觉得，说一说后羿是怎么想的。后羿看到人们在炎热的太阳下苦苦煎熬，非常难过，心想：大地都快被烤焦了，人们怎么活得下去呀？我要把太阳射下来。

师：非常好，这样人物就鲜活了。

生：还可以说说后羿是怎么射的。十个太阳在天空中走来走去，地上的森林、房屋被烤得快要着火了。后羿看了，立刻搭上了一支箭，拉满了弓，箭“嗖”的一声向一个太阳射去，一个火球应声落了下来。其余九个见势不妙，急忙逃走。可是后羿的箭射得又快又准，在“嗖——嗖——”的箭声里，另外八个太阳一个个落下来了。

师：这样一说，就形象了，就有声有色了。现在，将刚才的这几句话连贯地讲一讲。

3. 形式可多样

讲故事是贯穿整个“中国神话启蒙”微课程的最重要的形式，我们让每一个孩子都上台讲，有时是个别讲述，有时是小组合作讲述、舞台表演讲述……每一个孩子都成为故事的再创者。

美国哈佛大学神学院教授大卫·查普曼从中国神话故事中解读出了中华民族的特征：勇于抗争，不服输。这是我们民族的基因与信仰，“中国神话启蒙”微课程带领学生穿越远古，回到人类童年，神话重新活起来，神话中的英雄形象印在学生的心里，神话里的民族精神与文化在学生心田生根、发芽。

读民间故事　学传统文化

——“民间故事”微课程的构建与实施

何裕琴

每每读到中国民间故事，总是情不自禁地欢喜。故事字里行间所呈现的那种朴素、亲切，如清风拂面，它带来的愉悦与喜欢不言而喻。毫无疑问，民间故事一直是老百姓最喜欢的一种文学形式，因为它源于生活、贴近百姓，是民间创编、口耳相传的一种文学作品，它说着生活，写着憧憬，藏着哲理。

一、课程架构——选编“故事集”

民间故事数量繁多、类型丰富，但毕竟是老百姓创作、以口头表达的形式传播，所以内容的呈现、主题的选择优劣不一。为了让学生读到最经典的故事，并从中感受美好生活、美丽生命，经过广泛搜集—阅读调研—专题研讨—精心比对，考虑到不同年级孩子的心智水平、阅读能力，最终我们在众多民间故事中确定了16个。这16个民间故事内容丰富、情节有趣，既符合三至六年级各学段学生审美水平，又各有主题、意蕴丰富，传递着积极向上的正能量。具体按故事的难易程度、主题意义又进行了年段规划：

年段	类别	主题	故事题目
三年级	民间寓言故事	智慧	《揠苗助长》《守株待兔》 《自相矛盾》《刻舟求剑》
四年级	民间动物故事	正义	《九色鹿》《十二生肖的故事》 《神鸟》《沧州铁狮子的传说》
五年级	民间生活故事	英雄	《歌仙刘三姐的传说》《文成公主进藏》 《猎人海力布》《冬不拉》
六年级	民间神话故事	爱情	《牛郎织女》《孟姜女哭长城》 《梁山伯与祝英台》《白蛇传》

不难发现，“民间故事”微课程的架构有一定的体系与逻辑：每个年级都有不同的主题，分属不同的类别，而围绕同一主题又各精选四个民间故事。这些故事都源于不同时代、不同角色、不同民族、不同地域，从动物到人物，从汉族到少数民族，从西部到东部，从远古到近代，让学生通过拜读一部部经典作品去触摸民间故事的经纬，感受优秀民间文学的熏陶。

二、课程实施——分享“故事会”

从校级层面来说，“民间故事”微课程是一个长线课程，分梯度、有系列，可以年年做，让每一届的学生通过不同的“民间故事”微课程，形成新的感悟、新的发现。从年级层面来说，这又是一个短线课程，可以通过一个月对同一主题的几个民间故事进行研读。安排多长时间，选择什么方式，才能保证课程真正助力于学生生命成长，这都需要合理安排。具体来说，我们建议各年级在阅读节期间，把民间故事作为阅读节的一个专题活动，通过四个民间故事的读、讲、辩、编，用一个月的时间扎扎实实地实施，让民间故事在孩子们心中落地生根，把民族的传统文化根植于他们的内心，叩动他们文化生长跳动的脉搏。

1. 读故事，读出精彩

读故事是学习民间故事最重要的环节。对于这种情节轻松有趣、结局大快人心的故事风格，孩子都特别喜欢，一切的解读、分析都是多余的。读是探究发现，是鉴赏领略，是情感共生，我们就让孩子认真读、仔细读、反复读，就让他们无声默读、轻声品读、大声朗读，就让他们个人读、小组读、分角色读……

当然，读的形式和时机是灵活多样的：接触新故事，安排范读，通过老师抑扬顿挫的范读把孩子吸引其中；听了故事，安排自读，要求学生读通故事，读懂故事，认识人物，熟悉情节；读了一遍两遍后还远远不够，再安排分小组读，请孩子们关注故事语言，了解故事是如何变化、发展的；等他们读得非常通顺、流畅以后，我们又安排个人展读，请语感出色的学生在晨读课上分享精彩片段，让更多的学生享受故事语言的魅力，感受听同伴读故事、为同伴读故事的快乐。

孩子们读着读着，悲人物之所悲，喜人物之所喜，进入角色、进入情境之后，一切的体验都会为他的个性解读铺路。他们在自己的故事阅读中，走进人物的内心、领悟人物的品性，把握故事的前因后果、来龙去脉，会在阅读中看懂世界的是非善恶。读故事，读到了自己生活所没有遇到的精彩，读到了自己的精神世界所没有抵达的新高度。

2. 讲故事，讲出个性

民间故事最初是以口耳相传这种特别的形式广为流传并留存至今的，但事实上随着民间故事讲述人的离世，很多民间故事只是以文字的形式保留了下来，民间故事口耳相传的特点并未很好地传承与发展。继承和弘扬传统文化，需要我们创造各种学习方式，帮助学生讲好民间故事，找回民间故事原有的味道。

我们举行班级故事会：从海选到小组推荐，从小组擂台到班级比拼，孩子们在一次次挑战与展示中，从最初的羞涩害怕到大方自如，故事改变着孩子，丰富着孩子。我们举行故事大王周赛，利用微信平台推送学生讲故事的视频，形成投票平台，一方面分享故事，一方面锻炼孩子，一举两得。我们举行“班级故事流”，每个人按照学号顺序接讲同一个故事，可以“添油加醋”或者加上一些合适的动作。

讲故事，为学生打开了走进民间故事的另一种正确方式。一个个故事在他们的口中鲜活生动起来，一个个故事人物在他们的讲述中变得立体饱满。不仅如此，讲故事让我们听到了孩子们的抑扬顿挫、滔滔不绝，更看到了孩子们的从容淡定、惟妙惟肖。

3. 辩故事，辩出收获

民间故事的魅力不仅仅在于情节，更在于文学价值和语言技巧。为此，我们让孩子学会辩故事，在唇枪舌剑的辩论中辨别是非、辨识黑白。

一辩意义主题。《九色鹿》讲的是小人调达为了金钱不惜出卖自己的灵魂，暴露自己的救命恩人九色鹿的住处，最后受到惩罚的故事。学习这个民间故事时，我们组织学生围绕“九色鹿如果知道有一天调达会出卖自己，还会不会在调达落水时出手相救”进行辩论，孩子们在思辨中叩问灵魂，更明白了九色鹿救调达表现出来的大义、勇敢、纯洁、善良。此外，在读《十二生肖的故事》时，我们设计了“猫没有入选十二生肖是不是老鼠的错”的辩论；在读《牛郎织女》的故事时，设计了“牛郎与织女只能隔河相望究竟是谁的错”的辩论……在一次次的思辨中，孩子们感受到了劳动人民的善良、勤劳、勇敢，明白了人与人的相处不能自私自利、自以为是，学会了爱憎分明、乐于助人、诚实守信。

二辩语言技巧。民间故事的最大特色是语言朴素、口语化，不会生涩难懂。除此之外，民间故事的伏笔安排、人物对比、重叠反复的运用甚为巧妙，值得学生体会感受。如《猎人海力布》，海力布救下龙王的女儿，得到含在嘴里便能听懂动物说话的宝石，便是为下文提前知道洪水爆发做铺垫；在《歌仙刘三姐的传说》里，刘三姐的正义、智慧、伶牙俐齿、能歌善辩与地主恶霸的无耻、贪婪、不学无术形成鲜明的对比，突出了刘三姐鲜明的人格魅力。而《神鸟》里，神鸟三次给依尔特戈尔可汗讲故事，都让可汗情不自禁地同情故事中人物的命运，从而唉声叹气，情节安排的反复、相似，让人听起来有一种似曾相识的感受。可以说，民间故事为了表现主题的积极意义，故事情节的安排、故事语言的呈现都格外巧妙。

4. 编故事，编出新意

为了传承文化，继承并发扬民间故事这一文学形式，我们建立民间故事工作坊，指导学生在感受经典民间故事的同时，学习民间故事的语言形式，发现民间故事的表达特色，学习民间故事的创作方式，创编故事。为此，我们提出了一主题、一伏笔、一对比的“三一”要求，根据这一要求，孩子们在创编时均要做到中心主题明确、伏笔铺垫安排巧妙、人物形象对比鲜明突出。

三、课程唤醒——“我是民间故事家”

课程的意义在于唤醒。我们期待以“民间故事”微课程激发学生对中国传统文化的热爱，在他们的内心播下故事文化的种子，让他们从此爱上故事，爱上中华文化。

我们以让每个孩子爱上民间故事为根本追求，以“我是民间故事家”为快乐目标，做着最完美的规划：设计打造故事墙，让每个孩子成为民间故事的分享者，把自己新读到的故事用读、写、绘的形式分享到故事墙上；出版故事周刊，让有才情的孩子加入专刊写作中来，分享他们的故事创意；开设周三故事汇，让他们分享自己的拿手故事，讲故事，谈人物，说理想；开辟微信公众号，每天推送一个简短的民间故事，和大家一起分享经典。

课程的终点应该在远方。我们引领学生带着好奇，收获惊喜，一起读民间故事，品百味人生，学传统文化。

与经典元曲的美丽相遇

——“元曲”微课程的构建与实施

徐　颖

一、课程缘起：兴趣盎然识元曲

一次无意中翻开《元曲三百首》，看到了王和卿的《咏大蝴蝶》和《大鱼》，越读越觉得有趣：想象神奇，描写夸张，诗句典故信手拈来，字里行间彰显着大志向，作品气势恢宏……于是决定把它们引入了课堂，读读唱唱、说说想想，孩子们在兴趣盎然中初识了元曲。

这节课的成功让我认识到作为与唐诗宋词有着同等地位的元曲——这一经典母语的价值。如今快餐式阅读、浅阅读大行其道，儿童需要这样的经典母语连通割断的文化血脉。元曲和宋词相比，更与白话接近，也更容易让儿童接受，但在中小学教材中极为罕见。因此，选择适合儿童诵读、学习的元曲作品，开发生动有趣的“元曲”微课程，让学生认识、了解和吸收祖国的元曲文化，培养他们对优秀元曲作品的亲切感、认同感，丰富语言感受力，促进语言发展，提升思维，涵养精神，是一件非常有意义、有价值的事情。

二、课程构架：精挑细选定篇目

由于元散曲作品有4000多首，加上还有一定数量的剧曲，所以选择并确定适合小学阶段儿童学习的元曲作品成了首要任务。根据学生的喜好，以及各年段儿童的学习能力和作品的主题、风格和难易情况，制订了中高年级元曲推荐目录：

中高年级元曲推荐目录

年段	内容	年段	内容
五年级上学期	鸟虫鱼:《醉中天·咏大蝴蝶》《拨不断·大鱼》	五年级下学期	西湖美:《折桂令·西湖》《醉中天·西湖春感》
	渔歌子:《沉醉东风·赠妓朱帘秀》《沉醉东风·渔夫》		凡人歌:《红绣鞋·虎丘道士》《后庭花(清溪一叶舟)》
	秋意浓:《干荷叶》《沉醉东风·秋景》		四季歌:《大德歌·春》《大德歌·夏》《大德歌·秋》《大德歌·冬》
	剧曲:《同乐院燕青博鱼》《赵氏孤儿》		剧曲:《虎头牌》《晋文公火烧介子推》
六年级上学期	佳节至:《小桃红·江岸水灯》《醉太平·寒食》	六年级下学期	闲居乐:《沉醉东风·闲居》《水仙子·田家》
	游子吟:《天净沙·秋思》《凭阑人·金陵道中》		怀古篇:《山坡羊·潼关怀古》《四块玉·马嵬坡》
	名人谱:《寿阳曲·咏李白》《殿前欢·吊屈原》		伤别离:《普天乐·别友》《雁儿落过得胜令·送别》
	剧曲:《窦娥冤》		剧曲:《墙头马上》

三、课程实施:丰富多样赏魅力

1. 课堂共读,感受经典之妙

还清晰记得,第一次把元曲《咏大蝴蝶》引入课堂,师生共读,孩子们读着读着,竟情不自禁地笑了起来:笑大蝴蝶把三百座名园采空,笑吓跑了蜜蜂,笑只轻轻一下就把卖花人搧过桥东。熟读诗句后,学生充分感受到了这只蝴蝶的神奇。我出示一段历史纪录,告诉孩子们当时燕市确实出现了一只大蝴蝶,继而提出问题让他们思考——“蝴蝶真如作者描写得这般巨大吗?”学生很快认识到这只是作者的夸张手法。在我的因势利导下,孩子们明白了夸张写法是本文特色,为的是突出蝴蝶之大,从而让人难忘,并成为经典。

夸张是如此之妙,于是我又出示图片创设情境——燕市出现了一条大鱼,请同学们也夸张描述。他们顿时兴趣盎然，也极尽想象：身体长如河，高如楼；鱼鳍大如岛；尾巴像巨扇，轻轻一甩，水花溅天……在此基础上，我又引领他们学习王学士的《大鱼》，学生顿感作者夸张的高妙：和神鳌比较，用东洋衬托，引出姜太公来代言，从而刻画出一条无与伦比的大鱼。孩子们对作者也有了更深的认识，猜想他一定是一个想象大胆、饱读诗书，而且有着远大志向的大学者，于是对作者的钦佩油然而生，对元曲的喜爱也更增一分。最后，在古风古韵《咏大蝴蝶》唱曲中，孩子们对元曲、对传统文学的热爱油然而生。

就这样，春夏秋冬、阳春白雪、乡里田间、湖光山色……一一走入了我们的课堂。丰富的内容、多样的题材，为学生打开了一扇通向经典元曲的窗。

2. 走近名家，体验别样精彩

今天知道的元曲作者有200多人，其中著名的元曲作家有关汉卿、马致远、元好问、张养浩、张可久、乔吉、刘致等，其中关汉卿、郑光祖、白朴、马致远被誉为“元曲四大家”。他们用毕生才华成就了元曲，也成就了自己。元曲名家的人生如歌、如曲，走近他们，就会体验到别样的精彩。

为此，我们开展了“走近元曲名家”系列活动。如读《大德歌》，走近关汉卿；读《秋思》，走近马致远；读《沉醉东风·渔夫》，走近白朴……读一个作品，就走近一个名家，走近他的生活，走近他的内心，走近他的喜怒哀乐。在此基础上，去阅读、讲述他们的故事，去观看、欣赏有关他们的影片，去摘抄、积累他们的名作佳句……就这样，一个个元曲名家走进了儿童生活。有了他们的陪伴，孩子们小小的生命也变得精彩厚重。

如“走近关汉卿”时，让学生通过网络、书籍了解了他的生平，知道他是“元曲四大家”之首，孩子们对关汉卿的敬仰又增了几分。课后，他们饶有兴趣地搜集了关汉卿成就最大的杂剧作品《窦娥冤》《单刀会》《西蜀梦》等。利用社团课，我引领学生一起品赏推荐剧作——看看表演，读读杂剧（本），谈谈剧中的人物，学学其中的表演，再听听名家的评论。精彩的戏作，跌宕起伏的人生，孩子们感受到了世间的真善美、假丑恶，也深深感受到了关大师创作内容的丰富，笔法功力的深厚。晨诵课上，孩子们又一起吟诵关汉卿的小令。丰富多彩的内容，清新刚劲的格调，让孩子们喜爱上他的散曲，更对他不趋炎附势的高尚品格产生了敬佩。关汉卿塑造的“我是个蒸不烂、煮不熟、捶不扁、炒不爆、响当当一粒铜豌豆”的形象也深深刻在了孩子们的脑海中。

3. 赏演名剧，品悟瑰宝精髓

王国维说，元曲（即元杂剧）是戏曲史上最自然的作品。元剧最佳之处，不在其思想结构，而在其文章之妙，妙在有意境，“写情则沁人心脾，写景则在人耳目,述事则如其口出是也”。的确，元杂剧是元曲中最为璀璨的瑰宝。随着学习探究的深入，关汉卿的《窦娥冤》、马致远的《汉宫秋》以及纪君祥的《赵氏孤儿》也走入了孩子们的生活。

因为同名电影的高知名度，纪君祥的元杂剧《赵氏孤儿》便成了学生元剧欣赏社团课的第一部剧作。这是一部历史剧，该剧讲述了春秋时期晋贵族赵氏被奸臣屠岸贾陷害而惨遭灭门，幸存下来的赵氏孤儿赵武长大后为家族复仇的故事。这部杂剧被誉为“中国的《悲惨世界》”。王国维把它与关汉卿的《窦娥冤》并提，称赞为“列之于世界大悲剧中，亦无愧色也”。所以把它引入课堂对于经典的传承是十分有价值和意义的。

社团课上，我们先一起欣赏舞剧《赵氏孤儿》。其中，舞者的表演让人动容， 悲壮的剧情让人潸然泪下。虽只有短短十几分钟，但草根英雄程婴已深入人心。于是趁热打铁，我们又一起观看了该剧的戏曲版。虽然京剧对于孩子们来说比较遥远陌生，但跌宕起伏的故事情节，大忠大义、勇于献身的英雄气概深深地吸引了孩子们，让他们感受到了戏剧的魅力。电影版《赵氏孤儿》更容易让学生亲近，观看后，他们不由自主地探讨起其中人物形象和故事情节设计与戏曲版之间的异同，在比较中，对原剧所要弘扬的“道”和“义”的民族精神和气节更加明了和折服。于是，我又引领学生翻开原剧作，借助译文去读懂它。

表演是儿童最喜欢的活动形式，有了优秀的剧本，孩子们便三五成群自由组合，尝试从剧作中选择一两折用白话演一演。表演让孩子们全身心地投入《赵氏孤儿》的阅读中，在读读演演中，剧中人物生动立体地展现了出来。潜移默化中，英雄们身上正义无畏的民族气节也得到了宣扬与传承。

且吟且诵长短句

——“最美宋词”微课程的构建与实施

朱敏慧

“词之为体，自有其特质所形成之一种境界。”词是我国传统文学之一，源于民间，始于唐，兴于五代，盛于两宋。词常给人“语尽而意不尽，意尽而情不尽”之感，其中宋词最具内涵，有很高的审美价值，是语言的艺术、智慧的结晶，是一座取之不尽的美的宝藏。

然而小学语文教材中只编入少量的词，学生对词接触甚少。为了让学生直面传统经典，浸润民族文化精华，我们研发了“最美宋词”微课程，引领学生且吟且诵，领略宋词的文韵之美，传承优秀传统文学，为增强学生的文化底蕴打下坚实的基础。

一、课程架构

根据五年级学生的生理特点及认知水平，结合教育部推荐的必读诗词，我们从《宋词三百首》中找出了历代传诵的重点篇目，从情感主题的角度选取了爱国篇、怀人篇、写景篇、咏怀篇、愁思篇、闲趣篇、感悟篇、赠别篇各两首，共计16首，编辑成“最美宋词”微课程教材。

年段	内容	年段	内容
五年级上学期	爱国篇《满江红》(岳飞)	五年级下学期	爱国篇《破阵子·为陈同甫赋壮词以寄之》(辛弃疾)
	怀人篇《蝶恋花》(柳永)		怀人篇《西江月》(司马光)
	写景篇《采桑子》(欧阳修)		写景篇《蝶恋花·送春》(朱淑真)
	咏怀篇《水调歌头·丙辰中秋》(苏轼)		咏怀篇《青玉案》(辛弃疾)
	愁思篇《菩萨蛮·书江西造口壁》(辛弃疾)		愁思篇《声声慢》(李清照)
	闲趣篇《如梦令》(李清照)		闲趣篇《西江月·夜行黄沙道中》(辛弃疾)
	感悟篇《卜算子·咏梅》(陆游)		感悟篇《江城子·乙卯正月二十日夜记梦》(苏轼)
	赠别篇《浣溪沙》(晏殊)		赠别篇《长相思》(欧阳修)

同时，设定了以下课程目标：

1. 较为系统地学习宋词，了解宋词的基本知识，接受经典篇目的熏陶。

2. 通过诵读、美读、比读、议读、研读等多形式的“读”，培养学生自主学习宋词的能力。

3. 在大量诵读、赏析等活动中，积累宋词，丰富文化素质。

二、课程实施

1. 诵读，挥洒宋词的魅力

我们采用“晨诵瞬吟”模式，利用晨诵课、语文课前三分钟组织学生诵读大量经典宋词，积累古典语言，培养良好的语感，为他们进一步提升赏析能力奠定基础。课后，为了督促学生认真记诵宋词，还开展了“宋词背诵大挑战”活动，每背出5首可以升一级，期末根据星级评出“宋词记诵大王”“宋词记诵高手”“宋词记诵能手”。如此一来，无须督促，学生兴致高涨。经过一学期的努力，大部分学生能获得八星级的“宋词记诵能手”称号，积累宋词多达40首以上。

2. 赏析，漾起词情的风帆

我们利用双周三下午的社团课集体教学经典篇目，通过讲故事、授学法等鉴赏方式，引领学生在自由宽松的环境中受到古典文化的熏陶。

（1）采用故事化的讲述方式

“让孩子像听故事一样学知识。”为了实现这一理念，我们充分挖掘典故、词人背景等，配上古典音乐，努力激发学生兴趣，让他们在轻松讲述中鉴赏词句内容、词语含义、词人情感、表达技巧等。

如在课堂上读岳飞的《满江红》一词时，教师将词义、词人背景等内容整合成故事，在音乐声中深情讲述：

“岳飞的满腔报国之情，再也压制不住，他心中憋着一股怒火，直冲发冠而上。站在庭院的栏杆旁，他凝望潇潇秋雨，直到雨歇天晴。抬头远望，他不禁又对天长啸，急切盼望实现自己的志愿。现如今，岳飞已是30多岁的人了，他功名未立，却也不甚在意，在他心中，功名好比尘土一样，都是不足求的，他心中急切渴望的，是那需要远赴八千里外的征战，是那征途上一路相随的白云和明月。岳飞不愿再等，继续的等待，只能让满头青丝变白发，到那时，只怕空留一腔悲愤，最后一切成空。

靖康二年的国耻还没有洗雪，臣子的恨什么时候才能够消除？岳飞只愿驾着战车，踏破敌人的巢穴，吃敌肉，饮敌血。他有雄心壮志，也相信自己只在笑谈之间就可以做到这些。现在，他只需要静静等待，待到收复山河之日，再向朝廷报功请赏！”

听着听着，孩子们的眼神变了，牙关咬紧了，拳头攥紧了……“怒发冲冠，凭栏处、潇潇雨歇……”当孩子们再次诵读这首词时，他们所吟诵的，并不是简单的一个句子、一首词，而是千百年前词人的人生经历，还有那千百年后依然可以感受到的壮志豪情。此刻，一个个精心选择或改编的故事，可以让学生直观地读懂宋词那绝美精练的语言，感受到那语言背后的人生百态、家国情怀。

（2）注重学法的渗透熏陶

“词之为体，要眇宜修，能言诗之所不能言……”王国维先生在《人间词话》中所说的意思应该就是词所表现的，常是比诗更为委婉含蓄的一种情思和境界，更需要读者的细心品味。唯有如此，才能有更加深入的体会。

如何引领学生置身于宋词国度，感受宋词魅力呢？在特级教师吴建英老师执教的《如梦令》课上，她首先引导学生通过对几首词的比较，感受词的特点。接着让学生在反复诵读中不留痕迹地习得品词之法。如一读需做到读准字音，字正腔圆；二读要注重词句的停连，语速的快慢，音调长短、高低等节奏韵律的变化，读出词的音韵美；三读要读出感觉，想象画面，感受词的意境美；四读应品尝“寻常语”的不寻常，细品语言，感悟词的精妙美；五读引导学生明白“读词还要读人”，品读一首词，其实就是在品读一段独特的人生经历，因此要了解词人，才能体会词的意蕴美。

一堂课下来，通过方法点拨，学生基本上能从反复吟诵、想象画面、回味语言、了解词人等角度独立对宋词进行品赏，获得情感上的共鸣。

(3) 追求课后的拓展延伸

得法还需用法。课上老师传授了读词方法，课后要鼓励学生去找自己喜欢的宋词读一读、品一品、悟一悟。就这样，学生会渐渐迷上宋词，他们会经常摘抄一些喜欢的宋词读读背背，写下自己的感悟。如有同学读到李清照的“一种相思，两处闲愁”时，感慨道：“纵使有再多的委屈也无处发泄，只有化作月光下的两行清泪，流不尽的是无尽的怀念，是无尽的期盼，更是无尽的遐想……”还有同学甚至能联系以前积累的诗词：“今年花开颜色改，明年花开复谁在”“年年岁岁花相似，岁岁年年人不同”，倾诉道：“如此愁苦之心情，真与李清照深得共鸣。离别之苦，非是一人所感，却是两人深有体会。‘一种相思，两处闲愁’这相思，这离愁，却是怎么也摆脱不了的。这萦萦绕绕、缠缠绵绵的感觉，深深附在词人身上，浓浓地藏进了词中。”……孩子们的感悟可谓是既深探词人之用心，又兼顾纵横之联系。

3. 吟唱，让真情自然流淌

词是一种音乐文学，它的产生、发展，以及创作、流传都与音乐有直接关系，它自古以来就有天然的韵律感。为了让宋词与音乐来一场美丽邂逅，我们还从网上搜集了《水调歌头》《满江红》等词配乐的经典演唱歌曲让学生欣赏、学唱。一时间，社团课、音乐课，甚至是课间，都时常有那天籁般的歌声在回荡。同时，我们还利用“新年诗会”“期末庆典”给学生提供吟唱宋词的舞台，进一步激发他们对经典宋词的喜爱，促使他们主动增加经典宋词的诵读量，更好地接受经典宋词的熏陶。

4. 书法，让意象轻舞飞扬

书法课上，我们会给学生欣赏以宋词为题材所创作的书法作品。当学生欣赏《水调歌头》时，除了尽情感受皓月当空、清逸旷远的无限境界，还领略了不同书法家的不同字迹，有的字势与文意融合天成，有音韵节奏之美；有的雄秀端庄，用笔浑厚强劲；有的字体娟秀如珠、空灵飞动，韵味十足。学生在提升书法鉴赏能力的同时，也对书法萌生了浓厚的兴趣，此时再选取几个重点字教学生写一写，可谓水到渠成。

“学习宋词而懒于记诵是不成的……与其囫囵吞枣或走马观花地读，不如仔仔细细地背诵……”让我们引领学生行走在宋词世界，去朗读、赏析、记诵……尽情地领略宋词之美吧！

美哉，诗经

——“品读《诗经》”微课程的构建与实施

陆　莉

一、背景综述

有一种美，无须修饰，那是从心里流出来的长歌……《诗经》是我国最早的一部诗歌总集，在中国文学史上具有崇高的地位和深远的影响，奠定了中国诗歌的优良传统，中国诗歌艺术的民族特色由此肇端而形成。

女作家丁立梅说：“每隔一段时日，我会把《诗经》捧出来，重新读。从西周初年，到春秋中叶这500多年间，那些辗转悠扬的歌谣，沾着尘粒和草香，一路逶迤。”

我们中国一向有“诗的国度”的美称，而《诗经》便是这诗国之诗的伟大源头。2014年3月26日，教育部下发《完善中华优秀传统文化教育指导纲要》文件。在这样的背景下，作为国学经典的重要一部分，我们“中国风·母语美”课题组尝试把《诗经》中的部分篇目引入小学高年级课堂。

二、课程目标

1. 学会正确、流利、有节奏地诵读，认识赋比兴的手法，了解重章叠句的艺术特色，感受语言层层叠叠的韵律美，能凭借诗句想象画面乃至故事。

2. 借助拼音、注释、音频学会诵读，能主动采取读给别人听、看注释、查资料、故事讲述和联系生活等方式读熟、读懂。

3. 热爱诵读，初步认识中华文化的丰富博大，感受文化传统中人与人、人与自然、自然与自然之间的情义。

三、课程实施

选编教材。我们从《诗经》中选择了难度适中、传诵度高、适合小学高年级学生阅读的11篇作品：《采葛》《木瓜》《关雎》《桃夭》《甘棠》《伐木》《鹿鸣》《蒹葭》《采薇》《硕鼠》《芣苢》。内容涵盖“风”“雅”“颂”三类，配上注音、注释，编成小册子发给学生，再从网上下载吟诵、唱诵的音频资料供学生使用。

师资与课时设置。由课题组骨干教师任教，利用周五下午走班社团时间开设选修课程，带领学生一起走进《诗经》，品读《诗经》。

课堂上，我们从儿童的身心特点出发，营造出一个其乐融融、诗意盎然的氛围，让那些在《诗经》中流淌的语言文字，穿越千年的时光来到孩子们的面前。

1. 朗朗读之，赏韵律美

诗的源头是歌谣，怎样读出其中的味道？

课堂上，学习一首诗，我们先让学生比较诗的结构，学生很快发现，一首诗往往每一章结构形式相同，内容相似，仅仅变换了少数几个字，这种写法叫“重章叠句”，在《诗经》中最为常见。重章叠句能表现出强烈的感情，给人以“百转千回”“绕梁三日”的感受，在诗歌、音乐中经常使用。

当学生读准字音后，我们就采用多种形式读诗，比如可以一读一和，可以男读女和，还可以一读百和。整齐之中有变化，节奏铿锵悦耳；再读好词语的停连、高低、长短、快慢等节奏韵律的变化。

如《硕鼠》这首诗，在先秦时期广为传唱，可以每句都读二二拍“硕鼠/硕鼠，无食/我黍”，还可以变换一种节奏唱读“硕——鼠硕鼠，无——食我黍”，也可以同学之间两两拍手读。读之、吟之、和之、对之、唱之……学生在琅琅诵读声中，逐渐体会到了中华民族几千年语言的节奏美和韵律美。

2. 细细想之，品语言美

古人用语精准，尤其《诗经》中每一章变换的字词，更是体现了词语的锤炼、汉字的精妙。要想理解这些字，光看注释是不能充分领略到汉字的奥秘的，有时需要我们追根溯源。

吴建英老师在教学《芣苢》时，就出示了“掇”“捋”的古汉字，让学生形象、直观地看到“掇”有四个“又”字，在古代“又”字指的是手，这么多手是什么意思？再看看“捋”字，“寽”指以五指持物。接着，又请学生根据字形和字义，上台用动作来演示这两个字，边演示边说出这两个字的差别。最后，出示国学专家余冠英先生对这首诗的翻译，以诗译诗，以诗读诗，别有风味。学生在比较、思考、想象、演示中，品读了古人用语的精妙，感受到了诗歌对词语的锤炼。

3. 涵涵泳之，揣意境美

清代著名学者方玉润先生教我们这样读《诗经》：“读者试平心静气，涵泳此诗。”“涵泳”就是沉浸其中，反复品味，揣摩意境。这样才能听到那美妙的声音，看到那生动的场面，这才是真正的会读诗！

教学《关雎》，我们这样揣摩画面：

你们看啊，正当好年华的姑娘出现了，她仿佛是从云端里走来的，穿着__________，挽着____________，她来水边采荇菜了。定一定神，我们且欣赏一下姑娘的采摘动作：____________，那么协调，那么连贯，简直像在舞蹈。

你们听啊，河湾中央的绿洲上，调皮的水鸟在那儿____________，突然_____________地叫了起来……

正如一千个人眼里，有一千个哈姆雷特；一千个人眼里，也有一千种《诗经》。《诗经》最打动我们的，正是它那种自然天成的样子，那远古年代里，无论是植物还是人，都是澄澈宁静的。品读《诗经》，涵泳其中，想象画面，才能让学生真正走进诗中，与古人相逢。

四、课程评价

课程的评价在于形式简朴，却活泼有趣。在学期末的社团展示上，选修“品读《诗经》”微课程的孩子们根据各自的特长，展示了自己的学习成果。

动态的诵读节目精彩纷呈：或坐着齐诵，或站立诵读；或配乐唱诵，或边诵边舞；或领诵齐诵交叉，或古代现代穿越。拿腔提调，举手投足，一个个小绅士、小淑女形象充分展现出来。

静态的主题画展夺人眼球：“《诗经》里的花草植物”，有图有注解，卷耳、芣苢、薇、唐、蔓……每一种植物，都有一个可亲的温暖的名字。“《诗经》里的女子”，有模有样，绿布衣裙，头发长长，仿佛袭一身草香花香。

“‘品读《诗经》’微课程”社团的展示，吸引了各个年级的师生。诵读节目和主题画展，在校园里掀起了又一轮学习优秀传统文化的热潮。

《诗经》是诗歌的源头，是古代求学之人学习文化的必修课，其中的每首诗都是一幅画卷、一份情感、一段历史。孔子说“不学诗，无以言”，那就让我们回到诗歌的源头去看看，和孩子们一起品读《诗经》，感受母语之美。

妙趣横生学古文

——“爱上小古文”微课程的构建与实施

徐莉莉

一、缘由：国学经典缺失，文化危机严重

小古文，指短小精练的文言文。文言文是了解中国五千年历史的重要媒介，是解读中国文化发展的重要密码，是传承中国经典文化的重要语言。

“爱上小古文”微课程缘起于一件事：已经毕业的学生向我们倾诉，初中语文的教学内容和教学方式与小学的迥然不同，特别是文言文学习，感觉非常陌生。苏教版小学语文教材没有安排文言文教学内容，使得初中语文教学与小学语文教学出现严重脱节。此外，我们还发现，越来越多的学生在习作中引用网络热词，却很少引经据典。国学经典的缺失，让我们看到了严重的文化危机。

针对这些问题，我们根据农村学生这一特殊群体，提出“一年起步、两年推广、三年推进”的“爱上小古文”微课程实施计划。我们认为：只有开发适合儿童认知水平的小古文课程，才可以培养激发儿童学习文言文的兴趣，吸收中国文化精髓，丰富儿童文化底蕴和人文涵养。小古文课不是语文课，更不是初中语文课，我们不要求学生字字理解、句句通晓，我们追求的是“趣”带给学生的感染力。通过妙趣横生的教学内容，富有趣味的教学方式，多种形式的教学活动，完善多面的评价体系，用“趣”这把钥匙，打开小古文学习的大门。

二、架构：追求妙趣横生，描绘趣味图谱

确定了“趣”这一目标思路，我们着手研发教材，坚持以“妙趣横生”为主旨，注重兴趣和积累。教材追求趣味化，从内容到形式能吸引儿童，唤起他们的学习兴趣，达到读起来朗朗上口、学起来轻轻松松的目的。为此，我们试着从以

下几个方面选取小古文：

1. 依托《小学生小古文100课》，精选趣味小古文。这本书精选了100课最好读、最有趣的文言诵读篇目，每篇文后有对文言字词的浅显解释，还有精心创编的好玩轻松的习题，给小学生纯正受用的文言启蒙，在小古文教学领域具有广泛的代表性。这本书为我们开发教材提供了很大的帮助。

2. 结合苏教版《语文》，链接趣味小古文。苏教版中的很多课文都有文言背景，如《怀素写字》《李广射虎》《少年王冕》《寓言故事》等，现代白话文都有相应的文言文，文白对照，相映生辉。在教课文的同时，与小古文对照着教，可以潜移默化地渗透小古文。

3. 结合其他版本语文教材，摘选趣味小古文。选择其他版本语文教材上的小古文，如人教版《语文》六年级上、下册编排的小古文《伯牙绝弦》《两小儿辩日》等。

4. 结合初中语文教材，接触趣味小古文。为了实现小初衔接，我们把目光投向了初中语文教材。初中语文教学时，课堂上没有大量的时间让学生通过反复吟诵来感受文言文的内容。选择这些小古文，就是为了让学生通过诵读、感悟来接触初中教材，实现由“玩”到“悟”的提升过程。

5. 广泛搜集，挑选趣味小古文。除此之外，我们还在网上购买了大量的相关书籍，从中挑选趣味小古文。

根据农村学校学生的特点，通过以上途径，选择适合的篇目，并根据学生年龄特点分六个年级上、下学期归纳整理。我们以“妙趣横生”为目标，描绘着小古文的趣味图谱，构建了一至六年级的120篇小古文。所选篇目紧扣学生的年龄特点，并按照主题构成一个个单元，使学习过程更加系统。

年级	序号	上册内容		下册内容	
一年级	1	乡村美景	《放风筝》	天空秘密	《雨》
	2		《乡村》		《雪》
	3		《芦花》		《日月星》
	4		《菊》		《日时》
	5	《三字经》	《昔孟母》	《三字经》	《稻粱菽》
	6		《香九龄》		《苏老泉》
	7		《为学者》		《子不学》
	8	一句话古文	《亡羊补牢》	故事里面学古文	《智者千虑,必有一失》
	9		《一鸣惊人》		《宁为玉碎,不为瓦全》
	10		《士别三日》		《单者易折,众则难摧》

年级	序号	上册内容		下册内容	
二年级	1	动物趣	《猫捕鱼》	做学问	《读书》
	2		《猫斗》		《读书要三到》
	3		《龟兔竞走》		《铁杵磨针》
	4		《狐假虎威》		《学弈》
	5	国学里面的启蒙	《天对地　雨对风》	国学里面的启蒙	《天地玄黄》
	6		《一切言动　都要安详》		《知己知彼》
	7		《学善受益　行贤读书》		《诚实童子》
	8	穿越千年的智慧	《一年之计》	踏遍祖国的美景	《荷》
	9		《莫笑他人老》		《春日寻芳》
	10		《莫如树人》		《山川之美》

年级	序号	上册内容		下册内容	
三年级	1	智慧少年	《曹冲称象》	神话传说	《盘古开天地》
	2		《孔融让梨》		《夸父逐日》
	3		《破瓮救友》		《精卫填海》
	4		《道边李苦》		《大禹治水》
	5	动物寓言	《翠鸟移巢》	人物故事	《怀素写字》
	6		《狐猪争功》		《杨氏之子》
	7		《狮子王与豺》		《王勃故事》
	8	讽刺笑话	《性刚》	寓言故事	《揠苗助长》
	9		《圆谎》		《鹬蚌相争》
	10		《五官争功》		《掩耳盗铃》

年级	序号	上册内容		下册内容	
四年级	1	寓言故事	《叶公好龙》	英雄本色	《李广射虎》
	2		《南辕北辙》		《卧薪尝胆》
	3		《滥竽充数》		《祁黄羊举荐》
	4		《东施效颦》		《公仪休拒收鱼》
	5		《郑人买履》		《曾参教子》
	6		《刻舟求剑》		《晏子使楚》
	7	勤学故事	《寇准读书》	神话故事	《共工触山》
	8		《欧阳苦读》		《女娲补天》
	9		《宋濂嗜学》		《后羿射日》
	10		《凿壁偷光》		《嫦娥奔月》

年级	序号	上册内容		下册内容	
五年级	1	幽默哲思	《世无良猫》	历史故事	《破釜沉舟》
	2		《活见鬼》		《惊弓之鸟》
	3		《虎与刺猬》		《望梅止渴》
	4		《杀驼破瓮》		《伯牙绝弦》
	5		《性缓》		《塞翁失马》
	6		《北人不识菱》		《两小儿辩日》
	7	语文书里的小古文	《推敲》	动物寓言	《豺烹羊》
	8		《自相矛盾》		《鸦狐》
	9		《画龙点睛》		《狐与葡萄》
	10		《王冕好学》		《鹿照水》

年级	序号	上册内容		下册内容	
六年级	1	孔子学堂	《论语·道与德》	孔子学堂	《论语·君子与小人》
	2		《论语·意志和品质》		《论语·孝》
	3		《论语·学而时习之》		《论语·学而不厌》
	4	明清小说	《猴王出世》	明清小说	《刘姥姥进大观园》
	5		《游大明湖》		《临死前的严监生》
	6		《洪教头招惹林冲》		《武侯弹琴退仲达》
	7	古之经典	《牛郎织女》	初小衔接	《螳螂捕蝉》
	8		《蜀鄙之僧》		《童趣》
	9		《记承天寺夜游》		《木兰辞》
	10		《陋室铭》		《猴(三者)》

通过研发教材，我们发现：小古文的世界充满温馨，教育学生崇德向善；小古文的世界充满智慧，引领学生知书达理；小古文的世界充满魅力，让学生欲罢不能。

三、实施：体现妙趣横生，踏上快乐旅程

1. 研发校本教材，设计学习内容

我们紧紧围绕“趣”，研发了一套自己的教材内容，编写了易于操作的教案，设计了配套的课件，形成了系列小古文教学资源库。

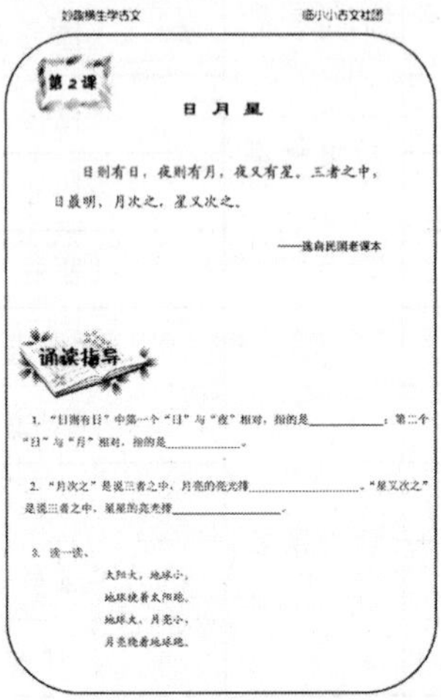
妙趣横生学古文　　德小小古文社团

第2课

日 月 星

日则有日，夜则有月，夜又有星。三者之中，日最明，月次之，星又次之。

——选自民国老课本

诵读指导

1. “日则有日”中第一个“日”与“夜”相对，指的是________；第二个“日”与“月”相对，指的是________。

2. “月次之”是说三者之中，月亮的亮光排________。“星又次之”是说三者之中，星星的亮光排________。

3. 读一读。

太阳大，地球小，
地球绕着太阳跑。
地球大，月亮小，
月亮绕着地球跑。

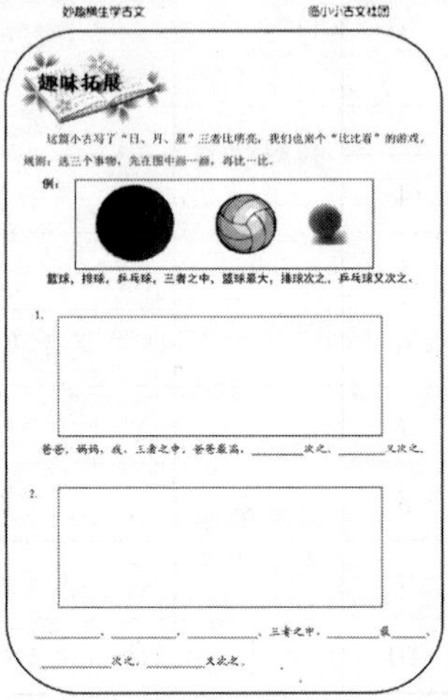
妙趣横生学古文　　德小小古文社团

趣味拓展

这篇小古写了“日、月、星”三者比明亮，我们也来个“比比看”的游戏，规则：选三个事物，先在图中画一画，再比一比。

例：

篮球，排球，乒乓球，三者之中，篮球最大，排球次之，乒乓球又次之。

1.

爸爸，妈妈，我，三者之中，爸爸最高，______次之，______又次之。

2.

______，______，______，三者之中，______最______，______次之，______又次之。

2. 组建学校社团，搭建学习平台

根据实施计划，我们从各班挑选对小古文感兴趣的学生，组建各年级小古文社团，为热爱小古文学习的学生搭建了学习平台。利用每周的社团课进行教学活动，然后再由这批学生辐射班级里的其他学生，掀起学习小古文的热潮。

3. 创作会标社歌，建立精神信仰

在扎实课堂教学的基础上，我们力争做好每一个细节：创作了独一无二的社歌《我爱小古文》，设计了小古文社团的会标，朗朗上口的歌曲、漂亮的会标，为学生建立了坚定的精神信仰，让他们对小古文充满期待，充满向往，形成了一股强劲的凝聚力。

社歌：

我爱小古文

那是最美丽的语言　那是很奇妙的感觉
那是我们小小的心愿　希望经典与我们相约
那是学习时的喜悦　那是收获后的感谢
那是每天多付出一点点　小小古文不在乎考验

我爱古文　　它是撩人心弦的诗篇
不管有多遥远　　总有成功那一天
我爱小古文　　它是色彩斑斓的美梦
有你的陪伴　　拥有快乐与温暖

社团会标：

4. 开通微信平台，扩大学习范围

为了让更多学生接触小古文，2015年7月6日，我们建立了“临小小古文”微信公众平台，每天发布小古文学习内容，“读故事·学古文”系列、“察文知古”系列、“古文古韵·每日诵读”系列、“妙趣横生·古文微课堂”系列、“谈古论今·国学小知识”和“古音袅袅·我读小古文”系列。

5. 完善评价机制，举行评价仪式

没有评价的课程是不完整的，怎样“趣”味评价学生的小古文学习呢？我们设计了完备的《临小小古文考级标准》，建立了完善的评价机制，并且每学期举行正式的颁奖仪式。

考级内容分为十级，这些考级内容简单、易于操作，首先消除了学生的畏难情绪，学生努努力就能摘到果实，不断获得成功感。第二，体现了学生的自主性，很多项目都是挑选自己喜欢的古文，尊重学生的选择。第三，考级的内容形式多样，既有诵读，又有讲古文故事；既有吟唱，又有编排古文剧；当然还有一定难度的改写、续写、创作等有深度的考核项目。考核内容由易到难，符合学生由低年级到高年级螺旋上升的发展规律。我们还设计了“小古文等级证书”，美观而不失隆重的证书，富有仪式感的颁奖仪式，让学生体会到了成功的喜悦，也激发了他们挑战的欲望。

小古文等级证书

__________同学：

经考核，你已经达到小古文______级考核标准。

特此证明！望再接再厉！

临小小古文

年　月　日

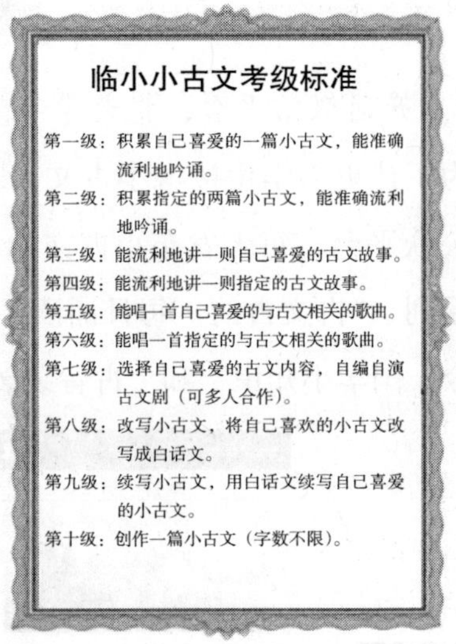
临小小古文考级标准

第一级：积累自己喜爱的一篇小古文，能准确流利地吟诵。

第二级：积累指定的两篇小古文，能准确流利地吟诵。

第三级：能流利地讲一则自己喜爱的古文故事。

第四级：能流利地讲一则指定的古文故事。

第五级：能唱一首自己喜爱的与古文相关的歌曲。

第六级：能唱一首指定的与古文相关的歌曲。

第七级：选择自己喜爱的古文内容，自编自演古文剧（可多人合作）。

第八级：改写小古文，将自己喜欢的小古文改写成白话文。

第九级：续写小古文，用白话文续写自己喜爱的小古文。

第十级：创作一篇小古文（字数不限）。

著名特级教师王崧舟先生说，“读小古文，我们所积累的难道仅是文言词汇和语言吗？当然不是，因为读、因为诵、因为熟、因为化，随同小古文一起生长为我们精神血肉的，是中国思维、中国智慧、中国情怀、中国美感、中国气派、中国意识，那便是中国人之为中国人的中国灵魂”。

我们想说：“小古文是沁人心脾的诗，小古文是撩人心弦的歌，小古文是色彩斑斓的梦。学生因为学习小古文，而逐富气质；我们因为教学小古文，而逐富情怀。”

漫步缤纷成语园

——“缤纷成语”微课程的构建与实施

包丽华

成语，是中华民族文化的精华和瑰宝，是汉语言宝库中的珍品，也是前人经验和智慧的结晶。目前，苏教版教材中一部分练习后面会有成语的积累，低年级每组4个，高年级每组8个或12个，但这个数量远远达不到学生在日常阅读、使用中所需求的量，而且练习中有些成语相互之间联系不大，学生只会背诵，很难加以运用。于是，我们开发了“缤纷成语”微课程，带领孩子们一起走进缤纷的成语园，在学成语、说成语、唱成语、演成语中了解历史、通达事理、学习知识、积累优美的语言素材。

一、课程架构——原来成语可以这样读

成语是最经典的语言，每一则成语都是历史的缩影、文化的积淀，凝聚了智慧，发人深省，耐人寻味。成语世界，浩瀚无边，我们该从哪里入手？哪些成语适合高年级学生积累呢？经过反复思考、比较，我们从这样五个维度来搭建阶梯阅读的框架：五年级上学期，成功之语——成语中的做人哲理，如知足常乐、欲速不达等。五年级下学期，成熟之语——成语中的处世哲学，如大智若愚、以柔克刚等。六年级上学期，成事之语——成语中的谋事哲理，如当机立断、运筹帷幄等。六年级下学期，成才之语——成语中的求学智慧，如学无止境、温故知新等；成长之语——成语中的交际智慧，如投桃报李、志同道合等。

二、课程实施——原来成语可以这样学

1. 耳濡目染学成语

学校就是课程资源，我们让校园成为缤纷的成语园。如在班级园地里开辟一块成语墙，每月一期，每期一个类别，并配以相应的图画。课余时间，学生可以到成语墙前品读感悟。另外，要求学生人手一本成语积累本，并做好相应的分类。在这样的氛围中，学生可以随时随地接触成语。为了更好地推动课程的实施与开展，我们还在年级里举办成语节，以“走进成语”为主题，开展成语书画比赛、成语接龙、讲成语故事、成语手抄报等多种形式的活动，还开展了“兴趣盎然玩成语”活动，孩子们你说我猜，我演你猜，好不热闹。通过形式多样的活动，学生也更加热爱成语了。

2. 妙笔生花写成语

成语语言简短有趣，有其独特的语言范式。如余光中先生所说，构造成语的美学基本要求是简洁、对仗、铿锵。为了激发学生的学习兴趣，讲完成语故事后进行相应的听记测试，通过多种形式检验学生听的效果，培养良好的倾听习惯。在这个过程中，孩子们会自然而然地吸收语言并学习如何表达。《海门市小学生阶梯阅读指导方案》中指定五、六年级学习的小古文最好是一些反映古人智慧的成语故事，我们每学完一则小古文，在感慨英雄人物智慧的同时，会组织学生动笔，写出阅读故事后的收获，继而延伸出成语日记、成语续写、成语新编等一系列活动。有的小组还把学生自己创编的成语课本剧搬上舞台，饶有兴趣地对经典进行二次创作。课程让知识拥有了生命的温度，让学生真正成为学习的主人。

3. 寻根究底解成语

作为高年级学生，他们已经具备了一定的发现问题、解决问题的能力。我们开始思索，通过成语课程全面提升学生的语文素养，不能光积累，还要注重运用。所以，经过一段时间的积累，学生开始对成语进行自主研究，并与同伴或家长合作完成研究报告。有的发现了成语特点，有的找到了成语来源，有的则比较出了成语与谚语、歇后语的区别，并且尝试制作幻灯片，在班级“星光讲坛”里讲解。看着一份份尚显稚嫩的研究报告，听着他们抑扬顿挫的讲述，真为他们高兴。孩子们也说：“原本以为搞研究是很难的，但是通过这个活动，我觉得自己原来这么棒！”

4. 入情入境演成语

文学和艺术是相通的，我们还把“缤纷成语”微课程与艺术紧密结合，如让学生欣赏京剧经典曲目，了解唱段背后的历史故事，在理解的基础上让学生演一演，学生的积极性就更高了。学生们演出了很多剧目，如历史故事《负荆请罪》《空城计》《霸王别姬》、寓言故事《自相矛盾》《鹬蚌相争》、神话故事《八仙过海》《天女散花》等。在精彩的表演中，学生不仅了解了祖国光辉灿烂的历史和源远流长的文化，也进一步迸发了读成语、学成语的热情。

三、课程评价——原来成语可以这样用

成语作为汉语的重要组成部分，言简意赅，结构严谨，深刻隽永，形象鲜明，表现力特别强。只有加强对成语的积累和运用，才能使成语焕发出勃勃生机。因此，“缤纷成语”微课程评价的重要内容就是让学生能够充分积累并灵活运用，真正发挥成语的语言魅力。我们主要抓好两方面的运用：

1. 口头运用

在日常课堂教学中，师生对话时用上所学成语成为我们最常用的口头运用方式。课堂上，我们创设情境，鼓励学生恰当运用成语表达。同时，教师自身也有意识地恰当使用成语，做到“随风潜入夜，润物细无声”。我们还要求学生课间休息交流时，也要不失时机地使用一些成语，使自己的语言简练生动。通过一系列的口头运用练习，学生能快速消化成语并学会灵活运用。

2. 书面运用

书面运用主要以日常练笔为主。日记是练笔的一剂良方，每一次练笔，我们会鼓励学生在恰当之处用上成语，并把好的练笔在全班同学面前展示。为了鼓励学生，我们每周对学生在练笔中使用的成语进行统计，使用成语数量最多的学生被评为本周“成语之星”，并给予表彰奖励。经过一段时间训练，学生主动运用成语已成为一种习惯。

穿越千年历史长河，透过文字与画面，我们引领学生走进了一个五彩斑斓的成语世界。“缤纷成语”微课程，让我们和智慧牵手，让我们和历史对话，让我们触摸着文化脉搏，与经典一同前行！

在唐诗乐园中沐浴文化精华

——“吟唱唐诗”微课程的构建与实施

王丽萍

一、缘起：唤起诗意诗心

我国具有五千年光辉灿烂的文化，历史典籍和文学作品浩如烟海。其中，唐诗语言凝练、音韵幽美、气象万千、风姿绰约，是古典文学中熠熠生辉的明珠，在中国传统文化的百花园中独领风骚。

俗话说，“熟读唐诗三百首，不会作诗也会吟”。很多卓有成就的学者，在回忆自己成长历程时，都感慨得益于早年的启蒙教育，尤其是唐诗的诵读，扎实的语言表达能力和鉴赏能力，影响了他们的修身与治学。朱光潜先生说：“要养成纯正的文学趣味，我们最好从读诗入手。”小学阶段是学生成长的黄金阶段，是记忆的最佳时期，让孩子们记诵唐诗，从优秀的传统文化中汲取营养，不仅能拓宽他们的知识面，培养对文学的兴趣爱好，打下扎实的文学功底，还能让学生拥有一颗诗心，激发学生的爱国主义情感，陶冶他们的情操，全面提高整体素质。

二、构建：搭建诗意平台

子曰：“小子何莫学夫诗？诗可以兴，可以观，可以群，可以怨。迩之事父，远之事君；多识鸟兽草木之名。”唐诗博大精深，灿若繁星，千百年来滋养了无数中国人。它蕴含着中华民族的精神和品质，是中华民族的生命之根。针对中年级学生的年龄特点，“吟唱唐诗”微课程设定了如下目标：

1. 通过唐诗诵读活动，激发学生学习祖国优秀文化的兴趣，促使他们从小热爱祖国传统文化，加强语感，积累语言，陶冶情操，丰富想象。

2. 积极探究多样的诵读形式，帮助学生养成良好的学习习惯和自学能力。

3. 通过对大量唐诗的收集整理、朗诵、表演、吟唱、绘画、创作等，锻炼并提高学生的记忆力，激活并发展学生的思维。

为此，我们从《小学生必背古诗词》《唐诗三百首》和《新教育晨诵读本》中挑选适合中年级学生学习的唐诗，根据内容重新编排了中年级“吟唱唐诗”微课程篇目：

三年级上学期	三年级下学期
1.《枫桥夜泊》(张继)	1.《早发白帝城》(李白)
2.《绝句》(杜甫)	2.《别董大》(高适)
3.《鸟鸣涧》(王维)	3.《赋得古原草送别》(白居易)
4.《古朗月行》(李白)	4.《赠汪伦》(李白)
5.《咏柳》(贺知章)	5.《逢雪宿芙蓉山主人》(刘长卿)
6.《望庐山瀑布》(李白)	6.《浪淘沙》(刘禹锡)
7.《望洞庭》(刘禹锡)	7.《竹里馆》(王维)
8.《宿建德江》(孟浩然)	8.《出塞》(王昌龄)
9.《池上》(白居易)	9.《凉州词》(王之涣)
10.《小儿垂钓》(胡令能)	10.《凉州词》(王翰)
11.《回乡偶书》(贺知章)	11.《塞下曲》(其三)(卢纶)
12.《北风行》(李白)	12.《蜂》(罗隐)
13.《夜雪》(白居易)	13.《滁州西涧》(韦应物)
14.《江雪》(柳宗元)	14.《望天门山》(李白)
四年级上学期	**四年级下学期**
1.《望月怀远》(张九龄)	1.《大林寺桃花》(白居易)
2.《马诗(其四)》(李贺)	2.《寒食》(韩翃)
3.《关山月》(李白)	3.《黄鹤楼》(崔颢)
4.《月夜》(刘方平)	4.《夜雨寄北》(李商隐)
5.《秋夕》(杜牧)	5.《江南逢李龟年》(杜甫)
6.《秋词》(刘禹锡)	6.《山居秋暝》(王维)
7.《过故人庄》(孟浩然)	7.《送杜少府之任蜀州》(王勃)
8.《采莲曲》(王昌龄)	8.《庭竹》(刘禹锡)
9.《题金陵渡》(张祜)	9.《登高》(杜甫)
10.《望岳》(杜甫)	10.《无题》(李商隐)
11.《月夜忆舍弟》(杜甫)	11.《嫦娥》(李商隐)
12.《暮江吟》(白居易)	12.《乞巧》(林杰)
13.《白雪歌送武判官归京》(岑参)	13.《石头城》(刘禹锡)
14.《终南望余雪》(祖咏)	14.《登幽州台歌》(陈子昂)

无论是反映天真烂漫儿童生活的儿童诗，还是寄托相思之情的思乡诗；无论是描绘祖国壮丽河山的山水诗，还是歌颂战士勇敢正义的边塞诗……总能给孩子展现一片天空，带给他们心灵的震撼。

三、实施：丰富诗韵活动

（一）营造诗化的学习环境

唐诗有的气势磅礴，有的缠绵悱恻，有的空灵澄澈，有的悠然恬淡……有的蕴含着意味深长的哲理，有的表现出清新高雅的情趣，有的抒发了纯洁真挚的情感……我们将唐诗中的崇高思想、伟大精神、美好情感外化为学生容易接受的情景。各班班级板报上都辟有一角，取名“唐诗苑”，布置跟唐诗有关的诗人简介、诗歌赏析、古诗配画、分类集诗等，板报的内容定期更换。这样，不但美化了环境，而且使教室处处洋溢着浓厚的育人氛围，达到了苏霍姆林斯基所说“要使学校的墙壁也说话”的育人效果，正所谓“入芝兰之室，久而自芳也”。学校广播在大课间和午间阅读时间会播放一些唐诗的诵读吟唱，学生耳熟能详，身临其境，给他们美的享受、情的熏陶。

（二）构建高效的唐诗课堂

唐诗教学中，教师能否采用适宜的教学方法和策略，高效优质地将唐诗所蕴含的内在信息传递给儿童，将直接影响着儿童对唐诗的理解、体验和感受，以及唐诗欣赏教学的教育价值的充分发挥。每天，我们迎着初升的太阳开启美妙的晨诵，教师带读、学生齐读、优生领读、自由对读等多种形式，使学生深深地爱上了唐诗吟诵。每周一节的校本阅读课，成了唐诗教学的主阵地。教师努力构建高效的唐诗学习课堂，带领着学生在唐诗的乐园中畅游。

1. 声情并茂诵唐诗

王国维在《人间词话》中写道，“境非独谓景物也。喜怒哀乐，亦人心中之一境界”，说的就是诗的意境。在诵读指导中，我们引导孩子在想象中诵读，在诵读中想象，从而进入诗的意境，再去诵读。如诵读《池塘晚景》《立秋》《月夜梧桐叶上见寒露》这些描写秋天的古诗，我们可以通过创设情境、媒体展示、展开想象等方法，引导学生进入诗中所描绘的清丽的秋夜意境中。通过诵读，孩子们仿佛看到了明月，听到了诗人渴望建功立业的心声；看见了水面荡起的波纹，听见了剪刀裁衣的声音；看见了睡觉的鸡鹊，听见了树枝摇摆的声音……一幅幅画面再现了各种古诗词的意象，让学生在诵读中感受清风的凉爽，感受明月的皎洁，感受秋夜的迷人，体会古诗中那难以忘怀的意境。这时诵读传送的不仅是一种言语，还是一幅画，一幅灵动的画，一幅带着诗人情感的画。

2. 醉月听花唱唐诗

唐诗里有歌，和着古典乐曲，一首首优美的唐诗新唱歌曲流进孩子们的心田，他们在吟唱中感受唐诗的音韵美和节奏美。因此，每学完一首新的唐诗，我们都建议学生用自己喜欢的旋律给所诵古诗配乐，以便更好地激发他们学习古诗词的兴趣。如学完王昌龄的《出塞》，用王之涣《凉州词》的曲调来唱，同学们唱得不亦乐乎！

3. 入情入境演唐诗

表演是儿童喜欢的学习形式，让他们通过表演读加深对唐诗的理解和感悟，增加了学习唐诗的情趣。同时，在表演过程中，孩子融入了自己对唐诗的理解，透过唐诗的重点词语，丰富了孩子的想象。通过表演，学生对诗歌人物、情境美的理解必然上升到一个新境界。那些具有情节的诗歌比较适合表演，如表演贾岛的《寻隐者不遇》，学生分角色表演诗人和童子，通过对话把寻访不遇的焦急心情表现得淋漓尽致，衬托出了寻者对隐者的仰慕之情。这样用表演的形式进入情境，把诗歌中留白的部分表现出来，体会唐诗的意境，在想象中丰富情感体验。

4. 漫步诗苑改唐诗

唐诗节奏性强，讲究押韵；唐诗语言凝练，意蕴深远。对于小学生来说，“心明口不明”是学习唐诗的通病，而语言延伸训练就是治疗这种“病”的一剂良方。这药方就是叶圣陶老先生所倡导的：用耳倾听，用眼观赏，用嘴吟诵，用脑想象，用心感受。具体地说，就是让学生在理解的基础上，选取一句诗，甚至一个词来展开想象，还原诗人的所见、所想、所感，并用语言表达出来。在这过程中，学生的理解能力和写作能力同时得到锻炼，而学生也收获了做一个“诗人”的乐趣。在教学《黄鹤楼送孟浩然之广陵》之后，我进行这样的启发：诗中送别的场面是如此感人，在我们的生活中也会遇到离别的场面，同学转学、亲人远行……在依依惜别之时，大家一定会有许多心里话想说，让我们来学学作者，把心里话写成一首送别诗，赠给自己最不舍的人。学生的灵感顿时被激发，跃跃欲试，写出了一首首虽稚嫩但真挚的小诗。

另外，每周的社团活动课上，“诗情画意猜唐诗”“我手我心画唐诗”“分门别类辑唐诗”“争先恐后接唐诗”“名家名诗我来连”“别出心裁品唐诗”等丰富多样的活动赢得了孩子们的喜爱，激发了他们吟诵唐诗的热情。

从论语课程走向孔子学院

——“走进《论语》”微课程的构建与实施

徐 勇

《论语》作为一部儒家经典，二十卷，近一万六千字，蕴含着我们中国人丰富的民族审美积淀和人生哲学。我们针对小学生特点，让教育从《论语》中一句句言简意赅的话语中展开，用儿童化的方式感知《论语》文化精髓，进而从“亲仁、尚礼、志学、善艺”等方面学会感悟人生，学会做人，扣好人生的第一粒扣子。

一、读本：让《论语》贴近儿童生活

本着贴近儿童的理念，我校精心选择了《论语》的阅读内容，共计108条，涉及“志向、所思、忧乐、君子”四个领域，对应“品德、学习、心态、素养”四个层面，形成了低、中、高三个序列，编撰了《论语读本》。其中，低年级是绘本，以具体的形象解释《论语》意思；中年级创设了《论语》人物，用“论语的话”“论语故事”“论语践行”等指导学生读懂《论语》中的道理；高年级则配上注释，侧重思辨、实践，涉及更多学科、更宽领域，引导学生活用《论语》，提升素养。精心编写阶梯读本，是为了让不同年段的学生读到最适合的内容，只有这样，《论语》的道义精髓才能进入孩子们的世界，成为他们成长的启蒙哲学。

二、课程：让《论语》融入儿童世界

《论语》上的文字如何融入学生的学习生活？唯一的方法就是研发论语课程群。唯有论语课程群才是学生学习《论语》最好的途径。学校整合各种资源，以《论语读本》为主干，确定了以“科学探究、社会交往、个性发展”为教育维度，以“亲仁、尚礼、志学、善艺”为主题的论语课程群，并与“大语文观”的母语教育理念相融合，每个主题都生发出若干微型课程。

“亲仁”微课程，为的是让学生成为仁爱之人。这与母语教育的价值取向不谋而合。孩子们在背诵“仁者爱人”的同时，如何让他们明白什么是“仁者爱人”，怎么做才是“仁者爱人”，是我们要重点思考并付诸行动的关键。我校组织学生从身边的人开始“爱”起。例如：组织中高年级的学生利用晨会课等时间讲述自己爱护家人、爱护同学、爱护老师的故事，在讲述中感悟“仁者爱人”的力量。教师把“仁者爱人”和课本中《花瓣飘香》《爱之链》等课文教学结合起来，意在将这一观念根植于每一个孩子的心中。

“尚礼”微课程，着重学生文明礼仪规范的养成，引导学生学会做文明人，学会与人文明交往，学会过文明的生活，凸显学生尚礼的人格特质。我校进行“论语小博士评选活动”，参评的同学不仅要会背诵《论语》“尚礼”名言，讲述《论语》“尚礼”故事，更要讲讲自己从《论语》获取的“尚礼”准则。六年级的李想同学参加了此次评选，不仅成功当选，并作为小博士代表上台发言。这是他的一段发言：

首先我想引用《论语》中关于君子的名言，“君子坦荡荡”“君子怀德”“君子喻于义”“君子求诸己”。爸爸告诉我，中国文化的君子和西方文化中的绅士其实有诸多相似之处。《论语》告诉我们，无论是君子还是绅士，他们都是内心坦荡、品德高尚、重情重义、自强不息的人。

“志学”微课程，注重学生良好学习心态、学习品质、学习能力的培养。每班开设“《论语》小讲坛”，以儿童化的学习方式引导学生自然、主动地学习《论语》，学习中华民族优秀的传统文化。同时，将此课程列入课表，专课专用。在每班“《论语》小讲坛”中，学生引经据典，旁征博引，尽情讲述自己的研究心得。低年级孩子用稚嫩的语言交流自己的阅读心得，中年级学生兴致勃勃地讲述自己从《论语》中获取的人物故事《孔子与老子》《编写春秋》等，高年级学生最喜欢的是“少年百家论坛”，每一位同学都会汇报自己的研究成果，宣读小论文，参加辩论赛等。小学高年级学生要想形成一定的思辨性思维，参加辩论赛是很好的锻炼机会。下面就是我校高年级学生的一次小型辩论赛的片段，辩题是“孔子该不该离开鲁国”：

正方：我方认为，孔子应该离开鲁国，因为当时的鲁国政治黑暗，皇帝昏庸无能，已经不利于孔子继续做学问，继续传播儒家思想，所以他应该离开鲁国，去寻求更为广阔的天空。

反方：我方认为，孔子不应该离开鲁国，孔子生于鲁国，长于鲁国，他有责任也有义务用一生所学报效祖国，尤其是这样一个极其需要他的国家。

正方：我想提醒反方辩友，当时的鲁国政权掌握在季氏家族手中，而皇帝鲁定公只知道贪图美酒和美色，根本无心治理国家，这样的一个国家还值得孔子为他付出吗？

反方：我也想提醒正方辩友，你所说的，恰恰是孔子不应该离开的根本原因。俗话说：子不嫌母丑。难道你会嫌弃自己的母亲长得丑而离开她吗？同样的道理，孔子会因为国家的一时昏暗而放弃吗？恰恰相反，作为鲁国人，孔子责无旁贷。

“善艺”微课程：礼、乐、射、御、书、数为“六艺”。学校的“六艺”课程，是对孔子“善艺”思想的继承与发扬，以素质的全面发展为宗旨，以力行自主体验为核心，更加关注非智力因素对学生学习能力提升的重要影响。“善艺”微课程锻炼学生的各种技能，并专注于一项特长。结合地域文化，学校重点做好引导学生学习和享受人类优秀文化艺术遗产的“非遗”课程——京剧国粹课程。学校成立了金凤宸少儿京剧团，让国粹京剧进校园、进课程、进课堂。学习京剧，不仅是学习京剧的唱念做打、手眼身法步，更是要学习京剧中所蕴含的“仁义礼智信，忠孝廉耻勇”的核心价值观。这与孔子的儒家文化是高度契合的。语文老师还把京剧和语文相结合，引导孩子用京韵念白来诵读《论语》名言，让国粹京剧成为每一个孩子童年美好的回忆。

从余东小学金凤宸少儿京剧团已经考取上海戏剧学院的何佳鹏在写给学弟学妹的一封信中这样写道：“我从一年级学习京剧，吃了很多苦，但是我不怕。因为我想到孔子在《论语》中用‘善艺’二字来教育自己的弟子，他的弟子们也都有着自己的一技之长。我也要在京剧方面刻苦练习，把国粹京剧传承下去，发扬光大。”

三、展望：让《论语》浸润儿童底色

以孔子的《论语》为依托的论语阅读、论语课程，是对孔子儒家文化的儿童化学习，更是对十九大报告中“推动中华优秀传统文化创造性转化、创新性发展”的积极回应，打开了师生博学、乐思的视野，锻造课堂的乐学、乐教的行动力，引领师生追求智慧生命。一部《论语》，满足了学生多元发展的需求，成就了精彩的校园生活，更成就了谦谦君子气的余小学子。

目前，全球已有154个国家和地区开办了548所孔子学院和1193个中小学孔子课堂。我们衷心希望，从我校走出去的孩子，在孔子的论语文化浸润下，能够走进世界各地的孔子学院，用更多创造性的方式和方法，把中国的“论语文化”传播得更远，真正实现孔子“仁爱天下”的伟大思想。

氤氲“花香”：让童心与文字一起飞舞

——“二十四番花信风读写”微课程的构建与实施

唐朝霞

一、缘起：关注自然，顺应节律

说到中华传统文化，绕不开二十四节气。泱泱五千年的农耕文明中，二十四节气汇聚着中华的精神气象，彰显出中华民族顺应自然、顺应节律、与天地万物相融相生的生存哲学。然而，随着现代文明的发展，孩子渐渐失去了顺应自然的机会。更多的孩子把目光和兴趣聚焦到手机、电视、电玩当中，抑或在升学的压力下埋头于作业和书籍，很少与真实的自然万物建立联系。这是儿童成长的一种缺失，人类原本就是自然的孩子，高楼和水泥地不能成为阻碍儿童拥抱自然的理由。儿童应该像祖先一样，有与天地日月、山水风雪对话的生活态度。

从儿童入学开始，在语文教学过程中，我有意将与二十四节气相关的诗词、谚语、故事融入课程中。把二十四节气文化作为传统文化的一部分带给孩子，不仅仅是让他们回望过去，回到文化的根部去吸取营养，更重要的是让他们回到当下，在感受生命的真实与质朴中得到精神的熏染与完整的滋养。

“二十四番花信风”是二十四节气中富有诗意的一部分，是将自然、文学和谐统一的美学。从小寒到谷雨有八个节气，每个节气分为三候，共二十四候，应二十四番花信。中华民族爱美，爱花，视花为美，与花媲美，视花为美的化身、美好幸福的象征。花是有灵之物，动态的生命变化之趣摇曳着观赏者的心灵。将二十四种花对应着“二十四番花信风”引入儿童的视线，历数自小寒至谷雨，二十四次绚烂的生命盛放，儿童经历着别样的美好。从自然观察到花语解读，从诗词品赏到传说故事，一朵朵花冲击学生的感官，于节气文化中感受时节之美，打破了高楼林立给学生造成的屏障，让世界与儿童隐秘的内心取得联系，语文学习中的读写如花香一样，变得清新淡雅、诗意十足。

二、架构：花团锦簇，共赏诗画

花是大自然为了使它的孩子们（大地万物，包括人类）热爱世界的一种美的召唤，是万物与大地自然之间的情感、信息与能量的沟通方式之一。作为中国传统文化的重要组成部分，花一直贯穿在传统文化的各个时间各个方面，从先秦的《诗经》到后代的歌赋，再到近现代的小说散文，从文化习俗到思想艺术，花无不以独特的姿态穿梭在浩瀚的文化之海，并在历代文人逸士的作品中留下浓墨重彩的一笔。花总与生活、艺术思想息息相关，具有重要的研究意义和价值。“二十四番花信风”更是将自然、文学和心境之美进行了无痕的融合。

一年花信风梅花最先，楝花最后。经过“二十四番花信风”之后，以立夏为起点的夏季便来临了。我们选择代表相应季候的花作为阅读、写作和体验的主题，儿童的语文生活变得美美的。

1. 编写“二十四番花信风”诵读目录

二十四种花各有其文化内蕴，我们为每种花选择一首富有代表性的诗作为诵读内容，五天为一个周期进行诵读品味，在这个过程中体会花之形态美和内蕴美。如小寒一候陆游的《梅花》、大寒二候苏辙的《幽兰花》等，应时节将对应花期的诗歌推送出来，学生一起读着诗、闻着花香，语文学习成了一种享受。

2. 绘制“二十四番花信风”素描手账

文学性诵读让我们对花的认知只是停留在文字层面，我们把古诗和绘画相结合，将多种艺术手段融通进行体验和创作活动。诵读的同时进行实地观察、栽种、图片欣赏等，了解这种花的特色。在诵读和欣赏过程中，绘制花信风手账。手账内容为“诗歌+素描”的诗配图形式，学生的二十四张花信风手账记录着生命的美好。

3. 记录“二十四番花信风”探寻足迹

读写之旅只有真正带领学生走近现场，在真实的空间里触动心弦，才能产生心灵的共鸣。我们引导学生用文字记录寻找一种花的“路线图”，相当于观察日记，在观察过程中记录下与一种花美丽相遇的心情。

三、实施：浸润花香，共创文字

每个节气，我会选择三候花中的一种，在诵读、观察的基础之上进行一次写作体验活动，比如在雨水一候，油菜花渐次开放的时节，我带领学生漫步花海，去发现美的元素。

1. 寻花

组织学生分组寻找开放的油菜花，然后将寻花的过程进行分享。喜悦心情激荡着儿童的心灵：

走进田野，满眼一片金黄，循着这片金色走去，眼前顿时一片明艳，那是一片正吐着金色光芒的油菜花，这花儿开得是那么高调，把其他所有花儿的光芒都遮掩掉了，它们成了春日田野最霸气的主宰，吸引着人们的目光和小蜜蜂们的味蕾。

这个学生不费力地就寻到了一片金黄的油菜花，满眼的金色让他心情舒畅，我们看到了“高调”“霸气的主宰”等有个性的词语。看到这样的文字，我们有理由相信，美好的事物有种未知的力量，促使学生心无旁骛地吐露真实的内心情怀。只要有合适的契机，儿童积累的很多东西不知不觉就会从心里“钻”出来。

2. 探花

儿童用其美好的心灵发现美好，在花海中创生独特的文字。接着，应该打破儿童和花朵之间的隔膜，让他们与春花互融。我和孩子们说：“如果你用心走近一朵花，花儿就像是你的老朋友一样，你笑她也笑，你怒她也怒，你带着你的心情走近他们，她们也会以这样的心情回报你的。你去探寻了哪一朵花，你向这朵花倾诉了什么呢？她给了你怎样的回应？”学生带着自己的情感钻进花丛，与一朵朵花儿倾情对话，花儿也给了他们最热切的回应：

我来到花丛，看到一朵与众不同的小花，不同在哪里呢？别的花都是紫色的，而她却偏偏是粉红色，我觉得很新奇，就在花朵的旁边坐了下来。我向她露出了一个甜甜的笑容，这朵花儿竟然摇摆着小脑袋，是不是在欢迎我的到来呢！我想一定是的，在这个春天里，我交到了一个多么美丽的好朋友。

在这个时刻，儿童和自然界的鲜花交朋友，他们向对方露出甜甜的笑容，多么温馨的场景啊！一个对花儿敞开胸怀的生命是美好的！

3. 问花

与花在一起，人的心会变得柔软起来，我给学生吟诵了一句哲理诗“年年岁岁花相似，岁岁年年人不同”。我问他们，“年年岁岁的花真是相似的吗？今年河边的这朵桃花还是去年的那朵吗？面对一朵花，你有什么要问的呢？”我让学生向花儿提问，用心听听花儿怎么回答，连在一起就是一首清新的小诗了。学生与花儿说起了话，诗意在花丛间涌动：

问桃花

桃花姐姐我问你

你的脸儿为什么这么红

是涂抹了厚厚的胭脂

想与群芳争妍

还是穿上了霞衣

想一展舞艺

桃花不言

可脸儿更红了

我知道了

是赞美的人太多

让她羞红了脸

问，是开启世界之门的钥匙。学生通过问，将自己的心与花融为一体。学生抓住每种花的特点对花儿发问，写出了花儿的特点、春天的特点。

4. 听花

问了花儿，我话题一转，对学生说：“你有这么多的问题要问花儿，她们也有心里话要对你说。当你在一朵花旁驻足，用你的耳朵靠近一朵花，你听到了什么声音？她们或许在春风中歌唱，或许在为一朵花的盛开欢呼，或者在跟你诉说梦想，或者在感叹自己的凋零，又或者只是在吹一段没有旋律的口哨……花的世界也有丰富的感情啊！”在我的启发下，学生打开“写作的耳朵”，开始去倾听花儿的心声：

我听到一朵即将要凋谢的花儿在叹气，她身旁一朵开得正艳的花儿连忙凑过头去询问。原来，那朵花在为自己即将凋零感到哀伤："我马上要离开这美丽的春天了，再也不能跟你们在一起了……"说着说着哭了起来。那朵开得很艳的花儿安慰她："你已经将自己最美的身姿展现给春天了，现在你化为泥土，成为大树妈妈的营养，明年我们还会在枝头相见的！"

我们无法向儿童阐释生命的意义，所以要向自然学习、向生活学习，田园作文就是倡导儿童与自然共同成长。在一棵开满花的树下，儿童完成了一次生命的追问，这已经超越了作文的价值，作文就是要追寻这样的境界。

5. 抚花

触觉，是人类的第五感官，也是最复杂的感官。触觉中包含至少十一种截然不同的感觉。皮肤上有数百万计的神经末梢。在写花的实践过程中，怎么能少得了儿童与花之间亲密的接触呢？在一饱眼福之后，我引导学生去抚摸花朵。在抚摸花朵的过程中，学生产生美好的情愫，这时教师指导学生将手抚过一朵花时内心的感觉表达出来，真实的写作再次产生了：

我看到油菜花的花瓣润泽透明，不禁想去抚摸它们的花瓣。我把手指贴在花瓣上，它竟然调皮地粘在我的手上不肯下来了。黄色透明的花瓣与我的手指紧紧靠在一起，我能感受到冰冰凉凉的花瓣对我手指的润泽，心里不禁暖暖的。

伸出有温度的手，花朵瞬间也有了温度，儿童对事物的敏感就是在这样的潜移默化中形成的。当他们接触到自然万物的时候，不仅仅用眼睛看，也会伸出有温度的手，去触摸万事万物，从而带来心灵的触动。

6. 吟花

花儿如此美丽，常常引得无数人感怀，自古以来，诗人们写下了很多赏花、赞花的诗行，在花树下吟诵，成了一道春天的风景。一个个诗句从学生的口中蹦出，诗、花、情在情境中得到共融。学生关于花的诗行不再是空洞的符号，而有了具象化的真实体验。我让学生也像古人那样吟几句赞美春花的诗句，学生陷入沉思，不一会儿，诗情勃发了：

窗外晓莺飞，河畔桃花香。

枝头桃花朵朵红，院中芭蕉片片绿。
燕子寻得去年路，赶赴鲜花春之会。
……

虽然对仗、平仄算不上工整，但都是有感而发，在用词、平仄等方面稍加润色，便是极富意蕴的古体诗了。从牙牙学语开始，儿童接触了那么多古体诗，在花海中学写古诗，也显得“古”意十足了。

另外，还有编花、插花、花语等各个环节也受到孩子们的欢迎，学生徜徉在鲜花的世界里，共读、共说、共写，俨然成了花的代言人、花的知音、花的守护者，抑或他们也成了一朵朵花。孩子们在自由轻松的情景中，读写也成了一种自然。

一花一世界，一草一乾坤。中华民族世世代代爱花赏花，因为花中蕴含着文化，凝聚着中华民族的品德和节气。二十四番花信风，让每一朵花都开在学生的精神深处。儿童在美丽绽放的花朵里，在拂面而来的信风里，顺应自然的节律生长，将根基扎入脚下的土地，又以开放的胸襟与当下、未来获得连接。

第三辑

教学与评析

《诗经·芣苢》教学实录及评析

执教：吴建英 / 评析：施建平

一、朗朗读之，初识《诗经》

师：今天，老师要和大家一起回到诗歌的源头去看看。大家听说过《诗经》吗？谁来简单地介绍一下？

生：《诗经》流传至今已有2500多年的历史。

生：里面的诗歌大多是老百姓创作的，后来由孔子带着他的学生们将这些诗歌收录在《诗经》中。

师：对的！（出示幻灯片，介绍：《诗经》是我国最早的一部诗歌总集，共收入周初至春秋中叶大约500年的诗歌305篇，所以又称"诗三百"。）今天，我们要读的这首诗是《诗经》里的一首歌谣，题目是《芣苢》。谁来读准它？（学生读题）

师：想看看芣苢吗？（出示：芣苢图片）这就是成片的芣苢，也叫车前子，它还有一个有趣的名字，叫猪耳朵草。你们看，它的叶子是不是有点儿像猪耳朵？春天，它的叶子是一种味道鲜美的野菜。到了初夏，开花，结出的子儿，就叫车前子，晒干后可入药，有清热解毒的功效。

师：同学们读过这首诗了吗？谁来说说它给你留下的印象？

生：刚开始读时，比较难，里面有些字，我从来没看到过。

师：是的，《诗经》里有些古文字，像远古的化石一样让我们觉得高深难懂。

生：我们以前读的诗主要是五言诗、七言诗，这首诗是四言诗，读起来朗朗上口，很有节奏。

师：不仅是这首诗，整部《诗经》大多以四言为主，充满节奏感、音乐感。

生：我发现，这首诗的结构差不多，每章只有两个字不同，真有意思！

师：你关注到了语言形式，这是个了不起的发现！看，全诗共三章，一行一章，结构形式相同，只变换了少数几个动词，这种写法叫“重章叠句”。这是此诗的独特之处，待会儿我们重点研究。

师：现在，听老师读这首诗，同学们在心里读。（出示整首诗。师配乐范读第一遍；第二遍与一位学生轮读，其他学生小声跟读。）

师：好听吗？自己读读这首诗，要读得一字不错。（学生自由读）

（指名读）**师**：你把“采采”稍稍强调了一下，好像在告诉我们，要采芣苢了，大家快来采吧。真棒！还可以怎么读？

（指名读）**师**：你把“芣苢”读得特别有味道，为什么这么读呢？

生：因为芣苢太多了，满山遍野都是，所以我有意拉长了读音。

（指名读）**师**：你的朗读让我们仿佛看到了一大片绿油油的芣苢。四言诗，一般读成“二二”节拍，读两个字后稍作延长或停顿。咱们一起读——（齐读）

【点评：学习过程应该是学生自主探寻、自我建构的过程。上课伊始，教者就引导学生汇报自己对《诗经》的了解，并在此基础上，择其精要向学生呈现。对于《芣苢》的特点，教者引导学生自主发现这是一首“四言诗”、句式相同等特点。即使是指导朗读，教者也是在点评学生朗读的过程中提示重音、节奏等要点。在这一部分及后续的教学中，教者都十分注意“让学”，让学生回归到学习主人的位置上。**】**

二、细细想之，理解意思

师：这首诗讲了什么呢？首先要理解这些字。（师边说边贴词卡：采、有、掇、捋、袺、襭）请大家先看第二章里两个字，“掇”和“捋”，谁来说说它们分别是什么意思？

生：“掇”的意思是拾取。“捋”的意思是用手成把成把地抹下来。

师：你是怎么知道的？

生：看下面的注释。

师：看注释是个好办法。但老师觉得，只看注释还不能充分领略到汉字的奥秘，学汉字有时需要我们追根溯源。“掇”右边有四个

“又”字。（出示古文字）在古代“又”字指的是手。从字形上看，“掇”字包含这么多手，是什么意思？

生：指很多手在不停地拾取。

师：再看“捋”字，右边——（出示：“寽（lǚ）”，指以五指持物。）结合注释和字形，谁上台来演示一下“掇”和“捋”这两个动作？

生：（边演示边说两字的差别）“掇”是一个一个地摘，而“捋”是一把一把地摘。

师：哦，“捋”指从茎上成把成把地抹下来。那稻谷丰收了，我们说——（生：捋稻谷）麦子成熟了，我们说——（生：捋麦子）。

师：再看“袺”“襭”，你们又有什么发现？

生：它们都是“衣”字旁。“袺”加个“页”就是“襭”，而且“页”是繁体字。

师：是的，这两个字与衣服有关。当时老百姓的衣服是这样的，（出示：古人服装图片）他们的上衣长到膝盖，腰间有腰带，类似现代人穿的风衣款式。这两个字，意思也接近。谁上来用动作演示一下“袺”和“襭”？（生演示）

师：（师边演示边解释，学生一起做动作）对，这就是提起衣襟兜起来，扎起衣襟装回来。字的意思都理解了，整首诗的意思就好懂了。自己试着说说这首诗的意思，别忘了借助下面的注释。（学生自由练说后，再指名说）

生：姑娘们去采车前子，先是一个一个地去摘；车前子太多了，她们又成把成把地去捋。车前子越采越多，姑娘们先是手提着衣襟，兜了起来；后来又掖起衣襟装了起来。

师：看来同学们明白意思了。国学专家余冠英先生也翻译过这首诗，看——（出示：车前子儿采呀采，采呀快快采些来。车前子儿采呀采，采呀快快采起来。／车前子儿采呀采，一颗一颗拾起来。车前子儿采呀采，一把一把捋下来。／车前子儿采呀采，手提着衣襟兜起来。车前子儿采呀采，掖起了衣襟兜回来。）老师和你们对读，注意好节奏。（师生对读）

师：这首诗最独特的地方就是“重章叠句”，文中仅仅换了六个字。这六个字究竟妙在哪里呢？好好想想，然后组内讨论讨论。（小组讨论）

师：哪一组来展示你们的讨论结果？

生：我们觉得这首诗六个字用得准确且生动，把姑娘们采摘的动作形象地写了出来。

师：是啊，诗歌注重对词语的锤炼。你们品出了其中的妙处！

生：更换了六个字，其实这种更换看似简单，却很用心，写出了芣苢越采越多，姑娘越采越欢、满载而归的过程，让我们越读越有味道。

生：我们觉得，这六个字顺序是不能换的。而且，诗歌相似的结构，反复再现了姑娘们采芣苢时的动作和欢快的心情。

师：是的，这首诗用词连贯，是按情景的推进来写的。《芣苢》是一首劳动的歌谣，姑娘们从一开始的呼朋引伴“采之”，“有之”，拉开了劳动的序幕。之后，到一颗颗“掇之”，一把把“捋之”，再到“袺之”“襭之”，这一个完整的采摘过程，就是通过这六个动词体现出来的。

师：我们再一起读读这首诗，注意这六个字。（齐读）

三、涵涵泳之，揣摩意境

师：这首诗虽短，却很动人，我们还可以读得更有味道。怎么读呢？清代著名学者方玉润先生教我们这么读——（出示：读者试平心静气，涵泳此诗。恍听田家妇女，三三五五，于平原秀野，风和日丽中，群歌互答，余章袅袅，若远若近，忽断忽续……）“涵泳”就是沉浸其中，反复品味。在平心静气、反复品味中，你仿佛听到了什么，看到了什么。

师：现代著名诗人闻一多先生教我们这样读《芣苢》——（出示：现在请你再把诗读一遍，抓紧那节奏，然后合上眼睛，揣摩……）就是要我们读出诗的节奏，揣摩那画面，你又能看到什么，听到什么呢？尝试着用这两位学者的读法，好好读读、想想。

生：当我静下心来读这首诗的时候，好像看到了许多姑娘在采芣苢，而且还唱着歌谣。她们的歌声，余音袅袅，忽断忽续。

生：读着读着，我仿佛看到，风和日丽中，三三两两的美丽姑娘，行走在田野，看到漫山遍野的芣苢绿得鲜亮，她们喊着：“咱们一起采芣苢吧！”一开始姑娘们是一颗一颗“掇之”，芣苢太多了，姑娘们兴致勃勃，一把把“捋之”“袺之”“襭之”，她们一边采摘一边对歌，清亮的歌声在田野里飘荡。

师：你们把姑娘采摘的画面想得那么逼真、鲜活，太有想象力了！读诗，要“平心静气”“反复涵泳”；读诗，也要“抓紧那节奏”“合上眼睛，揣摩……”这样才能听到那美妙的声音，看到那生动的场面，这才是真正的会读诗！你们看，风和日丽中，三三两两的女子，行走在田野，看到漫山遍野的芣苢，情不自禁吟起来：（师引生齐读第一章）

师：她们越采越多！越采越忙！越采越欢了！——（师引生齐读第二、三章）

师：同学们，现在让你用一个字来形容姑娘们采摘时的场景和心情，你会用哪个字？说说理由。

生：我觉得是“欢”，采摘的过程是欢快的，采摘的场面是欢乐的。

生：我觉得是“喜”，整首诗传递给我们的感觉就是欢欢喜喜、热热闹闹。

生：我觉得是“乐”，我们能真切地感受到她们带着快乐的心情快乐地劳动。

师：想看看元代学者吴师道的评价吗？（出示：此诗终篇言乐，不出一“乐”字，读之自见意思。——吴师道）你们真是他的知音啊！是的，在重章叠句中，那明快的节奏、欢乐的气氛自然而然地流露了出来。

【**点评：**古诗词因其存在的年代较为久远而留下了不少研究资料，像《芣苢》这样的名篇更是如此。教者在引导学生想象诗中的景象时引入清代著名学者方玉润和现代著名诗人闻一多读这首诗时的感受与体悟，帮助学生进入诗的意境。在学生以“欢”“喜”“乐”等字概括姑娘们采芣苢时的场景和心情后，教者又以元代学者吴师道的话肯定、鼓励学生的所思所感。相关资源的融入使作品的呈现变得更丰富、完整了，从而使学生达到一定的学习深度。】

四、学学吟之，感受意蕴

师：诗的源头是歌谣。姑娘们一边采着野菜，一边唱着歌谣。怎样读出其中的味道呢？我们应该像姑娘们那样——边唱边和。边唱边和，相当于对山歌。对山歌，懂吗？我们不是唱，而是读。可以一读一和，可以男读女和，还可以一读百和……小组内先来试一试，用你们喜欢的方式来读和，看看哪一组能读出创意、读出热闹、读出欢快。（各小组练读）

各小组多形式展示：有一生读，另一生和的；有一人读，其他五人和的；有女生读，男生和的……

师：我们还可以邀请听课的老师们一起来和。假设现在你们在这座山头，老师们在那座山头，我们都在采芣苢——（全体学生读，听课的老师齐和，气氛热烈）

师：好极了，真是一咏三叹，余音绕梁啊！这种“重章叠句”的写法是《诗经》中最为常见的，大家看——（出示诗歌，学生浏览）《桃夭》《兔罝》《樛木》《螽斯》《鹊巢》《相鼠》……都是“重章叠句”的写法。这种写法对后世的诗词影响很大。大家还记得汉乐府《江南》吗？它们有异曲同工之妙。（齐背汉乐府《江南》）

师：学到这儿，谁来说说你对“重章叠句”的写法又有了怎样新的认识？

生：“重章叠句”的写法，让我感觉语言虽简洁，但有一种别样的美感！

生：我觉得“重章叠句”的写法，增强了诗的音乐性和节奏感，使感情得到了尽情抒发。

师：是啊，“重章叠句”能表现出强烈感情，所以诗歌、音乐中经常使用。《芣苢》原本就是唱的，现在，让我们跟着音乐，第一遍心里跟唱，第二遍轻声跟唱，第三遍大声唱出来——（播放音乐，齐唱）这是何等的舒畅欢快！

五、仿仿写之，古为今用

师：同学们，2000多年前的古人边采野菜，边唱歌谣，多么快乐，多么自在。在我们的生活中，这种快乐也无处不在。看，他们在干什么？（出示各种劳动的图片）你采摘过东西吗？（出示仿写：选择一个活动情景，用“重章叠句”的写法写下来，注意词语的锤炼和情景的推进。采采________，薄言__。采采________，薄言________。）（学生创作）

师：谁来大声诵读自己的作品？最好可以吟唱出来。

生：采采茄子，薄言掇之。采采茄子，薄言捋之。

生：采采草莓，薄言摘之。采采草莓，薄言品之。

生：采采桑果，薄言尝之。采采桑果，薄言乐之。

……

师：感谢《诗经》，感谢《芣苢》，让我们有如此尽兴的体验。学到这儿，你对《诗经》产生了怎样的感受？

生：《诗经》语言简洁，朗朗上口，富有节奏感。《诗经》描写的画面非常生动，让我们看到了2000多年前人们的生活。《诗经》真有意思！

生：我觉得《诗经》中的诗真美，语言美、画面美、节奏美，《诗经》真是周代社会生活的一面镜子啊！

师：是啊，真的应该庆幸，我们拥有这么一部古老的诗集。孔子曾说，（齐读）——（出示：不学诗，无以言。——孔子）按字面的意思，就是说不读《诗经》，就没法说话。孔子还说，（齐读）——（出示：小子，何莫学夫《诗》？《诗》可以兴，可以观，可以群，可以怨……多识于鸟兽草木之名。——孔子）就是说，同学们怎么能不学《诗经》呢？《诗经》可以激发情志，可以观察社会，可以结交朋友，可以讽谏怨刺不平之事……还可以知道不少鸟兽草木的名称。这些，都说明了《诗经》的重要性。2010年，《诗经》在德国莱比锡书展中被评为"世界最美的书"。

师：同学们，今天，我们回到诗歌的源头，初步感受了《诗经》独特的魅力。在老师看来，《诗经》是我们中华文化的另一条母亲河，希望大家能在这一条母亲河里尽情畅游！

【**点评**：引导学生联系生活中相似的场景对学习内容进行仿写是实现言语内化的重要途径。虽说这首诗诞生于2000多年前，但就其表达形式来看，学生完全可以模仿着说说。课堂上教者再现学生平时熟悉的劳动场景，让他们运用《芣苢》中的句式来仿写，学生的表达欲望被激发了出来，大家说得喜滋滋、乐陶陶的。这样，学生在运用中不仅更深切地感受到了这首诗的独特魅力，还学习了遣词造句的方法，培养了语感。】

【评析】

引源头之水灌言语之花

《芣苢》是诗经中的名篇，写的是先民们采收漫山遍野的芣苢时欢快的劳动场面。这首诗的语言质朴无华，简练生动，自然天成，适合学生学习、诵读。吴建英老师根据这首诗的特点，广泛收集并整合相关资源，从学生出发，巧妙设计教学流程，层层推进，取得了理想的教学效果。具体说来，这堂课的教学有如下三个特点：

1. 文化探源，感受诗歌最初的光辉。

《诗经》是我国最早的诗歌总集，是中华诗歌的源头。其间有着丰厚的上古文化的内涵，表达了先民们对美好生活的向往之情。引导学生读一点《诗经》中的作品，可以帮助他们打开一扇了解当时人们生活状况的窗户。小学语文教材因限于篇幅，一般很少选用《诗经》中的作品，这不能不说是古诗教学中的一个缺憾。教者选择《芣苢》作为小学高年级学生的学习内容，将中华诗歌初始的样式呈现给学生，这样就使学生对中华古诗文的感知更全面了。本课教学一开始，教者就让学生通过相互交流，对《诗经》有了大致的了解；接下来引导学生学习《芣苢》，让学生通过具体的感知发现这首诗的特点；再带领学生反复诵读，展开想象，体悟《芣苢》的魅力所在；还照着这首诗的样式进行仿写，在创作中深入体会；最后又回到《诗经》，点出其在中华文化长河中的特殊地位。这样就形成了一个完整的学习链条，学生由此完成了一次中华古诗文的探源之旅，由经典篇章感受到了《诗经》这颗中华文化明珠闪耀出的独特光彩。

2. 紧扣动词，触摸文字背后的生活景象。

《芣苢》可以说是《诗经》中最简单的一首诗，基本句式就两个：“采采芣苢”“薄言×之”。诗中变化的只是六个动词——采、有、掇、捋、袺、襭。这六个动词生动展现了先民们采摘芣苢的情景。“采”和“有”是概写，“掇”和“捋”是对“采”的具体叙述，而“袺”“襭”写的是装盛所获的动作，对应了

“有”，几个动词串联起了一个完整的采集过程。显然这六个动词是本课教学的重点，也是难点。在教学过程中，教者在这六个动词的教学上下足了功夫。先是引导学生通过自读注释、联系古文字的字形，结合动作演示弄明白每个动词的意思；接着让学生说说这首诗的大意，并出示名家的译作进一步明晰诗意，感受动词运用得准确贴切；然后在品读的过程中，引导学生发现这些动词的顺序与采摘过程的契合以及这些词表现出的采摘者欢快的心情；接着引用古人和当代学者的描述，启发学生展开想象，进入诗所展现的场景中吟诵体会；最后通过仿写体会动词的妙用。就这样一步步引导学生通过这些动词字面的意思，想象出了先民们鲜活的生活场景，感受到了他们采摘时的喜悦心情，从而体会到了《诗经》用词的精妙。

3. 反复诵读，读出“好声音”。

《芣苢》是先人在采摘芣苢时吟唱的歌谣，欢快的心情从简洁生动、富有节奏的诗句中自然而然地流露了出来，因而这首诗十分适合诵读。教者在指导学生诵读时随着理解的深入逐步提高读的要求。初读时教者强调读正确，做到一字不差；在大致理解了诗意后，则根据这首诗“重章叠句”的特点，要求学生读出节奏；接着引导学生展开想象，使学生仿佛看到了劳动的场景，读出欢快的语气；最后，让学生像先民那样有唱有和，这时，学生仿佛成了当时采摘的先民，“唱”出了心中的欢畅。在整个教学过程中，教者将朗读指导作为一条贯穿始终的主线，以理解促诵读，以诵读促体会，学生越读越好，读出了各自的“好声音”。古诗词的学习就应该像这样通过反复诵读，首先让诗句在学生的眼中、嘴里活起来，继而在他们的脑中、心里活起来。

从整堂课看，学生初步体会了这首诗独特的朴素美和韵律美，体悟了《诗经》特有的魅力。同时，在学习过程中，《诗经》中蕴含的汉语言文化的基因也在不知不觉间植入了学生的言语生命之中。这些“基因”必将伴随着学生成长，并在他们以后的生命历程中绽放。

《宋词·如梦令（常记溪亭日暮）》教学实录及评析

执教：吴建英 / 评析：严　清

教材简析

李清照的这首《如梦令》回忆了作者少女时代一次难忘的游历。开头两句，写“沉醉”之情，接着写“兴尽”归家，“误入”荷塘深处，“误入”引起“争渡”，结果“惊起一滩鸥鹭”。整首词，构思巧妙，清新明快，语言明白如话，却又引人入胜、耐人咀嚼。词人只选取几个片段，把移动的风景和怡然的心情融合在一起，成就了一幅流动的极有情致的生活图景，表达了她生活的情趣和心境。此词首开“以寻常语绘精美图”之先河。

设计理念

国学大师王国维在《人间词话》中这样评价词：“词之为体，要眇宜修。……诗之境阔，词之言长。”本文教学以词之特点、文本特色为突破口，引导学生在认识文体、诵出词味、想象词境、品悟语言、了解词人、体味情韵过程中，经历一种生命的快乐，使之如临其境，如遇其事，如见其人，如闻其声，从而领悟词之魅力，激发学生对祖国语言、民族文学的热爱。

教学目标

1. 初步认识词这种文学样式。有感情地朗读，读出词之味道。

2. 吟诵品味，想象画面，感知词作之意境，体味语言之精妙，感悟词作之情韵，提高审美情趣，培养鉴赏能力。

课堂实录

一、谈话引入，了解词之特点

师：听说咱们班同学特别喜欢吟诵古诗词。这样，吴老师出示画面，你们根据画面吟诵古诗词。提个醒：吟诵时，必须把古诗词的味道吟诵出来！（出示：《绝句》《望庐山瀑布》古诗画面，学生兴致盎然地吟诵）

师：请看最后一首——（出示：《清平乐·村居》画面，学生吟诵）

师：大家看，这两首是古诗，这一首是词。我们学过的古诗很多，学的词只有这么一首。词和诗有什么不一样？你有什么发现？

生：诗每一句的字数是一样的，词的字数不一样。

师：是呀，古诗中的绝句、律诗每行诗句字数相同。词不同，长长短短、参差错落，因此，词有个别名叫“长短句”。

生：词读起来，有一种抑扬顿挫的音乐美。

师：最早的词就是配乐演唱的，它又被称为“曲词”或“曲子词”。

生：词分上阕和下阕，诗不分。

师：词有的分上阕和下阕，有的没有。

生：词有词牌名。

师：词都有词牌名，有的有题目，如《清平乐·村居》；有的没有，如《如梦令》。请大家看，这儿有三首《如梦令》。[出示：《如梦令（常记溪亭日暮）》《如梦令（为向东坡传语）》《如梦令（昨夜雨疏风骤）》] 快速浏览这三首《如梦令》，你有什么发现？

生：我发现，同一个词牌，字数、句式都是一样的。

师：对，不同的词牌有不同的句式，每一种词牌都有固定的字数、句式和韵律。我们了解了词的这么多特点，非常好！在中国文学中，词是一种非常独特的文学样式。国学大师王国维说：（出示，齐读）“词之为体，要眇（miǎo）宜修。……诗之境阔，词之言长。”这一课，我们就来好好感受一下词“要眇宜修”的魅力。

师：好，让我们一起走进宋朝著名女词人李清照的词——《如梦令》（齐读）。《如梦令》是这首词的——（词牌名）对，这首词只有词牌名没有题目，为了区分，我们通常把第一行作为题目，记作——《如梦令（常记溪亭日暮）》。

二、多重诵读，感知词之音律

师： 请大家打开书，自己读读这首词，读的时候要注意词中的生字和多音字，争取把它读正确。

（学生自由诵读）

师： 大家读得很专心、很投入，很好！（出示）谁来读？

（生读）

师： 字正腔圆，真好！这里，“藕”是个生字，“兴”是个多音字，他都读正确了。我们一起读这两行——

生： “兴尽晚回舟，误入藕花深处。”

师： “兴尽晚回舟”的“兴”为什么读第四声？

生： 这个“兴”表示兴致、兴趣，所以读第四声。

师： 你根据字义区别多音字，是个好办法。老师这儿有一个成语，一起读——［出示：乘（chéng）兴而来，兴尽而返］这个成语意思是说，趁着兴致而来，兴致满足了就返回。“兴尽”就是指……

生： 兴致满足了。

师： 再读！

（生齐读）

师： 同学们读正确、读流利了，但缺少“要眇宜修”的味道。词的“要眇宜修”首先体现在读诗时的停连、快慢、长短、高低等节奏韵律的变化上。怎么读呢？来！我们一起读！每行的前两个字你们读，后几个字我来读。

（师生合作朗读全词）

师： 好！有点味道了。我们再读一次，换过来，我读前两个字，你们读后几个字。

（师生再次合作朗读全词）

师： 味道更浓了！我们连起来读，我读词牌名和作者，你们读内容，注意那个节奏、那个味道。

（生齐读）

师：好！真有味儿！好一首“要眇宜修”的《如梦令》！

三、想象画面，体悟词之意境

师：读了这么多遍，你们知道这首词说的是什么吗？根据注释，先自己说说，再与同桌交流交流。

生：诗人出游溪亭，一玩玩到天黑。深深地沉醉，而忘记归路。坐船返回时，因迷途进入了藕花的深处。大家争着划呀，划呀，惊起了满滩的鸥鹭。

师：很好！字面意思都理解了。但这远远不够。看，王国维还说——（出示：“词之为体，要眇（miǎo）宜修。……诗之境阔，词之言长。”）“词之言长”也是“要眇宜修”的一种体现，它不是说词的篇幅长、句子长，而是说词的韵味悠长，能带给我们丰富的想象和回味。《如梦令》很短，只有33个字，这么短小的一首词究竟能带给我们怎样的想象与回味呢？请同学们听老师读，边听边想，你的眼前仿佛出现了哪些画面？

（教师配乐诵读，学生想象）

师：看到画面了吗？（出示：常记溪亭日暮，沉醉不知归路）从这句词，你们看到的是一幅怎样的画面？不急，好好看一看，想一想。

生：词人乘着小舟来到湖的中央，向天空仰望，发现太阳已经落山了，只见云霞呈现不深不浅的红色的光芒，好像披上了一件橙红色的轻纱，光照耀着大地，湖面上也映着霞光，湖波荡漾，词人陶醉了……

师：是的，词人醉了！她醉在娇美的夕阳中！

生：傍晚，太阳慢慢地从西边落下去，晚霞染红了整个天空。远山、近水，亭子、树木，都被笼罩在夕阳的余晖中，一切都显得那么美丽和幽静！

师：醉在美丽的晚霞里！醉在夕阳下的山水中！醉在日落美景里！在那样的地方，那个的时候，词人和她的朋友们在溪亭边做什么？

生：喝酒、作诗。

师：古人喜欢饮酒，好朋友在一起，更是“酒逢知己千杯少”。尽管李清照是个女子，但她也爱饮酒，在她的许多词里都写到了酒。除了喝酒、作诗，想一想，她们还会干什么呢？

生：弹琴、唱歌、看景、下棋……

师：对，诗人就是有这样的雅兴、雅趣。夕阳晚霞，好友知己，酒美花香，物我两忘，词人醉了！这真是“酒不醉人——人自醉”。谁来读一读这句？

（指名读）

师：我感觉到浓浓的醉意了！咱们一起读，一起深深地醉一回——

（师生齐读）

师：如果让你给这幅画取个题目，你打算取什么题目？

生：溪亭日暮。（师板书）

师：好一个溪亭日暮！好一个良辰美景！难怪李清照说她此时已经——

生：沉醉不知归路。

师：就在“沉醉不知归路”时，没想到误入了“藕花深处”。（板书：藕花深处）词人举目四望，她又看到了哪些醉人的景象呢？

生：大片大片的荷花，有的才绽开两三片花瓣；有的花瓣全绽开了，露出嫩黄色的小莲蓬；有的还是花骨朵，看起来饱胀得马上要破裂似的。

师：这么美，怪不得词人看得有滋有味、如痴如醉。还有谁也看到这幅画面了？

生：莲叶挨挨挤挤的，上面还有一滴滴水珠，在夕阳下，水珠五彩斑斓，更衬托出荷叶绿绿的、嫩嫩的，那么可爱。莲花绽放了，那粉红的花瓣在霞光下变得更红了。

师：这真是一个色彩斑斓的藕花深处，一个清香飘逸的藕花深处，一个神秘幽静的藕花深处，让我们走进去！读——（出示：兴尽晚回舟，误入藕花深处。）刚才是“酒不醉人人自醉”，现在是“景不醉人”——

生：人自醉。

师：当一弯明月的光辉如水般倾洒荷花时，众人才猛然惊醒，于是——“争渡，争渡，惊起一滩鸥鹭”。读这句词，你仿佛看到了什么？听到了什么？

生：一河滩的鸥鹭一下子都飞起来了，拍打着翅膀，高声鸣叫着。

师：一滩鸥鹭上青天，那场面多壮观啊！除了看到鸥鹭飞了起来，听到它们拍打翅膀的声音、鸣叫的声音，你们还仿佛看到词人和好友们在干什么？又听到了什么声音？

生：听到划桨声、欢笑声、溪水被船桨击起的声音，看到词人和好友们在争着划桨。

师：哪些词语可以表现这样的声音？

生：从“争渡，争渡”和“惊”这些词语感觉到的。

师：“惊”字除了讲惊起鸥鹭，谁也被惊了？

生：词人和她的朋友们也被惊了，是一滩鸥鹭惊了她们。

师：这真是“鸟被人惊”“人被鸟惊”！此刻她们的心情如何？

生：惊喜、激动、兴奋、高兴……

师：她们叫哇，笑哇，声音那么响，把栖息着的鸥鹭一下子惊飞起来。一滩鸥鹭飞上天空，那情景多么壮观啊！它带给词人一种意外的开心、意外的收获、意外的惊喜。谁来读一读这句？

（指名读，学生读得比较平淡）

师：这样划船能把鸥鹭惊起来吗？划得再有劲儿一些，你再来试试。

（学生再读，读出惊喜、快乐）

师：读出了那份热闹、那份欢快、那份惊喜！一起读。

（齐读）

师：现在也让你给这一幅画取个题目，你取什么题目？

生：一滩鸥鹭。

师：老师帮你改一下，前面用一个“惊”，惊起鸥鹭，把画面的动感就描写出来了。（板书：惊起鸥鹭）

师：词到这儿结束了，但想象力丰富的同学顺着词的描写一定还看到了其他的画面。谁来说说，你还看到了什么？

生：一滩鸥鹭飞向天空，李清照和她的朋友们看得目瞪口呆，久久沉醉其中……

生：月光下，一切变得朦朦胧胧起来，李清照感觉自己就在仙境中，被荷花仙子簇拥着，翩翩起舞……

师：结尾处还给我们留下了无限的想象，（板书：……）真是余味无穷啊！

刚才我们边读边想象，读出了那么多美的画面，充分感受到了“词之言长”的特点。你们看，因为观赏“溪亭日暮”沉醉了，所以才会误入——“藕花深处”；因为误入了“藕花深处”，所以才会“惊起鸥鹭”。这些画面，有动有静，有声有色，有人有鸟，这真是一幅流动的画面！来，一起读整首词，让我们在这流动的画面中再次沉醉！（齐读）

四、品味语言，触摸词之精妙

师：这首词，仅仅用了33个字就描写出了如此丰富精美的画面，给人以美的享受。有人评价这首词——（出示：“以寻常语绘精美图”）你们看，词中语言看起来的确寻常，明白如话，但这些“寻常语”真的寻常吗？静下心来，再读一读，回味一下，你觉得哪些字词用得不寻常？先独立思考，然后可以和同桌交流探讨一下。

生：我觉得“惊”字用得不寻常，鸥鹭惊飞了，词人由惊慌到惊喜，都跃然纸上。

生：我觉得“争渡，争渡”重叠着用，把她们焦急的心情和在荷花丛中手忙脚乱寻找归路的样子活灵活现地写了出来。

师：“争渡，争渡”的重叠，本来是《如梦令》这个词牌的要求，这种句式叫短韵叠句。在这里李清照这么用，显得特别精妙自然。

生：开头写“常记”，就是“常常记起”的意思。说明这次出游给词人留下的印象太深刻了！

师：是呀，一个“常”字，让我们看出李清照对这次游玩的记忆很深，回忆的次数很多，每次回忆起来都觉得兴致盎然。

生：我觉得“沉醉”用得妙！“沉醉”，说明不是一般的醉，而是指深深地陶醉了，看出词人心情特别愉快，美景让她流连忘返。

生：“兴尽”这个词，让我们感觉到词人和朋友们整整一天的活动都非常欢乐！

生：我觉得这个结尾挺耐人寻味的。它没有接着写后面发生的事，给我们留下了无限的想象，余味无穷。

师：同学们真会品词！你们看，一首好词，每一个字，每一个结构，都有它独特的作用。李清照留下来的词并不多，但是“无一首不精，无一字不妙”。请你们再找找看，这首词中哪个字最能表达她的心情？

生：我认为这个“醉”字最能表达她的心情了！（板书：醉）

师：哦，她的情感都浓缩在“醉”字中，那么李清照为何而醉呢？

生：我觉得她被美酒陶醉了，也被美景陶醉了。

师：李清照不但“酒醉”了，而且还“心醉”了。

生：我觉得她还因为这次游玩很开心而陶醉。

生：她被惊起的一滩鸥鹭陶醉了。

师：是呀，她陶醉在美酒中，陶醉在美景中，陶醉在美丽的意外中，陶醉在美丽的生活中，她的心都醉了！我们也被她精妙的文字深深陶醉了，真是“词不醉人——人自醉”啊！我们再读读整首词。

（齐读）

师：这首词仅33个字，为我们展现了一幅流动的画面的同时，又曲折有致地写出了词人的心情。你们看，她以沉醉起，兴尽承，争渡转，惊喜合，真是“要眇宜修”呀！

五、知人论世，体察词之情韵

师：古代大思想家孟子说：“诵其诗，读其书，不知其人可乎？是以论其世也。”就是说，读诗也好，读词也好，一定要读人，要了解作者的生平。读了这首《如梦令》，请你猜一猜李清照当时生活得怎么样。说说理由。

生：我猜想李清照当时的生活无忧无虑，非常快乐！因为从词的字里行间，我们都能感觉到这种快乐！

生：我也有同感，她的生活一定非常美好、幸福。但我感到疑惑的是，我看到的资料中都说，古代的女子是大门不出的，李清照居然能出游、喝酒，真是让人觉得不可思议！

师：你们的猜测是否正确呢？请看——（出示李清照的生平）

李清照，宋代著名女词人，号易安居士，今山东济南人。她的词独树一帜，登峰造极，被称为“词国女皇”。她早年生活在文化艺术氛围浓厚的家庭里，过着悠闲幸福的生活。宋朝与金兵作战，节节败退，人到中年的李清照流亡江南，丈夫也去世了。她承受着国破、家亡、夫死的悲痛，晚年生活孤苦凄凉。

师：和你们的猜测一样，早期的李清照一直生活在幸福美满中，生活在她的眼睛里充满了色彩，充满了生机，充满了愉快，也充满了乐趣。我们品读一首词，其实就是在品读一段独特的人生经历。那么，李清照后期生活的转变使她的词风又产生了怎样的变化呢？感兴趣的同学下课后可以继续去读她的词。最后，让我们跟随李清照再次回忆她少女时期的那段美好生活……（播放蔡琴的歌曲《如梦令》）

师：这次游玩令李清照终生难忘，在幸福美满的年轻时，她会——

（生齐读全词）

师：在流亡江南的中年时，她会——

（生齐读全词）

师：在孤苦凄凉的晚年时，她也会——

（生齐读全词）

师：今天，我们在“词国女皇”李清照的《如梦令》中沉醉了一回！词，真是一种精巧美好的文学，它有一种魅力，有一种触动人心的力量。好词历经千百年，仍然会使我们为之感动、为之陶醉！下课后，请大家完成以下作业。（课后作业：夕阳的余晖、娇美的荷花、争渡的船只、惊飞的鸥鹭……词人在我们面前展现了一幅美妙的流动的画面，请你用优美的语言写下来）

【思考】

一、醉于词之一文体

在小学语文教学中，由于学生文体意识淡薄，教学中常出现一种奇特的现象：面对任何文体都采用统一的模式来组织教学，文体的特性淹没于共性之中。文体意识，决定着阅读姿态、阅读方式，也决定着教学姿态、教学方式，它是衡量语文教学是否具有语文味的重要依据之一。因此，面对不同文体的文本，除了关注那些共性的阅读规律之外，理所当然地应该将焦点集中在文体本身的特点上。《如梦令》是一首词，就应该以词的方式来教词。“在中国文学中，词是一种非常微妙的文学样式”（叶嘉莹语）。国学大师王国维在《人间词话》中说：“词之为体，要眇宜修。……诗之境阔，词之言长。”词精巧美好、韵味悠长，能带给读者丰富的想象和回味。如何让学生感受词之特点、词之魅力呢？教学中，通过吟诵古诗与词并进行比较，让学生初步了解词在形式上的特点；通过多重诵读，让学生感知词独特的节奏感、音韵美；通过想象画面，体味词美好的意境；通过回味语言，品出词的精妙、韵味悠长。整堂课，学生都沉醉于词的魅力之中，激发了他们对祖国语言、民族文学的热爱。

二、醉于词之一幅画

鲁迅先生说：“意美以感心，一也；音美以感耳，二也；形美以感目，三也。”诗词是通过意境来反映生活、表达感情的。意境就是诗词中所描绘的画面和作者的思想感情交融而成的艺术境界的美，也即“诗情画意”之美。所以诵读古诗词首先要“入境”，“作者胸有境，入境始与亲”。只有“入境”，才能感悟词情，感知词美。想象画面，则是“入境”的重要途径。

《如梦令》这首词画面丰富，有声有色、有人有景、有静有动，学生易于想象。教学时，倾注浓笔艳墨，对画面的想象先部分后整体：分别想象“溪亭日暮”“藕花深处”“一滩鸥鹭”三个画面，再连贯、整体想象为一幅流动的画。

教学中把语言—画面—诵读（说话）三者连成一线，融为一体，唤醒学生所有的感官来感受词：用耳倾听、用眼观赏、用嘴吟诵、用脑想象、用心感受，打开身体所有通道接收词的信息，化言为画，进入词境。学词的过程犹如人在画中游，诗情画意，乐在其中。

三、醉于词之一家言

古诗词的鉴赏多从语言入手，言为心声，情动于中而形于言。教学时，应引导学生从诗词本身的艺术特色着手品味语言、欣赏语言，从而享受经典语言的内涵和魅力，促进语言积累，获得美的熏陶，这是语文教学的应有之义。

这首《如梦令》短短33个字，却包括了对景物的描写、对故事的叙述、对情感的抒发，清新别致，情景交融，首开“以寻常语绘精美图”之先河，这是本词最突出的艺术特点。教学时，在想象精美画面之后，让学生去品味这“寻常语”的不寻常。在品读过程中，学生不仅要感悟哪个词用得不寻常，还要说出为什么不寻常。学生所列举的“常记”“惊”“争渡，争渡”“沉醉”等字词，体现了不同程度的个性化解读。在此基础上，进一步引导学生欣赏“醉”字，并说明“醉”字和整首词意思的关联。这样对语言的细品慢尝，使学生进一步感悟了词的意境、情感，培养了学生对词的鉴赏能力。

四、醉于词之一个人

诗词教学总是和对作者的了解紧密联系，因为很多的诗词和作者的生活经历、时代背景、情趣心境有很大的关系，只有走近作者，才会为教学搭建起坚实的文化平台，学生才能更好地理解诗词的内涵，使教学更有厚度和力度。

李清照是以写“愁”称著的女词人，而她的这首《如梦令》却写得新鲜活泼，极富乐观情趣，这是她早期生活无忧无虑、幸福美好的一个缩影。教学时，让学生猜一猜李清照当时生活的状况，并说说理由，引导学生回归整体，深入赏读。之后补充李清照的生平，让学生明白读词要读人，品读一首词，其实就是在品读一段独特的人生经历。最后提出问题：“李清照后期生活的转变使她的词风又产生了怎样的变化呢？”让学生带着问题走出课堂，进一步引发了他们对宋词研读的兴趣。

【评析】

是什么就教什么

我特别欣赏吴建英在《如梦令》教学实录后的“思考”中说的这番话：“在小学语文教学中，由于学生文体意识淡薄，教学中常出现一种奇特的现象：面对任何文体都采用统一的模式来组织教学，文体的特性淹没于共性之中。文体意识，决定着阅读姿态、阅读方式，也决定着教学姿态、教学方式，它是衡量语文教学是否具有语文味的重要依据之一。因此，面对不同文体的文本，除了关注那些共性的阅读规律之外，理所当然地应该将焦点集中在文体本身的特点上。《如梦令》是一首词，就应该以词的方式来教词。”

吴建英是这样想的，也是这样做的。说白了，就是一句大实话：是什么就教什么。她教的是词，是李清照的词，是《如梦令》，是词人的前期词，清新，活泼，唯美。

听吴建英的这堂课，除了沉醉在美的清纯和美的雅正之外，我们看到她分量颇重的词格、词律和词独有的“别具一格”的教学努力。从开始的词与诗的比较、从词牌与词题的区分、从不同词例的出示、从王国维《人间词话》的名言赏析，一上来就营造了浓浓的关于“词”的学习氛围。再到“读”的教学环节，教者看似不经意的一处点拨，就让学生通过读词，读出了词的韵味和音乐美。这里还是紧扣词的音乐性来教学的。接下来吴建英领着学生去领略“读词的高境界”，即“读出画面、读出情绪、读出心境”。古人提倡的词的“意境说”，她要通过课堂教学来演绎。这一环节可看作是吴建英的华彩乐章，那真叫酣畅淋漓，境界全出！到后来的“品词”“读人”，课堂教学达到高潮时，适时播放蔡琴的歌曲《如梦令》。整堂课的容量极大，词的文体味道极浓。可以说没有一处不在凸显词的特质，没有一刻离开词这种文体而流于“千文一面”的“去文体”教学。

吴建英给她这篇实录取的题目是“词不醉人人自醉”，其实她自己首先是“醉”在词的品悟之中的。看得出她有相当的词体古文化常识的积累，同时她也如才女李清照一样，是酷爱着词的，她要把她对词的浓情传递给学生。相信她的学生也都“醉”了，不是“醉”在那一个个没有生命的字符中，而是“醉”在被吴建英激活了生命的长短句中；不是“醉”在一般意义的解读和分析中，而是“醉”在对词的意境的涵泳和体悟之中。从这个意义上说，正是“词”用它的千年佳酿“醉”了吴建英和她的学生——清丽的教者和一群清纯的孩子。

《元曲·大蝴蝶》《元曲·大鱼》教学实录及评析

执教：徐　颖 / 评析：王　敏

一、梦蝶飞飞，飞入元曲世界

师：同学们，我们先一起观看一个小动画。（播放《庄周梦蝶》）

师：今天这只蝴蝶飞出了庄周的梦里，飞到了我们的身旁。（飞舞的大蝴蝶幻化成了《[仙吕] 醉中天·咏大蝴蝶》，学生聆听配乐诵读）

师：这是我们今天要学习的内容，请同学们仔细看，它和我们平时吟诵的唐诗有什么不同呢？

生：题目不同，唐诗的题目只有一个，可它有三个。

师：猜猜哪个是它的题目。

生：咏大蝴蝶。

师：那这两个是什么呢？

生：是词牌名吗？（摇头）我不知道。

师："仙吕"是它的宫调名，告诉我们用什么调，常用的宫调有12种，每一种都有自己的音律和风格。"醉中天"是曲牌名，告诉我们用什么曲。不同的曲牌，句数和字数也是不一样的。

生：字数上也是不同的，它的句子有长有短，所以每一句的字数不同。而唐诗每一句的字数是一样的。

生：句数也是不一样的，一般的唐诗是四句，而它有好几句呢！

生：它们的排列方式也是不一样的，唐诗方方正正、工工整整，而它像我们的短文那样。

师：它是元散曲，统称"元曲"，是元朝文学家配合当时流行的音乐曲调撰写的歌词。有文学评论家说——（出示：元曲将传统诗词、民歌和方言俗语糅为一体，以其语言的通俗、形式的活泼、描绘的生动，在中国古代文学艺苑中绽放着璀璨夺目的光彩）

【设计意图：课始，播放小动画《庄周梦蝶》，既激发学生们的学习兴趣，又巧解了《醉中天·咏大蝴蝶》中的“庄周梦”，这样开课一举两得，为孩子最喜。之后，从题目、字句、排列形式等方面把曲与诗进行比较区分，并引入文学评论家的评论，为学生营造浓浓的学习氛围，主动轻叩元曲的大门。**】**

二、读想品思，读懂《醉中天·咏大蝴蝶》

（一）多重诵读，感知音韵美

师：现在我们来学习《醉中天·咏大蝴蝶》。先让我们有滋有味地读起来，轻声读个两三遍，把它读正确、读通顺。（学生自由读）

（指名读）**师：**真好，一下子就读正确了。

（指名读）**师：**很好，读得很流利。我也想读了，和你们合作好吗？我读前面，你们读后面。（师生合作读）

师：瞧，注意了节奏，曲词的韵味就读出来了。还想读吗？好，这次我们对着读，我读上句，你们读下句。（师生对读）

师：怎么样？对着读，能读出别样的情趣。现在我们连起来读，我读曲牌名、题目和作者，你们读内容，注意节奏和味道。（齐读）

【设计意图：曲词的语言讲究韵律，富有音乐美，反复诵读——一遍遍地自由读、指名读、合作读，学生们从朗读的抑扬、停顿、节奏，感悟韵味，感受美好，并培养良好的语感，形成较强的阅读能力。**】**

（二）引导想象，体验情境美

师：书读百遍，其义自见。这首曲词写的是——

生：大蝴蝶。

师：这蝴蝶怎么个大法？能从哪儿感受到？请再读读想想，在相关词句上圈圈画画。（学生品读圈画）

生：从“两翅驾东风”这句我读出了蝴蝶的大。那蝴蝶就像大鹏鸟一样展翅高飞，乘风而来。

师：它展开的双翅有多大？

生：（在胸前比画了一下）有这么大。

师：还要大呢，继续想。

生：像云朵一样大。

生：那也得像乌云，把头顶的那片天空都遮住了。

师：是呀，这样的翅膀只有东风才能托起，大蝴蝶驾着东风威风极了，我们一起读出它的气势来。（学生齐读）

生：“三百座名园、一采一个空”这一句也让我感受到蝴蝶的大，瞧，许多名园的花儿都被它一采而空。

师：大蝴蝶采空了多少名园？

生：三百座。

生：不止呢！我知道，古时候“三、六、九”并不就是“三个、六个、九个”，而是指多。

师：所以这里的“三百座”表示——很多很多座呢！这大蝴蝶是怎样一下就采空名园的呢？展开你的想象。

生：它飞过花园时，翅膀一卷，把花粉全卷上来了，然后嘴巴凑上去，就把花粉全吸到肚子里了。

生：它不用飞，就盘踞在半空中，对着花园用力一吸，花粉就全被吸到嘴巴里去了。

师：它的采蜜本领真大！瞧，想象也真是神奇，把文字变成了画面，让大蝴蝶活灵活现。现在我们一起想象着画面，读好这一句。

生：“唬杀寻芳的蜜蜂”这一句说它气势汹汹，那些来采蜜的小蜜蜂都被吓得纷纷逃走。

生：小蜜蜂应该是远远瞧见了就落荒而逃，一路上吓得屁滚尿流。

生：小蜜蜂在很远很远的地方就感受到了大蝴蝶的巨大威力，吓得根本不敢靠近。

师：大蝴蝶威力十足！

生：我从最后一句也感受到蝴蝶的大，看，它只轻轻地飞动，就把卖花人搧

过桥东了。(出示：轻轻飞动，把卖花人搧过桥东)

师：它飞动得有多轻？如果稍微用点力会怎么样？

生：稍微用点力的话，就把卖花人搧到十万八千里外去了。

生：桥、房子也全都被搧得无影无踪了。

师：它的力量真是惊人，能读好这一句吗？(指名读)

师：飞动得越轻，就越见威力！来，再读这一句。(指名读)

师：飞得再轻一些，搧得再用力些。(指名读)

师：其实这句“弹破庄周梦”也写出了蝴蝶的大，瞧，庄周一直走不出自己的梦，这大蝴蝶展翅一弹就把梦弹破了。读着读着，一只硕大无比的大蝴蝶、一部气势恢宏的大片就展现在了我们的面前！谁来完整地朗读这首曲词。(指名配乐读)

师：真好听，平仄起伏、轻重缓急、长长短短，读出了曲词中的音韵美。我们一起配乐诵读，在音乐与诵读中与大蝴蝶再次美丽相遇。(齐读)

【设计意图：诗、词、元曲总是惜字如金，却给人无限遐想！此曲用诙谐凝练的语言描绘了一只神奇的大蝴蝶。学生们在反复诵读中放飞想象的翅膀，将一个个文字符号化为鲜活生动的画面，无须多解，在奇妙的想象世界里与大蝴蝶已不期而遇。**】**

(三) 品味语言，感悟修辞美

师：世上真有这么大的蝴蝶吗？这本记录元朝历史故事的笔记中有这样一段记载——(出示：中统初，燕市有一蝴蝶，其大异常。王赋《醉中天》小令云……由是其名益著)因此，他名声大作。不过，这只燕市蝴蝶真有作者写得那么大吗？为什么？

生：不可能这么大的，我从来没听说过有这样大的蝴蝶。

生：如果真有这么大的蝴蝶，那太可怕了，它会把人啊、花啊、桥啊……所有的东西都搧没了。

师：那作者是怎么写出这只超级大蝴蝶的呢？

生：他用了夸张的手法，夸张地描写了这只大蝴蝶。

师：都夸张描写了它的什么？

生：翅膀、采蜜本领和力量。

师：是呀，作者用丰富的想象把大蝴蝶的翅膀、本领、力量不断放大，这就是夸张。这夸张让大蝴蝶从庄周的梦中飞到了800多年后的元朝，又从元朝飞到了800多年后的今天，飞到了每一个热爱元曲人的心中，它的作用真大。

【**设计意图**：此曲极尽夸张之能事，紧扣蝴蝶之大，写大蝴蝶的来历、体形、采花本领，形象生动、巧思连发，使人在忍俊不禁之余，反复寻味。夸张是此曲最具特色的表达，所以学习感悟夸张之法是本课最具教学价值的学习点，它能让学生获得实实在在的语文收获。】

三、欣赏《大鱼》，再悟夸张之法

师：如果有一天，燕市游来了一条异常大的鱼，你能不能也这样夸张地描述描述？先闭着眼睛想象它的体形、力量和本领。

生：这条鱼真大，比我们学校都大，我根本看不到它的头和尾。

生：它的尾巴像巨大的扫帚，轻轻一掀，就掀起了滔天巨浪，巨大的浪花都冲到天上去了。

生：它的嘴巴是血盆大口，张开嘴巴轻轻一吸，海水被吸了大半，鱼啊、虾啊全装肚子里去了……

师：这大鱼真是海中霸王，感谢你们惊人的想象力。《咏大蝴蝶》的作者王和卿也夸张地写了《大鱼》，想读吗？请看——（出示：《大鱼》文本和学程单："一借助拼音读正确。二借助注释读明白。三借助画面读出大鱼。"学生小组学习）

师：请一位同学读《大鱼》。（指名读）

师：读得正确流利，非常好。它的意思明白了吗？（指名释义）

师：理解得很正确。读古诗文时，下面的注释能够帮助我们理解。作者的哪些描写让你特别佩服？

生：他说这鱼大得姜太公都钓不了。

师：知道姜太公吗？

生：姜太公是个钓鱼高手，有句歇后语就夸他"姜太公钓鱼——愿者上钩"，他用没有鱼饵的直钩就能钓到鱼。

生：可姜太公看到这样大的鱼也无可奈何，没有办法。

师：作者真是巧心思，引用钓鱼高人来代言，更见大鱼的非同寻常。

生：这鱼很大很大，它能很轻松地背着蓬莱岛。（点红：胜神鳌，夯风涛，脊梁上轻负着蓬莱岛）

师：关于神鳌和蓬莱岛，古书《列子》中有这样一个神话故事。（出示、讲述：渤海的东面，有蓬莱等五座仙山，它们随波涛上下翻腾。天帝怕它们被浪涛冲走，就派十五只神鳌轮流顶住，终于这五座仙山屹立不动）这神鳌很神奇吧，不过和大鱼比呢？

生：大鱼胜过了神鳌。

师：用神鳌一比，就更见大鱼的神奇。

生：作者还说它"翻身犹恨东洋小"，它一翻身，就嫌东洋太小了。看来它巨大无比。

师：是呀，用偌大的东洋一衬托，更见它奇大无比。就这样一比较、一衬托、一引用，作者就成功地把大鱼夸张了，一条巨无霸大鱼展现在我们的面前。我们一起读好它。

【设计意图：对《大鱼》的想象、品味赏读，学生们在实践运用和欣赏品味中再次领略"夸张"的奇妙。作者匠心独运，以极度夸张的手法，塑造了巨大且富有神力的海鱼形象！该篇奇思妙想，是学习夸张之法的经典之作。】

四、走近作者，洞察写作之志

师：《咏大蝴蝶》和《大鱼》是同一个作者写的，作者名叫王和卿，俗话说文如其人，读了王和卿的作品，你觉得他是一个怎样的人？为什么？

生：我觉得他一定饱读诗书，写作时诗句、故事都信手拈来。

生：他想象大胆神奇，比想象力惊人的庄子、列子还要敢想。

生：他的语言特别幽默，我读着《咏大蝴蝶》忍不住笑出声了。

师：（出示人物画像）瞧，这就是王和卿，很潇洒吧！我们都知道，"诗以言志""言为心声"，这大蝴蝶和大鱼代表着作者怎样的志向、怎样的心声呢？

生：他一定希望自己能像大蝴蝶、大鱼那样有神奇的力量。

生：大蝴蝶、大鱼身上有作者的大志向，他渴望能施展才华。

师：你读懂了作者，你是他的知音。

【设计意图：言为心声，一切文学的创作皆是"心的探讨"。学生在诵读中用

个体生命与曲词进行心灵的交流，揣摩、感悟，入境、探情，直抵作者的灵魂深处，相知相惜，成为王和卿学士的知音。】

五、和诗以歌，经典咏唱流芳

师：元散曲是元代的流行歌曲，你们想听吗？请欣赏醉中天版的《咏大蝴蝶》。（播放歌曲，学生欣赏）

师：能用一个词说说你听后的感受吗？

生：有一种古老的感觉。

生：我也觉得很古老，和我们平时听到的歌曲不一样。

师：这就是古风古韵，是不是感觉特别清新？当时，大蝴蝶就是这样飞到了千家万户。不过，音乐可以新编，古曲也可以新唱，现在我们来欣赏一个新版本。（播放歌曲，学生欣赏）

师：这乐曲熟悉吗？

生：是我们学过的《游子吟》的旋律。

师：再仔细听，谁在歌唱？

生：（齐）潘昊云。

师：请小歌星为我们现场演唱，我们会唱的同学跟着一起唱哦。（学生和着音乐哼唱）

师：读读再唱唱，真是开心！课后，同学们可以为《大鱼》找一找“拨不断”或者其他合适的乐曲，把词填进去也这样唱一唱，去感受音乐与诗词合二为一的美好。

【设计意图：借着音乐的翅膀，还原元曲本来的表达方式——和诗以歌。曲词在优美的旋律中飞舞成歌，回荡在每个学生的心中！聆听作者心灵之歌，感受古典文学的魅力。经典永流传！】

六、拓展延伸，传承元曲文化

师：今天，我们通过《咏大蝴蝶》和《大鱼》初识了元曲，对于元曲你们有了哪些认识？

生：元曲读起来朗朗上口，还很容易理解。

生：元曲富有画面感，所描写的画面非常生动。

生：元曲的作者充满了想象力。

师：元曲博大精深，除了散曲，还有杂剧，元代剧作家还为我们留下了不少经典杂剧，后面我们再欣赏。同学们，让我们好好学习，让元曲这一文化瑰宝得到继承和发扬！

【评析】

和经典元曲的美丽相遇

"语言就是文化"，"语言忠实地反映了一个民族的全部历史、文化，忠实地反映了它的各种游戏和娱乐，各种信仰和偏见"。现有教材中，经典母语内容比较单薄，缺乏丰富性。即使引入课堂，更多的也是唐诗、宋词，而元曲在小学阶段几乎空白。徐老师大胆选择了浅显有趣、极具想象力的《咏大蝴蝶》《大鱼》这样的散曲小令带领学生去阅读，去叩开元曲的大门，很有意思，也很有意义！当我坐在徐老师的课堂里，随着教学的展开，感受着课堂特有的情境和趣味时，不禁跟着学生们一起阅读、想象、理解、讨论，多层面地感受这一经典文化形式的有趣、美好。

诵读

古典文本有其深厚的文化内涵，特有的声韵、节奏等，只有在反复地诵读中才能充分感知。教学中，徐老师带领着学生一遍遍自由读、指名读、合作读，语言形式的新奇、朗读方式的新奇让学生对语言学习充满新鲜感。形式的多样、老师的激励，不断拉近了学生与文本之间的距离，也让学生们感受到了汉语是富有音乐性的，学生们从声音的抑扬、节奏，感悟韵味、感受美好，从而培养良好的语感，形成较强的阅读能力。

当然每一个汉字都是汉文化的全息码，所以涵泳贯通更是重点。从每个字的字义，词汇的意义，修辞的意义，都能够看出文化来。"弹破庄周梦""两翅驾东风""唬杀寻芳的蜜蜂""轻轻飞动"，以及"三百座名园"中的"三百"等，引导学生落实关键词与重点句，指导与自读、想象相结合，学生的面前就会不知不觉出现一只硕大无比的蝴蝶、一部气势恢宏的大片。学生们在反复诵读中放飞想象的翅膀，将一个个文字符号转化为鲜活生动的画面。无须多解，在奇妙的想象世界里与大蝴蝶已不期而遇，这就是文字教学的文化意味。

研习

古典作品的文学性，主要体现在语言的锤炼和章法的考究这两个方面。读这样的经典，我们要努力根据文本特征、特点来研习谋篇布局的章法，体会炼字炼句的艺术，感受气韵、风格、意象、意境等，从文学性的角度体会其表现形式，提高学生的欣赏品味和审美情趣，也就落实到了文化层面。

徐老师在课的一开始带领学生从题目、字句、排列形式等方面把曲与诗进行比较，并引入文学评论家的评价，带领学生认识元曲的特点。课的结尾又借着音乐的翅膀，还原元曲本来的表达方式——和诗以歌。曲词在优美的旋律中飞舞成歌，回荡在每个学生的心中，感受到元曲的魅力。

这首《咏大蝴蝶》最大的特色就是“此曲极尽夸张之能事”，作者紧扣蝴蝶之大，写大蝴蝶的来历、体形、采花本领，形象生动、巧思连发、高度夸张。教学中，徐老师抓住这个文本的教学价值，让学生感悟夸张之法，并通过引入作者的另一篇曲子《大鱼》，反复领略“夸张”的奇妙，甚至夸张到了怪诞不经的程度。但是，怪却不失有趣，使人在忍俊不禁之余，反复品味作者的独具匠心，感悟散曲的上乘之境。

体认

学习古典文学，实质是体认他们的言志与载道。《咏大蝴蝶》和《大鱼》都是王和卿的作品，他饱读诗书，想象大胆神奇，表达幽默诙谐。但是我们都知道，“诗以言志，言为心声”，学生们在诵读中用个体生命与曲词进行心灵的交流，揣摩、感悟，入境、探情，直抵作者的灵魂深处，相知相惜，读懂字里行间抒发着作者的志向，希望自己也像大蝴蝶、大鱼那样拥有神奇力量，自由施展才华，从而成为王和卿学士的知音。中国传统文化中文人名士的这种情怀已经变成遥远的绝唱，我们可以从这个角度看到古代文化的东西。

在大力弘扬中国传统文化的当下，我们有责任在小学阶段为学生提供精选的经典。从朗读、研习、体悟三个方面层层深入，在充满情趣的课堂情境中，在与文本对话的过程中，在辨析思考中，感受文化的博大，领悟民族的精义，汲取语言的精华，培养审美的情趣。

《小古文·伯牙绝弦》教学实录与思考

吴建英

教学日标

1. 正确、流利、有感情地朗读课文，初步感受文言文的特点，培养学习文言文的兴趣。

2. 通过借助注释等方法理解重点词句的意思，了解课文大意。

3. 通过朗读感悟、情境体验等方式感受伯牙和钟子期之间高山流水般的知音深情。

教学实录

一、谈话激趣，认识文言，揭示课题

师：有朋友从远方而来，你们的心情如何？

生：高兴、激动……

师：这让我们想起了人们常说的一句话，哪一句？

生：有朋自远方来，不亦乐乎？

师：这是千古流传的名句。像这样的语言，谁还能再说几句给大家听听？

生：有志者，事竟成。／三人行，必有我师焉。／……

师：你们所说的语言，我们称为文言，用文言写成的文章就叫文言文。文言文又称为古文，记载了我国几千年灿烂的文明。中华民族的悠久文化得以传承，文言文功不可没。这节课，我们就来学习一篇文言文（板书课题）。谁来读题？（指名读）

师：清晰响亮，字正腔圆。"绝"是什么意思？

生：断绝。

师：你是怎么知道的?

生：看注释。

师：借助注释或工具书，是学习古文的一个重要方法。“绝弦”是什么意思?

生：割断琴弦。

师：表面的意思是“割断琴弦”，其实指——

生：（齐）不再弹琴了。

师：学习古文要学会变通，要把它变成我们能够理解的表达方式。一起读课题——（生齐读）

二、初读感知，了解古文，读出古韵

师：这是我们学习的第一篇文言文。读了文章，文言文给你留下了什么印象?

生：感觉有点难懂、深奥。

生：语言挺简练的。

生：我发现有些句子是对仗的。

师：古人说，书读百遍，其义自见。学好文言文，贵在诵读。老师先来读，如何?（师配乐诵读）

师：请大家也来读读，注意读准字音，读通句子，尤其要读出词句内部的停顿。（生自由读、指名读）

师：第一次读就如此正确通顺，特别是两个语气词都读准了，我们一起读。（齐读：“哉”“兮”）读文言文时，语气词后面延长、停顿一下，一咏三叹，就有音乐美了，谁来读这两句?（出示：善哉，峨峨兮若泰山！善哉，洋洋兮若江河！）（指名读、齐读）

师：除了语气词的停顿，其他词句间的停顿也得注意。老师发现，同学们在读最后一句时感到有一定难度。（出示：子期死，伯牙／谓／世／再无知音，乃／破琴／绝弦，终身／不复鼓）

师：谁来读?大家听他是怎么停顿的。（指名读）

师：这一句的“谓”是什么意思?

生：认为，觉得。

师：“伯牙谓世再无知音”呢？

生：伯牙觉得世上再也没有知音了。

师：只有准确理解文言文的意思，才能读好停顿。（齐读）

师：读古文不仅要读正确，读流利，还要读出古文的节奏和韵味。我们把这篇古文连起来读读，慢一些，注意把握节奏、韵味。（齐读）

师：抑扬顿挫，古味十足！现在，要加大难度了。（出示无标点课文）发现了没有，跟课本上的课文有什么不同？

生：（齐）没有标点。

师：古代的文章是没有标点的，到了汉代才出现能使文言文停顿的“句逗”。凭刚才的印象，谁再来读读？（指名读）

师：请大家再看，（出示竖排课文）又有什么不同？怎么读？（指名读）

师：古代文章都是竖排，要从右往左读。我们越来越接近古人的读书方式了，请再看，（出示繁体课文）这次难度更大了，一起读。（齐读）

师：竖排、繁体字只不过是古代文化的一种表达方式。刚才我们只是体验了古人的读书方式，要真正读进去，还得用心细细地品味语言的魅力。

三、字斟句酌，吟读咀嚼，感悟知音

（一）知音相遇，心欢喜

师：这个故事讲了两个人物，一个是——俞伯牙，一个是——钟子期。伯牙和子期是什么关系？能用文中的一个词来说吗？

生：知音。

师：是什么让他们走到一起，成为知音的？

生：是音乐，是古琴。

师：伯牙擅长的是——弹琴，钟子期擅长的是——听琴。文中哪句话有这个意思？

生：伯牙善鼓琴，钟子期善听。

师：注意读好两个“善”字，再读！（指名读）

师：千里知音一“琴”牵，琴是伯牙和子期成为知音的基础。从哪里可以看出“伯牙善鼓琴，钟子期善听”？默读课文，找到相关语句，并画下来。

生：伯牙鼓琴，志在高山，钟子期曰：“善哉，峨峨兮若泰山！”志在流水，钟子期曰：“善哉，洋洋兮若江河！”伯牙所念，钟子期必得之。

师：有没有注意这个“善”字在文章中出现了几次？

生：四次。

师：每一次出现都是一样的意思吗？

生：前两个“善”是“擅长”的意思，后两个“善”是“好”的意思。

师：文言文中，同一个字经常表示不同的意思。“善哉”是什么意思？

生：好啊！

师：“善哉”是表示赞叹，变通一下，除了“好啊”，我们还可以怎么解释？

生：妙啊！／高啊！／棒啊！／了不起啊！／……

师：谁能用自己的话说说这几句的意思？说的时候别忘了借助下面的注释。（先练习再指名说）

师：我也忍不住要对你说一声“善哉！”据记载，当年伯牙焚一炉香，席地坐于瑶琴之前，他弹得忘情、投入。现在你就是子期，就站在琴旁，用心来聆听伯牙的琴声吧！（播放《高山流水》片段）善听的子期，你仿佛看到了怎样的泰山、怎样的流水呢？

生：我仿佛看到了挺拔险峻、高耸入云的泰山，滔滔的江河一泻千里。

师：伯牙想到了气势雄伟的泰山。你们对泰山有哪些了解？

生：泰山很高很高，是五岳之尊。

师：是啊，孔子曾经登泰山而小天下。为了呼应“泰山”，这里的“江河”指什么？古文中的“江河”不是指随意的一处江河，猜猜看——

生：长江、黄河。

师：是啊，我国最长的江——长江，我们的母亲河——黄河。钟子期听了，是怎样赞美的？（指名读）

师：你看，这些画面仅用“峨峨兮”“洋洋兮”来表达，古人写文章就是简练。子期听了，是怎样赞美的？谁来读？（指导多名学生读，之后教师引导复沓读）

师：伯牙善鼓琴。我想，作为有名的音乐家，他的琴声一定不只表现了高山流水，除了峨峨泰山、洋洋江河，伯牙的琴声还表现了什么呢？或许是自然风光，或许是四季风景……请充分发挥你们的想象！

生：冬天雪花纷飞，白雪皑皑的景象。

师：是呀，他的琴声除了峨峨泰山、洋洋江河，还有——（出示：徐徐清风、依依杨柳、袅袅炊烟、潺潺流水、潇潇春雨、皑皑白雪、蒙蒙云雾、滚滚波涛、粼粼波光、缕缕霞光……学生齐读）假如现在你就是钟子期，当伯牙鼓琴志在清风，你咚怎么赞叹？

生：（齐说）善哉，徐徐兮若清风！

（师出示：伯牙鼓琴，志在________，钟子期曰："善哉，________兮若____！"）（先练习再指名说）

生：伯牙鼓琴，志在杨柳，钟子期曰："善哉，依依兮若杨柳！"

师：是啊，不管伯牙弹什么，子期都能听懂。这就是——（出示：伯牙所念，钟子期必得之）这里的"念"与前面句子中哪个字意思一样？都是什么意思？

生：与前面的"志"意思一样，都是"心里想"的意思。

师：无论伯牙所志、所念、所想，钟子期必得之。看来子期不仅听懂了琴声，还听懂了伯牙倾注在琴声里的心声。那么，子期说"峨峨兮若泰山，洋洋兮若江河"，说的是伯牙怎样的心声呢？

生：我觉得琴声中寄托着伯牙远大的志向、博大的胸怀。子期都听懂了。

师：是呀，还听懂了伯牙心中高山流水般的志向和胸怀。琴声也懂，心声也懂，这就是心意相通、心有灵犀的——（生齐说：知音！）（齐读）

（二）知音难觅，倍珍惜

师：（出示图）这幅画就是《伯牙鼓琴图》。图中这位入神弹琴、一身长袍的达官贵人，就是晋国的上大夫——伯牙；这位凝神听琴、身穿两截布衫、头戴斗笠的，就是楚国砍柴的樵夫——钟子期。其实，伯牙和子期的这次相遇是偶然的，读读屏幕上的字，你会有更多的了解。

（出示：伯牙是楚国著名的宫廷乐师，名满天下，被称为"琴仙"。虽听者众多，但他却始终觉得无人能真正听懂他的琴声。所以独自一人来到山间排解孤独和寂寞。中秋之夜，伯牙泊船在山崖下抚琴一曲，在山间砍柴的钟子期被其琴声吸引，来到了船上。令伯牙万万没有想到的是，钟子期，一个山野村夫，竟如此懂得他的琴声……）

师：面对如此善听的子期，面对如此难得的知音，伯牙心情如何？

生：高兴不已！／兴奋！／欣喜若狂！／激动不已。

师：此时，如果你就是伯牙，你最想说什么呢？

生：我虽是有名的乐师，可我内心的孤独谁人知晓？今日遇见你，实乃三生有幸。

师：孤独的伯牙呀，多少年寻寻觅觅，他的琴声、他的心声，只有，也只有钟子期能懂，伯牙十分欣慰，因为终于找到了真正的知音。让我们再来感受这美妙的知音境界。（齐读）

（三）知音离世，心悲痛

师：据记载，这次相遇，伯牙、子期洒泪惜别，相约第二年的中秋再相会。无奈世事难料，夏去秋来，当伯牙赶到楚国，子期不幸染病身亡！伯牙知道子期的死讯后，泪如泉涌，他在墓前哀悼子期——

（出示，播放录音：伯牙整衣下拜，放声大哭。又将瑶琴取来，放于祭石台上，盘膝坐于坟前，挥泪两行，抚琴哀悼。弹罢，伯牙取出佩刀，割断琴弦，双手举琴，向祭石台上用力一摔，摔得玉轸抛残，金徽零乱。伯牙道："摔碎瑶琴凤尾寒，子期不在对谁弹！春风满面皆朋友，欲觅知音难上难。"）

师：在悲痛欲绝中，伯牙破琴绝弦。伯牙绝弦，向世人宣告了什么？

生：我的知音已去，我弹琴又有什么意思啊！

生：我的琴声再也没人能听懂了，我又要回到无人理解的孤独中去了，这琴不如不弹啊！

师：所以，伯牙悲痛欲绝，毅然决然地"破琴绝弦"，这是何等悲壮而又感人的行为！谁来读？（指名读、齐读）

四、诵读全文，回味知音，升华认识

师：正是这震撼人心的痛，才演绎出这凄美动人的"伯牙绝弦"。"伯牙绝

弦”成了知音的代名词。学到这儿，你对“知音”一定又有了新的理解和感悟，拿起笔，写下来。（学生自由写，之后交流）

生：知音，没有贫贱富贵之分。只要心意相通、心有灵犀，就是知音。

师：同学们对知音的认识更加深刻了。知音文化已成为中华传统文化的一部分。当然，我们现代人对知音的认识可能与古人不一样。《伯牙绝弦》的故事是一个千古绝唱。2500年后的今天，我们还在无限神往地传诵着这个故事——（音乐起，隐去全文）能背的背，不能背的就照着课文朗诵。（配乐齐诵）

师：文言文是古代的经典，展示的是古人的文化、古典的情怀。文言文，能让我们成为古人的知音，所以值得我们用一生的时间去阅读，去领悟。

【思考】

一篇小古文虽然只是一个历史碎片，但它承载着丰盈的民族文化。教学中，应充分开掘和展示文本内蕴，让文化得以复苏。

一、营造氛围，融入古文化磁场

小学生初学文言文，常觉深奥、难懂，这是年代久远造成的。教学中，应营造浓厚的古文学习氛围，让学生融入古文化磁场，产生阅读古文的兴趣。教学中，出示《伯牙鼓琴图》，在古色古香的图画中介绍主人公；播放《高山流水》片段，在古音古韵中想象感悟；出示无标点课文、竖排课文、竖排繁体课文让学生诵读，在诵读中了解古代文化的表达方式，体验古人的读书方式。课堂中弥漫着浓浓的古味，彰显了古文教学的魅力。

二、多样朗读，体味古文本色

清代姚鼐等人提出“因声求气”之说，“声”就是文句的音韵、节奏美，“气”就是作者所表达的精神、气势。本课教学，以读为主，让学生在入情入境、入脑入心的多样朗读中，体味古文的风骨、意味和精气神。

范读——字正腔圆、抑扬顿挫、节奏分明、音韵优美的教师范读是激发学生学习兴趣，感受音韵之美的“见面礼”。

自读——引导学生对照注释自我阅读，从多种角度说说古文意思，学生的自学能力不断增强。

练读——尊重学情，搭建阶梯，朗读指导力求层次清晰、有实效：一是读音；二是结合理解正确停顿；三是结合内在情感，反复诵读，初步掌握文言断句、重读的规律，把握文言的语气、语速，形成文言语感。

品读——引领学生在字里行间去品读，去感悟。如品味四个“善”字，品悟句子“伯牙善鼓琴，钟子期善听”等，学生从中深切感受到了伯牙琴技的高超和子期对伯牙琴声的喜爱。

三、角色体验，与古人“心灵相通”

古人与今人虽跨越多个世纪，但对生活的感悟、情感的体验是相通的。通过角色体验，可以穿越时空，促进学生对人物心理的揣摩，对人物情感的体验，从而变阅读课文为经历生活，变旁观者为当事者，变感悟人物情感为自我情感流露，实现与古人的“心灵相通”。如在教学“知音难觅，倍珍惜”“知音离世，心悲痛”环节，让学生进入角色感同身受，与伯牙同喜同悲，学生更深入地感动于“知音”情感之美，产生共鸣，情知交融，领悟到了“知音”的美好情感。

四、积累仿作，感悟语言魅力

经典的文言文作品，大多行文简洁、气韵生动、文采斐然、蕴含深厚。教学中，引导学生发现古文语言的内在美丽，让学生感知“言”，积累“言”，仿照“言”，创作“言”。本文从语句表达的方式来说，最具特色之处就是“善哉，峨峨兮若泰山”“善哉，洋洋兮若江河”。教学中，对语言范式进行诵读、模仿、迁移、训练，由表及里，步步深入，从而达到感悟语义、积累语言、训练语言之目的。

五、拓展资源，复苏文本文化

文言文语言精练，朗朗上口，易于诵读。也因为精炼，在一定程度上阻碍了学生对文本文化的深入感悟、理解。此时，通过文化资源的拓展链接，可以复苏文本文化。本文字里行间流淌着东方的文化品质——知音文化，如何将这种文化根植于学生心中？教学中，教师进行了三次文化资源的拓展链接：一拓，出示《伯牙鼓琴图》，介绍子期和伯牙的穿着、身份、地位，为深入理解“知音”作铺垫；二拓：伯牙子期相遇的情景，引导学生深入体会知音的相遇是心灵的交融；三拓：出示第二年再见时伯牙得知子期去世消息的资料，深入理解“琴断音绝”是伯牙对待知音的态度。在此基础上，学生对“知音文化”的理解就水到渠成了。

《神奇的汉字》教学设计

陆　莉

设计理念

汉字以其独特的魅力，成为中华文明的载体和基础。独特的方块汉字，是中华民族智慧的结晶。本课设计是基于学生对汉字的音、形、义有了一定的学习基础，通过对汉字特点的进一步探究，引领学生发现汉字所蕴藏着的丰富的审美和诗意，以及深厚的文化意蕴和魅力。如诗如画、有声有形、有理有义、有情有趣，这正是本课所要传达给学生的汉字的神奇之处。

教学目标

1. 通过欣赏、猜测、聆听、讲述等途径，引领学生探寻汉字王国的秘密，发现和感受汉字的神奇之处。

2. 在探索汉字奥秘的过程中，把古文化与现代生活相联系，让学生享受汉字给我们生活带来的魅力和乐趣，感受中华文化的深厚和悠久。

教学预设

一、如诗如画

1. 汉字是记录我们语言的文字，距今已有数千年的历史了。这节课，我们一起去感受汉字的神奇。

2. 先让我们一起静静地欣赏一段视频（播放古文字演变视频，以下为视频截图）。

3. 学生欣赏，谈发现或感受。

4. 一个字就是一幅画，你们看，山水丛林、农田屋舍、人鱼鸟兽，这些古文字带着我们穿越了时空，回到了远古时代，来到了一个如诗如画的世界，这就是古文字的美。（板书：如诗如画）

5. 这儿还有一些画，看看你们能不能猜出它表示的汉字。

下面这个有点难度，想挑战的同学可要仔细看，用心想。

（宝盖头是房屋，房屋内有四个草字，草中有一人，人下两点是冰。把这些意思综合起来，就是房屋内的一个人睡在草堆里，双脚冰冷，所以是“寒”字）

杜甫曾写过这样一句诗，“安得广厦千万间，大庇天下寒士俱欢颜”，意思是说如何能得到千万间宽敞高大的房子，普遍地庇护天下间贫寒的读书人，让他们开颜欢笑。这个“寒”字是古代穷人生活的生动写照。

6. 这些古老的文字代表着我们祖先的智慧。瞧，有人就用古文字创作了一幅画，更巧妙的是，这些古文字连起来还是一句诗呢！小组里讨论讨论，猜猜这到底是一句什么诗。

7. 欣赏古文字书画“姑苏城外寒山寺，夜半钟声到客船”。（音乐起）同学们，这些神奇的古文字书画，是字又是画，是画又是字，如诗如画，让人如痴如醉，让我们一起读一读这美如诗画的文字。

【**设计意图：**“字之初，本为画”，将汉字的演变用视频和图画的形式展现，让学生直观感受到了汉字那如诗如画的美，体会到了祖先的智慧。同时，“看图猜字”的形式也激发了学生学习汉字的兴趣，使得课一开始就深深吸引了学生的注意力。】

二、有声有形

1. 有一类汉字，可是一个大家族，汉字中90%可都是这个家族的成员。它们是谁呢？有一些是咱们的老朋友，你还记得它们吗？喊出它的名字吧！（泡、炮、抱、跑，情、请、清、晴）

2.（鳟）这个字到底读什么？你能大胆地猜一猜吗？你为什么这样猜？那你能再大胆猜猜这个字的意思吗？

3. 原来这些字都是——形声字（板书：有声有形）一起来复习一下形声字儿歌。（出示：形声字，真有趣，声旁帮助读字音，形旁帮助解字义）

4. 平时我们在读课外书时，书中也会突然蹦出一个不认识的字。看“枞”，这是我们在读《安徒生童话》时遇到的一个生字，请你大胆猜猜它的读音和意思。

5. 到底谁猜得对？赶紧查查字典，这个字到底读什么，意思是什么？

6. 小组玩游戏：我们来猜字。在小组内出示自己课前搜集到的形声字新朋友，让大家猜一猜它的读音和意思。

7. 谈收获和感受：我们能根据声旁和形旁猜出大部分形声字的意思和读

音，也有少部分形声字在语调或读音上发生了一些小小的变化，到底变成什么样，还得通过查字典来验证。

【设计意图：在苏教版教材一、二年级转转盘识字的基础上，学生对形声字的特点早已不陌生，本环节重在复习形声字的特点，同时将生活情境引入课堂，使得汉字的学习真正能与学生的生活相联系。】

三、有理有义

1. 听汉字小故事。(《弃暗投明——关于“闯”字的故事》)

南朝末年，昏君当道，民不聊生，眼看着就要亡国了，一些聪明的大臣连连投靠别的国家。一位姓虞的将军也想走，可是还没上路呢，就被皇帝的亲信发觉了，结果只好继续留在宫中，等待机会。

这时，在淮阴的萧将军听说了虞将军的情况后，立即派了一名心腹悄悄潜入宫中，找到了虞将军。虞将军得知对方的来意后，忍不住仰天长叹：“唉，我现在就是一匹关在棚里的战马，就算我有驰骋万里的念头，也是白费啊！”那个心腹听了，连忙附在将军的耳边说：“既然是战马，那将军何不试试在‘马’外加个‘门’呢？”将军想了想，这“马”外加“门”，不就是个“闯”字么！想到这儿，他恍然大悟，连声喊妙。

几天后，虞将军带着手下百十名亲兵，经过一番恶战，终于闯出了京城。

2. 故事中萧将军的心腹送给虞将军一个什么字？是想告诉他什么呢？(闯——是想告诉他凭自己的力量闯出去，就有出路了，不要在宫中坐等。)

3. 一个汉字竟然解救了一位被困的将军。如果遇到下面这些情况，你会分别送一个什么字呢？选择一个先说给小组里的同学听听。

①运动会上，接力赛就要开始了，我想送给运动员们一个“____”字，鼓励他们——

②我的小表弟就要上一年级了，我想送给他一个“____”字，告诉他——

③一连几次考试，我的成绩都不理想，我想送给自己一个“____”字，勉励自己——

4. 全班交流。

【设计意图：汉字的理趣之美源于汉字特殊的结构关系。从听汉字故事到创设情境送字说理，学生的思维被激活，汉字所包含的“理”和“义”被学生所挖掘，所呈现和展示。每一个汉字都是一个个小生命，能在不同的情境下各显神通。】

四、有情有趣

1. 咱们中国地大物博，有一些汉字还带上了浓郁的地方色彩。如果你去陕西走一走，一定会发现许多面馆的招牌上有这样一个字。

（出示：）

2. 这个字的字形极为复杂，不过，陕西人用一首儿歌就轻轻松松记住了这个字，自己读读儿歌，再看看字。（出示：一点飞上天／黄河两头弯／八字大张口／言字中间走／左一扭右一扭／你一长我一长／中间加个马大王／心字底，月字旁／一个小勾挂麻糖／坐个车子回咸阳）读着儿歌，看着这个字，你好像去到了哪里？吃到了什么？玩到了什么？

3. 看来，一个汉字还能凝聚不同的语言、不同的民族，正是它的包罗万象组成了我们深厚的中华文化。一起来读读儿歌，记住这个字。（齐诵儿歌）

4. 在中国的民间，老百姓还常常将一些带有吉祥含义的短语合写为一个字。

（出示：）你能看出它是由哪四个字组成的吗？

5. 这四个字合起来就是一句祝福的话“招财进宝”。汉字还寄托着人们美好的情感和愿望，真是有情又有趣。（板书：有情有趣）

6. 就连我们中国的皇帝也用一个汉字给太后祈福呢？

（出示：）

看，这是当年康熙皇帝送给太后的一个字，这是什么字？（福）这个“福”字写法特别，把它拆开来看，可以分解成“才”“子”“寿”“田”四个字，你知道康熙皇帝要祝福太后什么吗？

7．“多子、多才、多田、多福、多寿”，这可是古往今来独一无二的“福”字。难怪康熙把这个字送给他的祖母孝庄太后，太后看了大喜，病全都好了。让我们大声读读这个“福”字，把福气带给大家。

8. 我们中国人特别喜欢这个“福”字，写出了各种各样的“福”，希望福气能够降临，请大家欣赏百福图。（配乐欣赏《百福图》）

9．（画面定格）让我们撷取几个“福”字，好好欣赏一番。如果说“丰收就是一种福”，你还能说出什么就是福吗？

【**设计意图：**汉字体现了中华文化的博大精深，它的包罗万象使得许多汉字拥有独特的魅力。本环节列举了几个特殊又典型的汉字，既有地方文化的特色，又有民族文化的情结，使得汉字的情趣之美呼之欲出。】

五、总结延伸

1. 通过这节汉字文化课，你有哪些收获呢？

2. 是呀，我们中国的汉字如诗如画、有声有形、有理有义、有情有趣，就连一位外国的总理也赞不绝口，他曾对自己的女儿说——（出示：“世界上有一个伟大的国家，她的每一个字，都是一首优美的诗、一幅美丽的画。”）齐诵。

3. 有人说，“汉字有三美，形美以感目，音美以感耳，意美以感心”。让我们继续探寻汉字王国的秘密，感受汉字之美，希望你们都能成为小小汉字学家。

《有趣的问答歌》教学设计

朱敏慧

教学内容

问答歌篇目：《什么弯弯在天边》《谁会》《尾巴歌》《吃瓜歌》《新年到》。

设计理念

口语化的语言是通向经典母语的桥梁，喜闻乐见的儿歌最容易抵达儿童的心灵。诵读是儿歌教学最基本、最常用、最有效的方式，教学问答歌时，以读促学，寓教于乐，带领学生走进丰富多彩的语言世界，让他们尽情地享受经典母语带来的愉悦。

教学目标

1. 正确、流利、有感情地诵读儿歌，体会问答式儿歌的特点，读出问句和答句的不同语气。

2. 通过比较，发现问答歌的不同形式，感受问答歌的好玩有趣，进一步激发学生学习儿歌的兴趣。

3. 学习“追问”“形式、内容变一变”等创编方法，模仿创编问答式儿歌，体验创作乐趣。

教学预设

一、游戏导入，初识问答歌

1. 老师和大家玩一个“我问你答”的游戏，准备好！

师：什么弯弯在天边？

什么弯弯在眼前？

什么弯弯最好吃？

什么弯弯在水边？

2. 不知不觉中，咱们已经合作创作了一首儿歌。（出示完整儿歌）仔细看看，这首儿歌有什么特点？

3. 是呀，当问题和答案组合到一起时就组成了问答歌。下面就让我们一起走进一组——好玩的问答歌。（出示课题）

【**设计意图**：通过“我问你答”的游戏，引领学生兴趣盎然地进入教学情境，自主发现儿歌的特点，使其对课堂充满新鲜感。】

二、比较感知，趣读问答歌

（一）方法指引，诵读寻趣

1. 这么好玩、有趣的问答歌，咱们一起合作读一读，我来问，你们答。（师生合作读，老师特意读出节奏感，带动学生也有节奏地读起来）

2. 太厉害了，这么快就掌握了节奏。现在请大家打起节奏，女生问，男生答。（男女生合作打节奏读）

3. 这样的问答歌还可以当拍手游戏来玩，同桌两人边读边玩吧！（同桌合作拍手读）

4. 下面这首更好玩，（出示：《谁会》）自己读读吧！（自由读）

5. 刚才看你读得摇头晃脑，可有趣了，给大家展示一下。（指名读）

6. 让我们一起读一读。（齐读）

7. 大家读得有滋有味啊！现在要增加难度了，老师带动作提问，你们也加动作回答。（师生合作表演读）

8.（同时出示两首问答歌：《什么弯弯在天边》《谁会》）聪明的你们有没有发现这两首问答歌都是什么形式的问答歌？它们在问和答上又有什么区别呢？

9．“谁会干什么？怎样干？”这两个问题都是针对同一种动物问的，问了一句，再问一句，这就叫“追问”。追问能把动物的样子描述具体，让我们也用追问的方式继续编一编吧！（出示：谁会________？________会________。____________怎么________？________________。）（学生自由创编）

10. 交流创编作品。

【设计意图：同一首问答歌，通过打节奏读、拍手读、表演读、男女生合作读等，让学生在多形式朗读中体会出问与答的语气、节奏。接着又通过“追问”的方法指导学生学习创编儿歌，进一步激发了学生学习儿歌的兴趣。**】**

（二）举一反三，读中促思

1. 刚才你们发现了问答歌的小秘密—— 一问一答，（出示：《尾巴歌》《吃瓜歌》《新年到》）那这三首儿歌呢？请先自己读一读，读正确，读出好玩、有趣，再试着说说你发现的小秘密。（自由练读）

2. 你们发现了什么小秘密？（一问多答式、多问多答式、多问一答式）

3. 怎样读出它们的好玩、有趣呢？请你们在小组里尝试用喜欢的方式练一练，当然，也可以用刚刚学到的诵读方式。（小组合作练习诵读）

4. 展示诵读。

【设计意图：通过出示不同类型的问答歌，让学生自主发现、总结问答歌的各种形式。在学生习得多种诵读方式的基础上，又引导他们学会根据问答歌的不同形式选择合适的诵读方法，读出儿歌的好玩有趣，真正做到会学乐学。**】**

三、揣摩写法，创编问答歌

1. 经你们这么一读，我发现问答歌越来越好玩了！这么好玩的问答歌还会“变魔术”呢？瞧，刚才学过的《尾巴歌》要大变身啦！

2. 第一变，（出示：变身前后的两首《问答歌》）你发现奥秘了吗？（出示：变身法宝一——形式变一变）

3. 不一样的问法，可以读出不一样的味道。（指名读）

4. 第二变，（出示：填空式问答歌）我们可以把“尾巴”改成——（耳朵、鼻子等），改变了小动物的特征，那是变身法宝二（出示：变身法宝二——内容变一变）。这堂课我们就一起看着图合作着编一编《耳朵歌》。

5. 带上刚才的变身大法宝，和你的小组成员一起创编，编完后记得要好好地读一读！（小组创编、展示）

【**设计意图**：以“问答歌变魔术”来吸引学生，带领学生去发现、去运用“内容、形式变一变”的创作方法，给了他们创作的阶梯，鼓励他们借助图片合作创编《耳朵歌》，让学生体验到了创作的乐趣，真正成为学习的主人。】

四、课后延伸，探究问答歌

课后大家可以继续去读一读《有趣的问答歌》这本书，也可以再当回小诗人，继续编一编好玩的问答歌。

《趣话谜语诗》教学设计

张苏瑜

设计理念

谜语诗也称避题诗、隐语诗，即有意避开诗题，把题目拿掉的诗。这种诗，诗面上绝不能提及本物，近似隐语，所以可视为诗谜。诗可看作谜面，题目可看作谜底。诗中有谜，谜在诗中，亦诗亦谜，别具一格。“谜语猜猜猜”课程体系在了解一般谜语类别、学习一般猜谜方法、学习制作谜语后，我们尝试着带领学生穿越时空，和谜语更文雅的形式——谜语诗来一场美丽邂逅。

教学目标

1. 通过将谜语诗《风》和儿歌谜语《风》、古诗《春晓》对比，悟出谜语诗的一般特点。

2. 学习“解诗意”“抓特点”的方法猜出谜底，并用多种形式朗读感悟其中的“智趣”“妙趣”“雅趣”。

3. 通过读谜语诗的故事、了解其他类型的谜语诗（词、曲），拓宽谜语诗的“外沿”，在感受谜语诗“趣”的同时感受祖国传统文化的博大精深、绚丽多姿。

教学预设

一、猜谜激趣

1. 回忆一下，我们是怎么猜谜语的？对了，猜谜语就是要找到谜面中有关特点的蛛丝马迹进行分析判断。让我们用这种方法来练习一下。

出示：(1) 千条线，万条线，掉进河里都不见。

(2) 听得见，摸得着，只见花草随它摇，谁想抓它抓不到。

2. 它们朗朗上口，就好像我们平时读的儿歌，让我们一起来拍手读吧！

【**设计意图：**孩子天性喜欢猜谜，首先通过猜谜语引起学生兴趣。而选择与生活息息相关的儿歌式谜语，不仅复习了猜谜语的方法，同时激发了学生学习新知的兴趣。再通过拍手读的形式朗读儿歌谜语，不仅最大限度地调动起他们学习的积极性，而且让学生感受到儿歌谜语的朗朗上口，同时，为下面感受谜语诗的语言特点埋下伏笔。】

二、新授引趣

1. 出示：《风》(隐去题目)。这个谜语和刚才我们猜的谜语有什么不同？(5个字，字数相等，像古诗一样)对，这就是我们今天要学习的“谜语诗”。

2. 出示：《春晓》。指名读诗。谜语诗和这首诗比一比有什么不同？(没有题目)对，谜语诗一般不写题目，或者说题目就是这首谜语诗的谜底，所以谜语诗又叫“避题诗”。

3. 下面我们就来学习这首有趣的谜语诗。(出示学程单)

(1) 借助拼音读读这首诗，读熟以后用自己喜欢的方式读给同桌听。

(2) 读读诗，再读读下面的注释，说说诗的意思，猜猜谜底是什么。

4. 指名说谜底。追问：你是怎么猜出来的？

(1) 它能使晚秋的树叶飘落，所以我知道它是风。(你理解了诗句的意思，所以猜了出来，这是猜谜语诗的好办法)板书：解诗意。

(2) 能催开早春二月的鲜花。它经过江河时能掀起千尺巨浪，刮进竹林时可以把万棵翠竹吹得歪歪斜斜。(你抓住风的特点，分析得到了答案，真会思考)板书：抓特点。

5. 只有领会了诗的意思，抓住事物的特点，才有可能猜出谜底。猜谜语不容易，猜谜语诗的谜底更是要下一番功夫，好像射虎一样，所以古人把谜语叫作“射虎”“隐语”。

6. 带上谜底，我们一起来读这首谜语诗。(齐读、配乐读)

【**设计意图：**通过将谜语诗《风》和儿歌谜语《风》、古诗《春晓》对比，让学生发现谜语诗的一般特点：无题、每行字数相等、押韵等。学程单的呈现，引领学生通过“解诗意”“抓特点”的方法猜出谜底，在猜谜的同时感受谜语诗的“智趣”，并通过各种形式的朗读感悟其中的“妙趣”“雅趣”。低年级学生理解古诗有难度，因此要给学生提供注释，降低猜谜语诗的难度，如此就能很好地调动学生读诗猜谜的兴趣。】

三、读诗悟趣

1. 读了这首谜语诗，它给你留下什么印象？（编得很有趣，很有智慧，很好玩）谜语诗最大的特点就是其中蕴含着人们的智慧（板书：智）、人们的奇思妙想（板书：妙），因此读起来才会如此妙趣横生、智趣横生。

2. 在我国古代，老百姓非常喜欢猜谜语，后来文人墨客也觉得谜语有趣，他们的文化水平比较高，就把谜语写成文雅的诗，这样谜语就显得比较“雅”。（板书：雅）

3. 一起来读这首集智趣、妙趣、雅趣为一体的谜语诗。（出示：解落三秋叶，能开二月花。过江千尺浪，入竹万竿斜。）诗中无一句有风，却无一句不在写风，这真是诗中有谜、谜在诗中、亦诗亦谜，有趣极了啊！这就是谜语诗的魅力！让我们再来学习几首。

4. 出示：

远看山有色，近听水无声。
春去花还在，人来鸟不惊。

头上红冠不用裁，满身雪白走将来。
平生不敢轻言语，一叫千门万户开。

5. 出示学程单：

（1）选择一首谜语诗，小组里自学。组长带领小组成员把诗读正确，读好诗的节奏。

（2）借助注释理解诗句。用解诗意、抓特点的方法讨论出谜底，把谜底（诗的题目）写下来。

（3）组长带领组员用喜欢的方式读好这首诗。

6. 预设：

（1）画

你们是怎么猜出来的呢？理由是什么？诗中没有一句提到画，却没有一句不在写画，真是智慧无穷、雅趣无穷，让人回味不已！这首诗的题目就是《画》，作者是唐朝的王维。让我们一起跟着音乐来吟诵这首诗！

（2）画鸡

你们是怎么猜出来的呢？理由是什么？古代有一位叫刘勰的大学问家曾经说过："谜也者，回互其辞，使昏迷也。"意思是，所谓谜，就是绕着弯子说话，使人产生错觉。明朝的唐寅是有名的聪明人，他就喜欢绕弯子说话，一只公鸡被他用谜语诗说得妙趣横生！

引读"头上红冠——""满身雪白——""平生不敢——""一叫——"。这首诗的题目是《画鸡》，作者是明朝的唐寅。来，我们一起吟诵一番吧！

【**设计意图：**初步感受到谜语诗的三"趣"后，应引导学生用刚才学到的方法自学两首适合低年级学生的谜语诗，学生的自学探索就是温习方法的过程。在这个过程中学生调动了自己原有的生活经验和知识，在合作探究中碰撞出思想的火花，猜出谜底的同时悟出"智趣"。配乐诵读等朗读形式可以帮助学生进一步感受其"妙趣""雅趣"。由于谜语诗内容深刻，教师适当地讲解、点拨，能帮助学生感受谜语诗亦诗亦谜的趣味。】

四、拓展延趣

1. 补充1：南宋的陆游是一个忧国忧民的大诗人。他的二儿子陆子龙要到外地去做官，临走前，陆游给儿子讲了一个他年轻时候的故事。有一次，他带领士兵去深山探察敌情，突然一只老虎从林中大吼着跳了出来，径直扑向他们。其他几个人毫无准备，都被吓呆了，唯有陆游不知哪里来的胆量，毫不畏惧地弯弓搭箭，"嗖"的一声，箭正中老虎咽喉。讲完，陆游不由地吟出一首谜语诗。

出示：头戴四方帽，身背一张弓。问君何处去？深山捉大虫。

这首诗的谜底蕴藏着陆游对儿子的希望，你猜出来了吗？

2. 补充2：曹操曾经用谜语诗来检测两个儿子的才学。曹操领着曹丕、曹植骑马郊游，他看到成群的燕子在天空中飞翔。曹操凝望天空，感慨不已。忽然心生一念——何不制个字谜来试试这两个儿子的才学高低呢？于是，他沉吟片刻，手指天上燕子，吟出四句诗：一对燕子天空飞，一只瘦来一只肥；一年四季来一次，一月倒要来三回。

曹操让两个儿子先后以此四句诗为谜面，猜一字。曹丕冥思苦想，终未能悟出是什么字。才思敏捷的曹植略加思索，然后答：是“八”字，两笔是两燕子飞，左撇右捺一粗一细，一年一个八月，一月有8，18，28。曹操闻之大喜，从此对曹植更是喜爱有加。

3. 刚才故事里的谜语诗其实都属于谜语诗的字谜类，其实谜语诗还有很多种，比如数字谜诗、人名谜诗、叠字谜诗，还有词谜、曲谜。谜语诗兼具谜语和诗歌的魅力，是我国传统文化的瑰宝，课后希望同学们能再搜集一些谜语诗和大家交流。

【**设计意图：**拓展延伸阶段，补充陆游勇斗猛虎，作谜语诗激励儿子；曹操用谜语诗试子才学。这两个故事进一步激发学生继续研究谜语诗的兴趣，同时引出其他类型的谜语诗，让学生感受到谜语诗宝库的丰富多彩，感受祖国语言文字的神奇奥妙、博大精深。】

《弟子规（选段）》教学设计

高　峰

设计理念

《弟子规》原名《训蒙文》，为清朝著名学者、教育家李毓秀所作。以三字一句、两句一韵编纂而成，后经清朝贾存仁修订改编，并改名为《弟子规》，是启蒙养正，教育子弟养成忠厚家风的最佳读物。《弟子规》的教学应立足于以下教学思考：（1）能够正确、流利地朗读原文，熟读成诵，积累语言；（2）在学习和诵读中体会和理解书中所蕴含的积极道理，感受中华民族的优秀文化传统；（3）初步感受中华传统文化的丰富内涵，激发阅读中华经典的兴趣，培养学生感悟经典内容的能力，弘扬民族文化。

教学目标

1. 能够正确、流利地朗读课文，争取熟读成诵。

2. 采用各种方法诵读课文，理解句子含义，领悟课文内涵。

3. 让学生理解孝道的重要性，教育学生孝敬父母从小事做起，培养学生的感恩之心。

教学预设

一、读课题，识作者

（播放《弟子规》故事视频选段）

1. 中华民族传统文化中有无数的瑰宝，影响着世世代代的中国人，它们就像天上的星星放射出耀眼的光芒。这一课，老师给大家带来一本国学经典著作——《弟子规》。

2.《弟子规》是古代小朋友上学时学习的一本书，它是一本启蒙读物，原名叫《训蒙文》，作者是一个叫李毓秀的人，他是清朝的著名学者。李毓秀学识渊博，他在学堂里讲课时，有很多人来听，门外到处是脚印。大家都非常佩服他的才学，因此，李毓秀被人们尊称为“李夫子”。

3. 来看这个“规”字，给“规”组组词。（规范、规矩、规则）

4. 你们知道“弟子”是指谁吗？（学生，小孩子）

5. 这本书要教给我们哪些规范和道理呢？开头的“总叙”就告诉了我们。

【**设计意图：**《弟子规》是中华民族的经典，它关系到家国、人格。教学伊始，以《弟子规》故事视频调动学生学习的积极性，然后向学生介绍《弟子规》及其作者，激发学生的学习兴趣。】

二、读总叙，知内容

1. 谁来看着拼音，大声读读这两句。（出示总叙）

2. 这里的“圣人”指的是我们古代著名的思想家、教育家孔子。《弟子规》里的这些话都是李毓秀根据孔子的话改编来的。从总叙中我们就可以知道《弟子规》的内容。比如“孝”就是孝顺父母，“悌”就是敬爱兄弟姐妹，“谨”是谨慎小心，还有“信”“爱众”“亲仁”“学文”，这些方面的规矩、道理《弟子规》都会告诉我们。

【**设计意图：**“总叙”勾勒出《弟子规》这一本书最主要的纲领，此环节重在引导学生从“总叙”中知道《弟子规》的大体内容。】

三、诵读孝，知规矩

1. 我们先从日常生活中的小事学起，先来读读“孝”这部分的内容，读了以后我们就会知道如何做一个孝顺父母、尊敬长辈的好孩子了。

2.（出示第一则内容）

（1）这段文字中，有些字大家可能没见过，借助拼音，多读几遍，相信你们一定能读准。自己读读看。

（2）请同桌之间相互读一读，相互做做小老师，帮助同桌读正确。

（3）多形式诵读：同桌对读、男女生对读、师生对读、集体拍手读。

3. 同学们不仅把这段古文读正确，读流利了，还读出了节奏，读出了韵律。这段是什么意思呢？我们一起来看。

（出示：父母呼，应勿缓）

（1）谁来给“呼”组组词？

（2）“应”这个字是多音字，在这里读yìng，谁来组词？

（3）“勿”的意思是“不要”。

（4）谁能用自己的话来说说“父母呼，应勿缓”的意思？

4. 我们刚才给字组词，又结合注释理解了第一行古文的意思，下面我们还是用这种方法来看看第二行古文的意思。

（出示：父母命，行勿懒）

（1）谁来给“命”组组词？

（2）“懒”就是偷懒的意思。

（3）谁能用自己的话来说说“父母命，行勿懒”的意思？

5. 看来，组词、结合注释真是一个理解古文的好办法。下面就以同桌为单位，运用这种方法来说说第三、四两行的意思。

（出示：父母教，须敬听；父母责，须顺承）

（1）谁来说说这两行是什么意思？

（2）真聪明，一下子就学会了这种理解古文的好办法了。

【设计意图：此环节从引导学生诵读入手，让学生把每一个字都读准确了，而后通过多形式的读让学生向流利诵读迈进。此外，教师还引导学生运用给字组词和结合注释两种方法来理解古文，为学生熟读成诵打下基础。】

四、看动画，谈感受

1. 下面就让我们进入小剧场环节吧！（欣赏动画片）

2. 是啊，父母教导我们时，我们必须认真听，父母责备我们时，一定有他们的道理，我们应该虚心接受，可不能和父母顶嘴啊！

3. 请同学们想想平时的自己，这四条中，哪一条你做得很棒？哪一条还需要改进？

4. 看来，你们是真正懂得了这四句话的意思了。让我们牢记这四句话，并落实到平时的实际行动中去！（集体读）

5. 有人还把《弟子规》给唱了出来了，一起来听一听。（播放音频《孝》，学生轻声跟唱）

【**设计意图：**此环节通过欣赏动画，结合生活交流感受，让学生更深入地体会古人对父母的那种孝心、孝行，激发学生对长辈和对他人的尊敬、热爱、感恩之情。】

五、忆学法，自主学

1. 刚才，我们一起学习了《弟子规》中的一段文字，接下来，以小组为单位，用刚才新学的学习古文的方法，自己学习这段诗文。一会儿我们请小组来展示，看哪一个小组的展示最棒。

2. 我们先来回忆一下刚才我们学习古文的方法。

（1）根据拼音读准古文。

（2）运用组词和注释理解古文。

（3）用自己的话说说古文的意思。

3. 小组展示时，先说古文的意思。（注意，不能一个人说，要求每人说一句）然后以你们自己喜欢的方式来诵读这段文字。要求明白了吗？

4. 小组自学。

5. 小组展示。

6. 课后大家可以运用这样的读书方法好好把《弟子规》读一读，相信你会有更大的收获。

7. 总结：同学们，《弟子规》不仅是我们个人立身行事的标准，更是传承五千年华夏文明的经典，希望同学们能学经典，用经典，一路与经典同行。

【**设计意图：**“授之以鱼不如授之以渔”，此环节首先让学生回忆之前学习古文的方法，然后以小组为单位进行自学，突出学生的主体地位，培养他们主动学习古文的意识。】

《千家诗》教学设计

沈晓晓

教学内容

《千家诗》中的《春晓》《绝句》《立春偶成》。

设计理念

古诗是我国传统文化的重要组成部分，也是古汉语运用的典范。让学生学习古诗是传承文化、增进对语言文化了解和认识的重要方式。《千家诗》是一部家喻户晓的古诗启蒙本。这本书中选录的大多是唐宋名家的作品，集中绝句和律诗体裁，篇幅小，比较浅显，诗味浓郁，情趣盎然。平时教学中，我们会发现学生对于古诗的学习、诵读有距离感，觉得难学，怕学。归根究底是我们不够了解儿童，教学方式不够契合儿童的精神。刘晓东教授在其所著的《儿童精神哲学》一书中说道："儿童的存在首先决定的是游戏和教育很自然地存在。儿童通过游戏来展现其潜在的精神。"所以，我们尝试找到古诗词教学中能激发儿童兴趣的一些游戏点，在教学中多一些游戏精神，用一些游戏手段，让古诗词课堂活起来，让学生亲近古诗，喜欢古诗，把读古诗当成一种乐趣、一种享受。

教学目标

1. 培养读诗的兴趣，在诵读中扩大识字量，积累古诗词，在吟诵表演中感受祖国语言的博大精深。

2. 掌握诵读的技巧，在诵读中融入情感，读出古诗的节奏。

3. 通过诵读，了解中华传统文化经典，接受传统文化和人文精神熏陶。

教学预设

一、赛诗，走近经典

1. 同学们，咱们来个比赛，南北阵营对诗，这边一句那边一句，比比哪边厉害。

2. 再来比一次，南北各请一列“小火车”，说说你知道的诗人名字，不能重复。

3. 这些诗人、这些诗歌就像天上的繁星夺目璀璨，星光熠熠。这一课，老师向大家推荐一本书——《千家诗》。

【**设计意图：**刘晓东在《儿童精神哲学》一书中说：“儿童的存在首先决定的是游戏和教育很自然地存在。儿童通过游戏来展现其潜在的精神。”可以这样说，游戏精神就是儿童的精神要义，并渗透、贯穿儿童生活的全部，演绎儿童学习、成长的历程。游戏总能给儿童带来愉悦的心理感受、自由的身心体验，从而推动他们去探索、创造。因此，教学就从“赛诗”游戏开始，从熟悉的诗、诗人开始，用儿童的游戏精神观照古诗教学，课堂一下子焕发出了活力。】

二、比较，认识样式

1. 出示《春晓》《绝句》。这两首诗熟悉吧？谁来给我们读一读？

2. 仔细观察这两首诗的行数、每行的字数，比一比，你发现有什么相同与不同呢？

3. 像这样，有四句的，我们叫它“绝句”。每句五个字的，就叫“五言绝句”。每句七个字的，就叫“七言绝句”。字数不一样，读出来韵律就不一样。听老师来读一读，感受一下。（范读、齐读）

4. 可是，书中还有的诗和它们都不一样。（出示：《春夜别友人》）看看，和刚才那两首哪里不一样？

5. 对，像这样一首诗有八句，我们就叫作“律诗”。每行几个字？那你猜猜这种诗叫什么？那这样的一首诗呢，八行，每行七个字，聪明的你们知道这叫什么吗？

6. 这本书的目录就分为四个板块，读一读：五言绝句、五言律诗、七言绝句、七言律诗。

【**设计意图：**在学习古诗词时，对于什么样的是诗、什么样的叫词，读起来该有怎样的节奏和韵律等常识，学生们理所应当要了解。这些知识虽然比较简单，但如采用直接“告诉”学生的方式，学生会始终处于被动学习的状态——“你说我且听，听了我就忘”，一味地灌输教学并不利于学生顺利地掌握相关知识。而采用玩玩“找不同”的游戏，他们会全身心投入，极其专注，用自己的眼睛观察，用自己的脑子思考，最后找到了不同，获得满满的成就感。】

三、猜想，诗中世界

1. 你们读了那么多的诗，背了那么多的诗，你们觉得古诗里都有些什么呢？

其实，诗的世界里什么都有。不信，我们来玩一个“读诗句，猜一猜”的游戏。以小组为单位，进行比赛。老师读，你们猜，猜要有依据。

（1）第一回合，猜季节

云淡风轻近午天，傍花随柳过前川。——《春日偶成》宋　程颢

接天莲叶无穷碧，映日荷花别样红。——《晓出净慈寺送林子方》宋　杨万里

睡起秋声无觅处，满阶梧桐月明中。——《立秋》宋　刘翰

荷尽已无擎雨盖，菊残犹有傲霜枝。——《赠刘景文》宋　苏轼

诗中藏着四季美景，我们一起来诵一诵，男女对。

（2）第二回合，猜节日

爆竹声中一岁除，春风送暖入屠苏。——《元日》宋　王安石

纸灰飞作白蝴蝶，泪血染成红杜鹃。——《清明》宋　高翥

未会牵牛意若何，须邀织女弄金梭。——《七夕》宋　杨朴

此生此夜不长好，明月明年何处看。——《中秋月》宋　苏轼

诗中还藏着民俗节日，一起来诵一诵，南北对。

（3）第三回合，猜情感

此地别燕丹，壮士发冲冠。——《易水送别》唐　骆宾王

遥怜故园菊，应傍战场开。——《行军九日思长安故园》唐　岑参

海内存知己，天涯若比邻。——《送杜少府之任蜀州》唐　王勃

梅须逊雪三分白，雪却输梅一段香。——《雪梅·其一》宋　卢梅坡

诗中还有那么真挚丰富的情感，一起来诵一诵，师生对。

2. 你们看，读诗能读到美景，能读到民俗风情，能读到真情，我想更能读到智慧，诗里真的什么都有。

【**设计意图：**在平时教学中，我们会发现学生对于古诗的学习诵读始终都有距离感，觉得学古诗是很难的。所以，教师最应该做的一件事就是通过课堂让学生喜欢读古诗，让他们感到古诗离自己很近，读懂古诗不再是一件难事。用什么方式能达到这样的目的呢？设计“读诗句，猜一猜”的游戏，让学生有依据地猜，以小组为单位进行比赛，学生们激动不已。学生在诗中读到了四季美景，读到了民俗风情，读到了各种真情。在成功的喜悦中，一下子缩短了与古诗的距离，激发起了他们读古诗的兴趣。】

四、细读，方法指导

1. 同学们，春天已悄悄来到我们身边，老师再送一首有关春天的诗给大家。(出示：《立春偶成》）这是一首绝句还是律诗？几言绝句？听老师配乐读。

2. 自己学着也来诵一诵，感受诗歌的韵律之美。

3. 展示读，互相评价。齐读。

4. 读诗多吟诵，你的眼前就会出现画面。给你一些小小的帮助，（出示个别字的注释）再读读诗，想想诗句大概的意思。想象一下你的眼前仿佛看到了什么画面？能不能美美地描述？在小组内说说。

5. 小组展示交流。

6. 你们看到的是不是这样的画面啊？(音乐起，欣赏图片）同学们真会读诗，读诗时我们可以借助书中的注解，边读边想象，就能读懂诗的意思，诗就变成一幅幅画了，诗也就活了。不信，我们看看刚刚这首诗的意思，是不是和你们想的一样？这是书中的译文，(出示译文）自己轻声读一读。

7. 边想画面边诵读。能把这首诗记在心里吗？尝试背诵。

8. 诗不光可以读，还可以唱呢！听！如果你把一首古诗唱成了你独有的一首歌，那该多有成就感啊！

9. 除了唱，我们还可以用什么样的方式来表现诗歌？(画、演）诗配画欣赏。

10. 通过这堂课，我们发现原来古诗不仅体裁多样，有五言绝句、七言绝句、五言律诗、七言律诗，而且诗歌里的内容很丰富，诗里什么都有。读诗的方式更是有趣，自己可以尽情去创造。那好好读读《千家诗》这本书吧，像我们今天课堂上这样去读，这样去想，你一定会发现这本《千家诗》的魅力所在。

【**设计意图：**通过带领学生细读《立春偶成》，引导他们学习读注释、想象画面、唱诗等方式来欣赏古诗，激发他们阅读古诗的兴趣，鼓励他们创造性地去阅读。教学中采用多种方式让学生亲近古诗，喜欢读古诗，把读古诗当成一种乐趣、一种享受。】

《笠翁对韵·六鱼》教学设计

俞慧英

设计理念

《笠翁对韵》对仗工整，韵律和谐优美，内容上至天文，下至地理，并汇聚了神话故事、历史故事、古典诗词……可谓包罗万象，是儿童学习诗词技巧的最佳启蒙读物。但正因内容的博大精深，尤其个别篇目涉及的典故较多，读起来不免晦涩难懂。故对于这部优秀传统文化经典的教学，必须契合儿童身心发展特点，精选内容，扬长避短，学习活动应选择恰当的形式展开，以期在愉悦的氛围中体验、传承中国传统文化，激发学生对祖国语言文字的浓厚兴趣，积淀文化底蕴，提高语文素养。

教学目标

1. 通过对读、打拍子读、接读等多种形式，正确、流利、有节奏有韵味地诵读，体会对韵文的特点。

2. 链接相关古诗、成语、典故等理解内容，领略其博大精深，感受传统文化的魅力，积淀学生的文化底蕴。

3. 感受语言的对称美和声律美，激发学生积累与运用祖国语言文字的兴趣。

教学预设

一、故事导入，激发兴趣

1. 同学们，老师给大家带来一个名人故事，想听吗？（师讲述《梅妻鹤子》

的故事）

2. 这个美好的故事流传下来，被浓缩成了11个字，谁来读一读？（出示：疏影暗香，和靖孤山梅蕊放）指名读。

3. 林和靖在他的《山园小梅》中就这样描述过梅花，（出示：疏影横斜水清浅，暗香浮动月黄昏）“疏影暗香”就出自这首诗，是专门写梅花的香味和姿态的，一起读一读。

4. 再看这一句。（出示：轻阴清昼，渊明旧宅柳条舒）这个句子里，也有一个名人，知道是谁吗？

5. 陶渊明特别喜欢田园生活。他的宅院里种有五棵柳树，人称“五柳先生”。五柳先生的住宅有五棵大柳树遮阴，那感觉一定——（很凉快，很舒服）

6. 是呀，“轻阴清昼”，舒服凉快，谁能把这种感觉读出来？

7. 把两个句子合起来，就是——（齐读）

8. 我读上句：疏影暗香，和靖孤山梅蕊放；

你读下句：轻阴清昼，渊明旧宅柳条舒。

9. 上下两句放在一起读，感觉怎么样？

10. 是呀，其实这上下两句合在一起是一个对子。

【设计意图：听故事，是儿童喜闻乐见的一种学习方式。韵文中的这十一字对，单从字面上看，学生们不易理解，更无法体会对子的妙处。通过故事引出对子，既能激发学生兴趣，又免去了烦琐的讲解，便于整体理解。】

二、五读对韵文，体会特点

（一）一读对韵文，整体感知

1. 把美好的故事写成一个个有意思的对子，这对子就出自《笠翁对韵·六鱼》，同学们放声读一读，注意多读几遍，做到读准、读通。（出示选文，生自由朗读）

2. 带拼音、去拼音等多种形式朗读。

（二）二读对韵文，找准对子

1. 看，这里的“对”就是对对子的意思。一个字对一个字叫一字对；两个字对两个字，这叫二字对，依次类推。现在老师和大家玩一个小游戏，我出几字对，你们快速读出相应的内容。

2. 学生根据要求找对子，读对子。

【设计意图：《笠翁对韵》是由一个个对子组成的，归根结底要回到对子上来。通过一字对、二字对等对子的找、读，学生在反复练读中初步体会对子的形式，为下面发现对子的特点作好铺垫。】

（三）三读对韵文，读出深意

1. 再来难一点的，这回，请竖起小耳朵，听好老师声音和节奏的高低、长短、快慢，你要对出一样的节奏。（师生对读，根据意思变换节奏）

2. 老师在读这个五字对时，声音为什么那么委婉悠长呢？想想这个对子描绘的画面，体会体会。（出示：月明山寺远，风细水亭虚）学生交流自己的理解，再有韵味地朗读对子。

3. 原来，这对子的前后是两幅美景，我们一起读一读。

4. 那读这七字对时为何读得铿锵有力呢？（出示七字对：壮士腰间三尺剑，男儿腹内五车书）学生交流、朗读。

5. 相机补充“三尺剑”“五车书”的典故。[（1）播放录音故事：据说汉高祖刘邦，当年因为体谅百姓疾苦，冒死放走了为秦王修陵墓的一批囚犯。囚犯们感激刘邦，便追随着他一路逃亡，不曾想，途中却有一条白蟒蛇挡住了去路。众人都很害怕，但刘邦却说：“男子汉大丈夫，这有什么可怕的！”于是拔出腰间的三尺宝剑，只一剑就斩杀了这条白蟒蛇。此后，刘邦就凭着过人的胆量与才能统一了天下，建立了汉王朝，而这“三尺剑”也就成了有胆识、有志向的男儿的象征。（2）介绍惠施“学富五车”]

原来这“三尺剑”出自《刘邦斩白蟒》的故事，说的是像刘邦一样有胆识、有志向的男儿，我们一起读一读！

6. 看来想要成为栋梁之材，就得像刘邦一样有胆识、有志向，像惠施一样有学问、有知识。（齐读）

【设计意图：本课将“读”贯穿课的始终。本环节巧妙选取了节奏、语调对比鲜明的两组对子，将学习典故、理解内容、感知特点等多方面的内容，都巧妙地安排在了“朗读有味”这一目标下，可谓润物细无声。】

7. 内容不同，读出来的味道也就不同。你知道其他对子对的是什么内容吗？根据注释思考一下。[学生根据注释交流理解，教师相机出示图文：(1) 食物，(2) 树木，(3) 衣服，(4) 花朵，(5) 名山，(6) 名人。相机介绍《愚公移山》的故事]

8. 一篇短短的对韵文中有食物对，有花朵对，有名山对，有人物对，还包含很多历史、神话故事，真是包罗万象！

(四) 四读对韵文，体悟形美

1. 弄明白了内容，那对起对子来就更有味道了，这回我们把中间的“对”字去掉，直接来对，行吗？(师生去掉“对”字，长长短短对对子)

2. 对着对着，对子的节奏出来了，对子的特点也跟着出来了，你发现了吗？(相机板书：字数相等、类别相同)

3. 字数相等、类别相同，这种语言上的对称，我们叫它对仗。(板书：对仗)

4. 对仗的文字，读起来特别富有节奏，还便于记忆呢。不信，咱们来试一试。以小组为单位，选择喜欢的方式有节奏地诵读这些对子，可以拍手读，可以摇头晃脑读，还可以表演读。(小组合作练习)

5. 小组展示。

【**设计意图：**儿童天生就是一个探究者、发现者。前期的一读、二读、三读，学生在语调和声音的高低、长短、快慢中反复对读，对出了对仗的形式美、节奏美。但发现这个特点的主动权仍然应还给学生们，他们在朗读中感悟，在朗读中发现《笠翁对韵》的语言秘密，发现传统文化的魅力，这就是学习的乐趣。

(五) 五读对韵文，品味音韵

1.《笠翁对韵》把这么多的对子组成一段，不仅对仗，富有节奏，读起来还和诗歌一样有韵味。这是为什么呢？

2. 你们看，句子末尾这些同韵的字，我们就叫它“韵脚”。它们的韵母有些是“u”，有些是“ü”，在古代都属鱼韵，因处在《笠翁对韵》第六篇，所以叫——六鱼。

3. 现在，让我们男女生合作读读《笠翁对韵·六鱼》，体会一下它独特的韵

味。(男女生合作读)

三、小儿对韵，推进阅读

1. 这么有意思的对韵文出自明末清初的大文学家、大戏曲家李渔之手，他的号是笠翁，他的这本书就叫《笠翁对韵》。(出示李渔简介)

2. 博学多才的李渔，通过《笠翁对韵》给我们传达了丰富的知识，还教会了我们如何对对子。你学会了吗？瞧，老师给大家出了个《小儿对韵》，先在小组里练一练。

出示：

风对（　　），来对（　　），花红对（　　）；

雄狮对（　　），鸣虫对（　　）；

唐太宗对（　　），唱歌对（　　）。

日行千里路，夜读（　　）。

翠柳鸣啼两黄鹂，青天直上（　　）。

柳绿花红，烟花三月下扬州；

山清水秀，风光四时（　　）。

3. 展示交流修改。瞧，发挥集体的聪明才智，我们的《小儿对韵》就对出来了，一起来读读自己的作品。

4.《笠翁对韵》博大精深，它是我们每一个长大了梦想要成为作家、成为诗人的同学的必读书。课后多读多背《笠翁对韵》，即便将来不当诗人，也能增长知识，提高我们的素养。

【设计意图：遵循教材内容的特点，遵循儿童学习的规律，学以致用，是对学习者最大的鼓励和奖赏。学生在尝试、挑战中，学习祖国语言文字的特点并使用它，这是对传统文化最好的继承和发扬。即便稚嫩，尤可珍惜。】

《奇妙的对联》教学设计

俞慧英

设计理念

对联，雅称楹联，俗称对子，被誉为“诗中之诗”。它作为我国独特的语言文学艺术形式和基础教育教学形式，历史悠久，源远流长。然而，随着清末学塾教育的消亡，对联作为一种教育教学方式也被忽视了。当今的小学生，对对联这一传统文化知之甚少。

《新课标》中指出：“语文课程应激发和培育学生热爱祖国语文的思想感情，引导学生丰富语言积累，培养语感，发展思维……正确运用祖国语言文字。”对联在众多的文学艺术门类中，是最能体现汉字神奇特点的一种文学形式，也是最有雅趣的民俗文化之一。今天的我们应该继承和发扬这一文学艺术，全面提高学生的语文素养。

教学目标

1. 诵读、品味对联语言的韵味，感受对联的声韵美。

2. 了解对联字数相等、词类相当、意思相关、平仄相谐的特点，领略祖国语言文字的精妙。

3. 能区分上下联，进行简单的对联填写。

4. 激发学生对传统文化的热爱和在生活中学习、积累对联的兴趣。

教学预设

一、对联真有趣

1. 我们的家乡海门人杰地灵，每年前来参观、考察的四方宾朋络绎不绝。作为小主人，你会如何向大家介绍我们的家乡呢？

2. 大家都亮出了海门特色，老师也想介绍一下。（师以三字联形式介绍家乡）

3. 老师的介绍很独特吧，它还是一副对联呢！今天这节课，老师就和大家继续我们的汉字文化课程之旅——（出示课题：奇妙的对联）

4. 说说你对对联的了解。

（相机出示：对联，又称楹联或对子。它讲究对仗，言简意深，语言优美，是汉语独有的一字一音的艺术形式，是世界文化史上一颗璀璨的明珠。）

【**设计意图：**对联虽是一种雅俗共赏的文学艺术，但对儿童来说，它又是艰涩难用的。对联的学习，应遵循学生的认知规律，以勾连生活、激发兴趣为先。本课通过情境创设，在教师以对联的形式介绍中，让学生感受对联的独特魅力，感受对联这一传统文化艺术与生活的联系，激发学习热情。】

二、我爱读对联

1. 还记得《春联》这篇课文吗？里面介绍了许多对联，让我们来美美地读一读。（出示文中的对联）

2. 这些叫春联，是对联的一种。过年时，家家户户都贴上大红春联，别提多喜庆了。此外，对联的种类还有很多，老师这儿就有一副。

（出示：长长长长长长长，长长长长长长长。）

3. 这副对联可真特别！它呀，是一副行业联，它还有一个横批——豆芽。

话说从前有个卖豆芽的老板，他一天产的豆芽三天都卖不完。后来，他找了个秀才，写了这样一副对联往门口一贴。一下子就变得生意兴隆，产了三天的豆芽一天都卖光了。这可真是一副有意思的对联，专家们研究发现，它可以有七种读法。你们琢磨琢磨，它该怎么读呢？（指名读）

4. 同学们有没有发现，这副对联不管怎么读，都表达出了卖豆芽人的心

声。如果你把上下联的最后一个字读得饱满到位些，那对联的味道就更足了，豆芽也似乎一下子长得更长了。（指名读）

5. 像这样专门为某一个行业或机构创作的对联就叫——行业联。

6. 除此之外，按用途分，对联还可以分为为特定节日而写的节令联，比如这一副。（出示相关对联，生读）

7. 有表示喜庆吉祥的喜庆联，比如婚联、寿联。（出示相关对联，生读）

8. 还有用于吊唁亡人的哀挽联，表达我们对逝者的哀思。哀挽联一般都是黑底白字，给人一种庄严肃穆的感觉。（出示相关对联）

9. 那些悬挂、雕刻于风景名胜处的，叫名胜联。（出示相关对联）

10. 专门题赠给他人，表示赞颂、劝勉的叫题赠联。这副就是周总理题赠给巨赞法师的对联。（出示相关对联，生读）

11. 最有趣的要数重在突出趣味或技巧的趣巧联了，比如这副，前一个分句句脚是后一个分句的句头，相邻两个分句首尾相连，一气呵成。这是趣巧联中的顶针联。（出示相关对联，生读）

【**设计意图：**对传统经典文化的学习与继承，需以趣为首。本环节列举了对联的诸多种类，但并未涵盖全部，而是挑选了好玩有趣、有故事的对联，首先抓住学生的眼球，继而介绍了常见的对联类别，既贴近学生，更显其亲近。】

三、我爱品对联

1. 对联形式多样，雅俗共赏。关于对联，民间还流传着这样一个有趣的故事呢——（出示图片，播放录音故事：明朝有个大学士叫解缙，据说他四岁的时候就能对对联。相传他家的对门住着个特大的官，是尚书，二品大员，姓李。这个尚书满腹经纶，经常跟四岁的解缙对对联，但是每次都输了，尚书很不服气。于是有一天他宴请几个权贵作诗，就把解缙叫到自己家里，准备好好地与他对一场。那天，解缙正好穿着妈妈刚给他做的一件绿色的小棉袄。一进门，一位显贵就冲他大声道："我的上联有了：出水青蛙穿绿袄。"这句上联相当有趣也相当恶毒。解缙一看，我穿着绿棉袄，你穿着红官服，你把我说成动物，我也把你说成动物）

2. 同学们，你能猜一猜解缙对了一个什么动物吗？（出示图及下联“落汤螃蟹着红袍”，齐读）这次对对联，小解缙赢了吗？你能说说理由吗？

3. 这一联不仅内容上对得妙，形式上也对得严丝合缝，看出来了吗？（引导学生结合已有对联认识来回答）

4．“字数相等、词类相当”，这就叫“对仗”，正是对联的一个基本特点。除此之外，对联还极讲究音韵之美。我们再去读读学过的对联，注意上下联最后一个字的读音，看看你有什么发现。（出示4副对联）

5．（出示声调）所有上联的最后一个字一般都是三声或四声，古称仄声；下联的最后一个字一般都是一声或二声，叫平声。上尾仄，下尾平，这叫平仄相谐，这样对联读起来才会朗朗上口。

6. 用这一要求去衡量小解缙对的对联呢？瞧，也完全符合这个特点！

【**设计意图：**以故事架设对联与童心的桥梁，借助学生已有的经验，唤醒学生们赏析、探究的欲望，从而使学生进一步充分认识对联，真正走进对联的内涵中去。】

四、我爱对对联

经过智慧的碰撞，我们充分了解了对联的特点。下面，我们来小试牛刀，挑战一下自己。

1. 挑战第一关——根据平仄相谐的特点区分上下联。

（出示：（1）互帮互助，展同学亲密友情；
　　　　　　相亲相爱，显朋友深厚情谊。
　　　　（2）竹篮提笋，母怀儿；
　　　　　　稻草扎秧，父抱子。）

指名回答，师适时表扬。

2. 挑战第二关——根据字数相等、词类相当、平仄相谐的特点，把以下6个句子组合成3副对联。

（出示：①芳草春来依旧绿；②春夏秋冬春为首；
　　　　③桃梨杏春风一家；④梅花桃李梅占先；

⑤梅花到时自然红；⑥松竹梅岁寒三友。）

3. 挑战第三关——填写对联。

开始对对联了。先自己思考，再小组里交流。

出示：

春蚕到死丝方尽，____________

处处飞花飞处处，潺潺碧水碧______

春风春雨春色，____年____岁____景

青鱼______绿水，白鹤______碧霄

4. 填对联可真带劲呀，对联的答案并不唯一，只要符合对联的基本要求，填什么都可以，你一定从中感受到了对联的无穷乐趣吧！

【**设计意图：**对联是一门独特的语言艺术，是语文学科思维训练的重要方式之一。三关挑战，让学生通过自主、合作、探究，在尝试、练习中发展思维，获得成就感，并真正体验到汉语言文字的独特魅力。】

五、我爱背对联

1. 对对联是一种很好的学习语言的方法。如果我们多读、多背对联，不仅能提高自己的语文水平，还能丰富我们的素养。课前，同学们搜集了不少对联，谁来背一副？

2. 你知道中国的第一副对联是什么吗？（相机出示）

3. 中国字最大的对联。（出示：立马空东海，登高望太平）这是安徽黄山立马峰绝壁上的一副摩崖石刻联，光这个“平”字的一竖就有1米多宽，6米长，长度相当于两层楼房那么高。

4. 中国字最小的对联。（出示：黑发若知勤学好，白发更觉读书甜）苏州微雕家沈为众先生分别将此联镌刻在黑、白不同的两根头发上，字迹要在200倍显微镜下才能看清楚。

5. 这是大家公认的天下第一长联，昆明大观楼长联。（出示对联）上联90字，下联90字。这副天下第一长联我还会背，你们信不？（师配乐背诵）

【**设计意图：**对传统文化的学习、传承、发扬，不是一蹴而就的，需要一个

长期积累、不断熏染积淀的过程。本环节学生充分展示的同时，教师也精心挑选了“对联之最”，进一步增强学生搜集、积累对联的内驱力，并亲自示范，潜移默化地传递给了学生一个学习积累对联的经验——传统经典文化是需要多读多背的。】

6. 同学们，赏中华对联，赏出奇趣绝妙；品传统文化，品得博大精深。华夏五千年的文化长河中，诗词曲赋散发着耀眼的光芒，对联作为一种浓缩的文学艺术品类，更是中华民族文化的瑰宝。让我们一起到对联的世界去徜徉吧，多读多品多背，你便能领悟祖国语言的无穷奥秘。

【**设计意图**：课堂虽已结束，但中国传统文化的学习、探究之路却刚刚开始。以对联的形式结尾，延伸对联学习的热情，强化阅读积累的方法，培养学生课外自主学习的能力，才能真正地将传统文化的学习进行到底，从而全面提高学生的语文素养。】

《探秘歇后语》教学设计

何裕琴

设计理念

歇后语，又称俏皮话，是我国古代劳动人民在生活实践中创造的一种语言形式。它句式独特、短小精悍，语言诙谐、幽默有趣，意象丰富、引人深思，深受孩子们的喜欢。本课教学旨在带领学生走近歇后语，了解这种独特的语言形式，增进对祖国语言文字的热爱，通过分享、探究，让更多的学生感知中华文化，在认识歇后语、传承歇后语、发展歇后语中丰富言语认知，提升表达能力。

教学目标

1. 认识歇后语，了解歇后语的语言形式，感受这种独特的语言形式的魅力。

2. 通过分享积累、阅读发现、迁移运用等学习活动，引导学生学会探究，学会分享。

3. 借助歇后语这一语言形式，激发学生对祖国语言文字的热爱。

教学准备

1. 歇后语资料卡、微视频、高手挑战赛话题纸、歇后语运用作业纸、歇后语的故事。

2. 了解班级内学生分组状况，给每个学生编号。

教学预设

课前谈话：说起你们××小学呀，那可是窗户边吹喇叭——名（鸣）声在外。一项项学校荣誉挂满校史陈列室，好比那卢沟桥上的石狮子——多得数不清。这里的老师们个个都是钢珠落玉盘——当当响。特别是你们校长，不但是海门市最年轻的特级教师，还是江苏省人民教育家培养对象，整个儿一飞机上吊水壶——高水平啊！生活在这么优秀的校园里，你的心情怎样？

哟，一个个就是那九月的甘蔗——甜到心了！从你们微笑的脸上，我读到了你们以校为荣的骄傲，真好！爱学校的学生一定也爱学习，期待你们课堂上的精彩表现，上课！

【**设计意图：**用歇后语说身边事，感受这种独特语言形式的魅力，培养学生们的兴趣点，让他们在不知不觉间感受歇后语的有趣、有料、有用，拉近了语言与生活的距离。】

一、观察发现，认识歇后语

1. 刚刚的对话中，你一定注意到了这样一些语言。（指读：歇后语）

2. 你觉得这些语言怎么样？（有趣好玩、很有深意、贴近生活、充满智慧、含蓄生动……）

3. 很多时候，我们往往只说前半截，歇去后半截，让别人自己体会句子的意思，所以人们把这种特别的语言形式称为歇后语。

4. 除了我说的这些，你还知道其他歇后语吗？和大家分享一下。（学生交流）

5. 知道得真多，你们真是棒打鸭子——呱呱叫！

【**设计意图：**教育家布鲁纳指出："知识的获得是一个主动的过程，学习者不应该是信息的被动接受者，而应该是获取过程的主动参与者。"此环节的设计让学生自己去发现歇后语的特点，再来分享他们的发现；让他们调动自己的知识储备，分享已有的积累，可谓找准了学习的原点。】

二、丰富积累，了解歇后语

1. 课前，老师也收集了一些歇后语。拿出资料纸，大声读一读，记一记，有不认识的字或读不懂的地方可以做上记号，再小组交流。

2. 小组交流后还有不懂的吗？

3. 三个臭皮匠——顶个诸葛亮，合作得真好！那咱们不妨再合作一次，大屏幕上有8条歇后语，按顺序每人读2条给小组成员听。读完以后，一起观察讨论，说说歇后语有哪些特点。

（1）形式上：看看它们的构成，读读前后两部分内容。（歇后语分为前后两个部分，前一部分像谜面，后一部分像谜底）

（2）歇后语很有趣，俗称俏皮话。那读着仅仅是为了好玩吗？（含义深刻）

（3）为什么有时要歇去后半截呢？（含蓄）

4. 咱们班的同学合作学习的本领特别强，真让我额头上挂钥匙——大开眼界。经过了发现、讨论，刚刚读的那些歇后语你还记得多少呢？拿出课堂练习纸，完成连一连。比比咱们班谁记得多、记得准。

5. 你们可都是城墙上的守卫——高手（守）哇！这轮考验的是记忆力，下一轮挑战的是大家的表达能力，有没有信心？

【设计意图：学习的本质是学会学习。在对歇后语语言形式的研究中，所有的核心知识都是学生们发现的，教师始终只是参与者、倾听者、平等对话者。教学中给学生充分的探究时间，让他们从具体到抽象、从表象到本质，真正通过亲历研究去触及歇后语的核心。**】**

三、学以致用，对话歇后语

1. 出示：

学以致用，选择合适的歇后语填进空白处。

八仙过海——各显神通

周瑜打黄盖——一个愿打一个愿挨

姜太公钓鱼——愿者上钩

铁杵磨成针——功到自然成

千里送鹅毛——礼轻情意重

才艺展示会上，同学们（　　　　　　　　　　　　　　　　）：有的挥毫，有的剪纸，有的弹琴，有的烹饪……他们的精彩技艺赢得了来宾们的称赞。

李时珍翻山越岭，走遍了大半个中国，访名医、尝草药，经过二十几年的不

懈努力，终于写成了药学巨著《本草纲目》。这真是（

）啊！

2. 这么一用歇后语，句子就更加浅显生动了。模仿刚才的例子，选用自己喜欢的歇后语来说一句话，看谁用得合理又准确。（交流、评价）

3. 会用还不是最高境界，会编歇后语才是真正的高手。（出示：刘谦上春晚——露馅）

刘谦认识吧？这位创作者抓住他在春晚上的一次失败经历，编了这条歇后语，挺有意思吧？你能模仿歇后语的构成方式，也来编一条吗？同桌合作，发挥想象。把想法写到黑板上来。

4. 学生交流、分享。教师评价：个个都是半空中的火把——高明！真是和尚的住处——妙！

【**设计意图：**语文强调工具与人文的统一，“语用”是语文学习的根本指向与追求。从识记到运用，从运用到创造，我们一直在引导学生们把知识化为能力，用新的理解去解读歇后语、丰富歇后语。】

5. 歇后语作为中华文化的一部分，很有生命力，随着人类生活经历的丰富，歇后语家族也日益庞大。如今，你只要点开搜索引擎，输入歇后语，就能得到几万条之多。相信今天的课堂已经给你点燃了智慧的火花，感兴趣的同学一定会在歇后语的世界里收获更多的知识与乐趣！

【**设计意图：**现在特别强调中华传统文化的传承发展，作为一名语文老师，我们要始终铭记自己的责任与使命，把传统文化纳入课堂只是开始，绝不是终点。】

《中国英雄神话群文阅读》教学设计

秦飞飞

教学内容

群文阅读篇目:《后羿射日》《女娲补天》《夸父逐日》《精卫填海》。

设计理念

神话并非现实生活的科学反映，而是由于远古时代，人类开始思考与探索自然并结合自己的想象力所产生的，其中包括神奇的人物、神奇的宝物、神奇的力量。它是远古先民与世界对话的结果，先民用神话解释客观世界，解释自我，处理与自然、与他人、与其他族群的关系。神话承载着民族传统文化的精髓，是民族传统文化的范本之一。神话中的英雄具有盖世神功，坚韧不拔的精神以及济世救民的情怀。本课选取一组典型英雄神话，通过读一读、品一品、讲一讲、演一演、比一比等阅读方法，引导学生了解英雄人物的共性和差异，初步掌握英雄神话的叙事特点，体会古代人民对英雄的崇拜，感悟远古先民与大自然抗争的勇敢无畏。用神话唤醒学生脑海深处的文化基因，激发学生的民族自豪感。

教学目标

1. 通过阅读神话故事，感受英雄人物的神奇力量和精神品质，激发学生阅读神话的兴趣。

2. 通过神话故事中典型的英雄形象，体会古代人民探索自然、征服自然、改造自然的强烈愿望和对美好生活的向往。

3. 初步了解神话故事的叙事特点，尝试创作。

4. 了解中国悠久的历史文明，感受母语文化的璀璨和美好，传承中华民族的伟大精神。

教学预设

一、激趣导入，揭示课题

1. 同学们，请根据我的描述猜猜这些人物是谁。

（1）他用神力开辟了天地，并用身躯化作世间万物。（盘古）

（2）他带领百姓战胜洪水，三过家门而不入。（大禹）

（3）他教训了胡作非为的东海龙王父子，让老百姓过上了太平日子。（哪吒）

（4）他们制服了恶龙，让太阳和月亮重返天空，而他们却化身为两座青山，守护着日月潭。（大尖哥、水社姐）

2. 你们有没有发现这些人物的共同点？

3. 他们都是神话人物，本领高强、勇敢无畏、一心为民，他们就是人们心目中的英雄。这节课，就让我们走进神话世界，去认识更多的英雄人物。（出示课题：中国英雄神话）

【**设计意图：**《开天辟地》《大禹治水》《哪吒闹海》《日月潭》是苏教版语文教材上的课文，学生对故事中的神话人物耳熟能详。以有趣的“猜人物”游戏调动学生已有的知识储备，引导学生以新的视角去思考神话人物的共同点，激发学生对神话英雄的探究欲望。】

二、梳理情节，感知形象

1. 课前请同学们阅读了一组英雄神话《后羿射日》《女娲补天》《夸父逐日》《精卫填海》。你最喜欢哪个英雄人物？为什么？（出示：阅读思维导图）

阅读思维导图

中国神话故事	英雄人物	英雄的神力用“～～”画出，做批注	英雄的品质用“——”画出，做批注	精彩情节展示（可采用讲故事、朗读、表演等形式展示）	英雄人物的共同点
《后羿射日》					
《女娲补天》					
《夸父逐日》					
《精卫填海》					

2. 我们先来聊聊后羿这个英雄人物。后羿有怎样的神力和精神品质？快速浏览全文，完成阅读思维导图上《后羿射日》的内容。（板书：神力、品质）

（1）英雄的神力：

从“拉开万斤弓弩，搭上千斤重箭”体会到后羿的力大无穷。

从“‘嗖’的一箭射去，第一个太阳被射落了”体会到后羿的箭法高强。

（2）英雄的品质：

从“看到人们生活在苦难中，他心急如焚，决定帮助人们脱离苦海，射掉多余的太阳”体会到后羿的勇敢无畏、一心为民的精神品质。

（3）精彩情节展示：

现在我们来讲讲最能体现后羿英雄气概的情节，先练一练，提醒：把后羿的英雄气概和神力用你的语言和动作表达出来。（学生上台展示）

【设计意图：将思维导图方式应用到群文阅读教学中，不仅能高效地开展教学活动，更有利于学生对阅读文章进行对比研究，从而快速有效地把握英雄人物形象。采用“扶放结合”法，把《后羿射日》作为教学范例，教给学生阅读方法，让学生自主学习另外三个故事，真正发挥小组合作探究的作用，让学生真正成为学习的主人。**】**

三、依法学文，展示汇报

1. 你们还喜欢哪个英雄人物？小组里选择一个英雄人物进行交流，请按照我们刚才学习《后羿射日》的方法进行交流。（出示阅读单）

（1）结合故事内容说说英雄的神力，感受英雄的精神，把最能体现英雄形象特点的关键词写下来。

（2）选择一处精彩的情节，用喜欢的方式来展示。

2. 请小组上台汇报学习成果。

★《女娲补天》

（1）英雄的神力：

从“熔炼五色石补天”“斩断大龟的四只脚，把天撑起来”“杀死黑龙，救百姓”“烧芦苇，防洪水”体会到女娲神力无穷、神通广大。

（2）英雄的品质：

从“天的四边忽然毁坏了，大地也突然裂开了……看到这种情景，女娲心急如焚”体会到女娲爱民如子、一心为民的精神品质。

（3）精彩情节展示：

让我们一起来看看女娲补天救人的神奇场面。（播放动画片）

谁来讲述女娲补天救人的精彩情节？注意要表现出女娲的英雄气概和神力。

★《夸父逐日》

（1）英雄的神力：

从“夸父拿着手杖，提起长腿，迈开大步，像风似的奔跑，向着西斜的太阳追去，一眨眼就跑了两千里”体会到夸父跑得快，神力无穷。

从“就在这时候，夸父的喉咙干得直冒烟。他实在是太渴、太累了。夸父伏下身子，去喝黄河、渭河里的水。咕嘟咕嘟，霎时间两条大河都给他喝干了，可是还没止住口渴”知道夸父一口气能喝干两条大河，十分神奇。

（2）英雄的品质：

夸父为了追赶太阳，不畏艰辛，长途跋涉，这种为了梦想而奋斗的精神令人佩服。

夸父死后，手杖化作桃林，激励后人奋勇前行。他有为民造福的精神品质。

追问：夸父最后追到太阳了吗？他没有追到太阳，还算是英雄吗？

（3）精彩情节展示：

谁来讲述最能体现夸父神力的精彩情节？（学生展示）

★《精卫填海》

(1) 英雄的神力：

女娃死后，灵魂化为精卫鸟，十分神奇。

提炼：也许她的本领不能和后羿、女娲、夸父相比，但是她坚持不懈、勇敢无畏的精神同样令人敬佩。

(2) 英雄的品质：

从“她衔啊，扔啊，成年累月，往复飞翔，从不停息”体会到精卫的坚持不懈。

从“你将来还会夺去许多无辜的生命，我要一直填下去，总有一天会把你填成平地”体现出精卫的善良、锲而不舍。

(3) 精彩情节展示：

谁来表演故事中大海和精卫的精彩对话？(出示对话)

大海：小鸟儿，你这是干什么，你就是花千百万年时间，也休想把我填平！

精卫：哪怕是千万年，万万年，就算是到了世界末日，我也要把你填平。

大海：你为什么这么恨我呢？

精卫：因为你夺去了我年轻的生命，将来还会夺去许多无辜的生命，我要一直填下去，总有一天会把你填成平地。

从他们的对话中，你感受到精卫有怎样的精神品质？让我们一起合作朗读这段精彩的对话，男生表演大海，女生表演精卫，读出大海的狂妄自大和精卫坚定不移的决心。

追问：面对浩瀚无边的大海，精卫能把大海填满吗？明知不可为而为之。你觉得她傻吗？

小结：虽然精卫不可能把大海填平，但是锲而不舍、永不放弃的精神受到人们敬佩和称赞。清代大学问家顾炎武写道：

我愿平东海，身沉心不改。

大海无平期，我心无绝时。

——顾炎武

他把自己比作精卫鸟，以精卫填海的精神激励自己，用了三十多年的时间终于完成了巨著《日知录》。精卫填海的精神在中华民族传扬了千百年，鼓舞了亿万人，并且必将继续传承下去。让我们一起记住这种精神，一起读。（生齐读小诗）

【**设计意图**：各小组按照“找神力→悟精神→讲情节”的阅读方法去把握英雄人物形象的特点。“精彩情节展示”的设计正体现了神话口耳相传的特点，通过绘声绘色的讲述和表演，不仅能感受神话神奇的特点，还能积累语言，运用语言，真正关注语言实践，提升学生核心素养。】

四、比较阅读，领悟写法

1. 后羿、女娲、夸父、精卫都是古代劳动人民创造出来的英雄形象，他们有什么共同点和不同点？小组讨论，组长总结汇报。

相同点：

（1）他们都拥有伟大的精神品质。

（2）他们都拥有神奇的本领。

（3）当人类遇到灾难时，英雄就会出现。

（4）他们是来解救人类、帮助人类的神。

追问：在这四个故事中，古代人民都遭遇了哪些自然灾害？

小结：远古人类战胜自然灾害的能力十分有限，经常被洪水、大火、地震、海啸等自然灾害夺去生命和家园（板书：人类遭遇苦难），他们多么希望有神来解救他们，帮助他们。于是后羿、女娲、夸父、精卫，这些英雄神话人物就诞生了。（板书：英雄出现）

不同点：

（1）与大自然抗争的结果不一样。后羿和女娲征服了大自然，夸父和精卫没有征服大自然。

（2）最后的命运不同。后羿被封为天将，女娲和夸父牺牲了，精卫化作小鸟。（板书：永生、牺牲或重生）

2. 小结：这就是英雄神话的叙事特点：人类遭遇苦难—英雄出现—英雄牺牲、永生或获得重生。课后，我们可以根据神话的叙事特点创编属于自己的英雄神话。

【**设计意图：**本环节通过对比研究，引导学生探讨英雄人物的共性与差异，从而了解神话的起源，领悟神话的叙事特点，真正发挥群文阅读的最大功能，即从一组文章的阅读中，获取阅读一类文章的方法，教会学生如何阅读英雄神话。】

五、追根溯源，传承文化

1. 这些英雄人物都是古代劳动人民想象出来的，不是真实的，那么我们为什么还要读神话故事呢？（出示：中华上古神话传说开启了华夏民族最原始的精神文明，也成了中华民族永远的精神食粮！——余秋雨）

2. 总结：中国有着五千多年灿烂悠久的历史文化，中国神话是民族文化的瑰宝，内聚着中华民族的精神密码和文化基因。读中国神话，做有根的人，让我们继承中华民族的精神基因，做一个正直、善良、勇敢、勤劳的中国人。

【**设计意图：**孩子们喜欢神话，尤其是处在小学高段的孩子，自我意识开始萌芽。他们对神话中的英雄人物充满了敬佩，教师借助这股热情，四两拨千斤，引导学生思考阅读神话的价值所在，在学生的心中埋下中国传统文化的种子，成为其成长的精神食粮。】

《诗词·〈忆江南〉群文阅读》教学设计

徐　勇

教学内容

群文阅读篇目：白居易《忆江南》三首。

设计理念

解读白居易的《忆江南》，人们历来以赞美、怀念为主旨，却对诗词所凸显的情感，特别是诗人复杂的内心世界缺乏深入挖掘，从而大大降低了这组词的艺术魅力。诗词教学应是心中有“人”的教学，这里的“人”，不仅包括教学对象——学生，也包括文本中的人物。只有做到心中有“人”，教学才有抓手，文本才有血肉。这里的“人”，首先应该是学生。对于高年级学生来说，由于白居易的诗词通俗晓畅，因此理解诗词的意思不是难点。其次，这里的“人”是诗人。白居易写这组词的时候，已经60多岁，开始步入老年，从某种意义上说，那江南已经成了诗人生命中不能割舍的一部分，也许只能永远相会在梦中了。事实上，白居易写下这组词不久（公元846年）就离开了人世，他最终没能回到他梦中的江南。由此，试着从“人”的角度来解读文本，文本就不再是干巴巴的文字材料，它就有了人的感情，教学也就找到了突破口。

教学目标

1. 初步认识词这种文学样式。有感情地朗读，熟读成诵。

2. 根据词所描绘的景物，想象画面。感受言语美感，培养欣赏美、鉴赏美的能力。

3. 根据词的内容，感悟词人的内心世界。

教学预设

一、诵读词之韵味

1. 同学们，我们先来欣赏一首歌曲，看看你能听出什么。（播放歌曲《忆江南》）

2. 听出来了吗？（指名回答）对了，江南的春天特别美好！古往今来，有多少诗人用优美的语言来赞美她。今天，我们就来欣赏一下唐代大诗人白居易笔下的江南的春天。（出示课题）

3. 出示三首词。你发现它们有什么相同的地方？

（预设：这三首都是词，每一首都是五行，作者都是白居易。假如有学生说：都是用“忆江南”作题目。追问：是题目吗？接着解题。）

4. 解题：“忆江南”是词牌名，它有固定的格式，与曲调有关，而与词的内容一般没有什么联系，作词者只是依曲调填词。而白居易的这三首词，内容恰与词牌相吻合。此时他身在洛阳，写的又是自己对江南春色的记忆，这正是白居易的高明之处。请大家自己读读这三首词，读的时候要把它读正确，读通顺。

5. 指名读第一首。

6. 读词，不仅要读正确、流利，更要读出节奏和韵味。谁再来读？（指名读）

7. 这位同学注意了句子内部的停顿，所以读出了词的味道。我们再来读一读。（齐读）

8. 师生合作朗读全词。

9. 能不能用刚才的方法，试着读好其他两首《忆江南》呢？可以自己读，可以同桌对读，也可以小组合作展示。（学生练习）

10. 展示朗读其他两首词，师相机评价。

【设计意图：儿童学习古诗词，凸显“趣”字是关键。教学伊始，从一首婉转动听的歌曲《忆江南》入手，让课堂弥漫江南气息。在初步了解词的特点之

后，师生一起，通过多形式的朗读来感悟词的节奏和韵味。】

二、了解词之大意

1. 刚才我们读出了词的韵味，那么，词的意思理解了吗？我们先来解释几个关键词的意思。（出示，学生交流）

2. 理解了关键词的意思，小组交流一下词的意思。

3. 指名回答。

【**设计意图：**熟读成诵之后，就要对词的意思有所了解。对于高年级学生来说，在对词的大意有了初步理解之后，教师要“悄然隐退”，让学生通过抓关键词来交流整首词的意思。这是对高年级学生学习能力的一种锻炼。】

三、发现词之不同

1. 理解了三首词，相信我们读起来就更有味道了。（配乐齐读）读了这么多遍，有没有发现这三首《忆江南》也有一些不同的地方？（预设：第一首总写江南景、第二首写杭州美、第三首写苏州美）

2. 有人说，白居易的第一首《忆江南》写出了江南最美的景色。在这幅美景图当中，你觉得最美的是什么呢？

3. 多么美好的画面啊！这首词，写出了江南最美的风景，最美的风景就在这首最美的词中。我们带着这样的想象，再来读这首词。（学生齐读全词）

4. 再读读后面两首词，想一想，在白居易心里，他怀念的是杭州的什么？怀念的是苏州的什么？

5. 俗话说，上有天堂，下有苏杭。由杭州就自然联想到苏州，诗人最难忘的是苏州的什么？

6. 美酒、美女的舞姿……这就是诗人对苏州的印象。同学们，当你们了解了这些，知道了白居易对江南的这份难忘的回忆后，我们再读读这三首词，看看是否读出了不一样的味道？（学生配乐诵读这三首词）

【**设计意图：**在对比阅读中发现、质疑、探究，在矛盾冲突中思辨、考证、批判，这是群文阅读较之传统单篇阅读的一大优势。三首《忆江南》的比较阅读，既是在原有基础上的进步，更为后阶段感悟词的情韵埋下伏笔。】

四、体察词之情韵

1. 读诗也好，读词也好，一定要读人，要了解作者的生平。读了这三首《忆江南》，你能猜一猜白居易当时生活的情况吗？说说理由。

2. 你们的猜测是否正确呢？请看——（出示白居易的生平）

白居易少年时期，曾经漫游过江南，度过了一段非常快乐的时光。50岁后又先后出任过杭州刺史、苏州刺史。出任杭州刺史期间，他治理西湖，筑堤建闸，灌溉良田，做了不少好事，深受老百姓赞颂。江南的那段美好岁月，已经成为他生命中不能割舍的一部分。后因病卸任，来到洛阳。白居易写下这组词的时候，已经60多岁，已经是离开江南十多年之后了。

3. 时隔多年，身处洛阳的他，却不能不忆江南！此时的他，是身在洛阳——心在江南！也许，他曾经无数次在梦中回到江南。在那无数次回到江南的梦中，他都梦见了什么呢？（出示学习单）

（1）组内合作学习，联系三首词的内容，说说白居易的梦中会出现什么场景。

（2）小组分工，每人选择一个场景，以“在梦中，白居易______”为开头写一段话。

4. 小组汇报、展示。

5. 这段岁月让诗人久久不能忘记，江南美景无数次出现在他的梦中。但从梦中醒来，他发现自己已经离开江南十多年了。诗人毕竟是诗人，他挥毫泼墨，写下了这三首《忆江南》，来寄托他对江南无穷无尽的思念！同学们，让我们穿越时空，对话白居易，对话一个离开江南十多年的白发老人——（配乐诵读）白居易啊白居易，你难忘杭州的什么？（齐读第二首）白居易啊白居易，你怀念苏州的什么？（齐读第三首）白居易啊白居易，江南真的那么好吗？（齐读第一首）

6. 江南真好！是啊，能不忆江南？他终始惦念的是江南，他渴望重游的是江南，他期待重逢的还是江南！只要一想到江南，诗人心里就有一种什么样的感觉？

7. 就是这种美好的感觉，但是有一丝伤感。再读一读这首词，感受诗人心中的情感。（学生齐诵）

8. 江南，已经成了诗人生命中不可割舍的部分。当我们再读这首词时，就会发现诗人对江南的赞美，都浓缩在一个字里，哪一个字呢？为什么？

9. 是的，就是这个“好”字！这个“好”字，简简单单，明明白白。再读一读这首词，再来感受江南的“好”。（生齐读这首词）

10. 写下这组词的时候，诗人已经60多岁，应该说已步入老年，路途遥遥，古代交通不便，恐怕回到江南的可能性不大了。也许正因为如此，才会更加感到江南好——（男生诵读）

11. 随着时光流逝，那个美好的江南，那个生命中不能割舍的江南，也许只能永远相会在梦中了，它已经成了诗人心中的一个美丽的江南梦——（女生诵读）

12. 白居易写下这首词不久之后就离开了人世，他最终没能回到他的梦中江南，但他笔下的江南却还是那么美，那么诗意盎然，而他的这首词也成了千古绝唱。你听，这是白居易的《忆江南》。（播放另一首《忆江南》歌曲）

13. 总结：是啊，能不忆江南？这是白居易的江南，这也是我们的江南。现在，在我们每一个人的心里，都有了一个最美好的梦中江南。

【设计意图：正所谓“知人论世”，在了解白居易的人生轨迹之后，再来感悟这三首《忆江南》，才会发现这里寄托着作者对江南无限的回忆与眷恋。词中所举的种种意象，正是作者对江南美好岁月的点滴情怀。而这种情怀，只有经历过的人才会如此刻骨铭心。而这种刻骨铭心正好在“人们心中最柔软的地方捏了一把”，在给读者留下深深的震撼与感动之余，对于今人如何走好自己的人生道路也是一种启发。这也是群文阅读的最终目的与生命力。**】**

《评书·我是小小说书人》教学设计

秦飞飞

设计理念

评书，作为一种讲故事的传统艺术形式，是民族智慧的结晶，也是民族文化的印记。目前，评书艺术被列为国家级非物质文化遗产。研发适合儿童认知水平的评书课程，旨在培养学生对评书传统文化的亲切感、认同感和丰富的语言感受力，唤醒学生对传统文化的兴趣，最终实现学生母语素养以及核心素养的全面提升。本课以评书中的“开脸”作为教学内容，以“掌握说书技巧，训练口头表达能力”为重点，通过猜人物、品“开脸”、学说书、秀口才等环节，引导学生感受评书语言的特色和创作手法的精妙，用评书传统文化的滋养唤醒学生的言语智慧。

教学目标

1. 初步了解评书的起源和特点，感受评书的独特魅力。

2. 以古典名著《水浒传》为载体，了解“人物开脸”这一表现手法，在聆听和练说中，初步掌握说书技巧，提高口头表达能力。

3. 创设说书场，搭建展示平台，激发学生对评书传统文化的热爱。

教学预设

一、走进传统，了解评书

1. 这节课让我们走近中华优秀传统文化——评书，一起来聆听、学说，做一回“小小说书人”。

2. 什么是评书呢？台湾著名作家陈卫平是这样介绍的——（播放录音：评书又叫说书，简单来说就是讲故事。宋代有一些专门以讲故事为职业的人，他们的名字叫“说书人”。说书人讲起故事来，忽而轻声细语，忽而慷慨激昂，忽而哀怨婉转。故事中的人物，譬如老太婆、老头子、大英雄、小瘪三……说书人都能惟妙惟肖地模仿他们的声调、语气，让听众听得如痴如醉。说书人说的故事大都来源于历史，所以评书不仅好听，更是记载中国历史的活化石，是中华文化的瑰宝。）

3. 评书是我国独特的传统文化，一人一扇一醒木，便可浮现千军万马，演绎世间百态，不愧是我国传统文化里的奇葩。

【**设计意图：**评书，是一种优秀的中国传统文化艺术。通过陈卫平深入浅出、生动有趣的介绍，学生对评书有了初步认识，产生了浓厚的兴趣，激发了学生对说书传统文化的兴趣。】

二、以“貌”取人，品读“开脸”

1. 这节课，就让我们以评书的方式走进古典名著《水浒传》，说起水浒故事，大家都耳熟能详。其实，最早的水浒故事是古代说书人创作出来的，后经施耐庵收集、整理、加工，写成了《水浒传》。书中塑造了108位英雄好汉，他们行侠仗义、除暴安良，你印象最深刻的是哪个水浒人物？为什么？

2. 水浒人物个性鲜明，个个身怀绝技。评书中，人物初次登场时，说书人会细细描摹人物的长相、身材、穿着等外在特征，给听众留下深刻而具体的印象，这种描绘人物形象的手法叫作开脸，也叫人物赞。现在我们就来猜猜这些人物是谁。（播放录音）

（1）这位是身材魁梧啊，高有八尺，按现在说，这个能有1米85以上。宽宽的肩膀，细细的腰身，大眼睛，鼓鼻梁，方海口，黑灿灿的面皮，长的是五官端正，仪表出众。

讲解：此人正是行者武松。单田芳用声音“画”了一幅肖像画，栩栩如生，让我们感受到打虎英雄的威风凛凛。

（2）这人头上带着四方青纱巾，身上穿着墨绿色的团花战袍，腰中扎着一条双搭扣龟背银带，足下蹬着什么靴子由那半堵土墙挡着没看着。这人长着长四方脸，两道剑眉，一双虎目，鼻直口阔，颌下三绺短墨髯，看这一双眼闪闪有神，一瞧，这就是一位武术大家。气宇轩昂一团正气。

讲解：此人正是八十万禁军枪棒教头——林冲。你听，人物外貌描述得特别传神。

(3) 好大一坨，见这位平顶身高八尺，肩宽背厚，膀大腰圆，这腰得赶上普通人三腰粗，这坨也得有300斤，头上带着酱紫色的宽巾，身上穿着鹦哥绿战袍，腰束战带，胯里一口弯刀。

讲解：此乃花和尚鲁智深。经过单老的精彩演绎，一个身宽体胖、力大无穷的鲁智深跃然眼前。

3. 请读读这三段人物开脸，想想说书人是按照什么顺序来描述人物外形的。

(1) 从整体到局部，给人感觉条理清楚、层次分明。说书人一般先介绍人物的整体轮廓，再抓住特点细细描述，使得人物栩栩如生、各具风采。(板书：从整体到局部)

(2) 从上到下，就是说书人通常所说的“头上戴、身上穿、腰间围、足下蹬”，这样的顺序既符合人们的视觉习惯，容易被人们所熟记，又使人物形象清晰、跃然眼前。(板书：从上到下)

4. 评书的语言精彩绝伦，再大声读读这些人物开脸，总结评书在语言表达上有什么特点。

(1) 语言凝练、富有节奏，说起来犹如行云流水，顺畅自然，一气呵成！(板书：语言凝练)

(2) 比喻、夸张等创作手法使得人物形象更加栩栩如生。(板书：夸张比喻)

5. 小结：评书的人物开脸，主要靠说书人的一张嘴，用凝练、形象的语言和比喻、夸张等手法活灵活现地展现人物特征，慢慢引发我们联想，在脑海中逐渐产生形象，如见其人，如闻其声，这就是评书人物开脸的艺术魅力。

【设计意图：“开脸”是评书表演中描绘人物形象的一种表现手法，是典型的人物外貌描写。精心选择三段人物开脸，引导学生感受评书语言有序、凝练、形象的特点，了解开脸中夸张、比喻的创作技巧，感受评书独特的语言魅力。】

三、拜师学艺，探究技巧

1. 大家是不是被这样的人物开脸吸引住了？老师请来了评书艺术表演大师——田连元，让我们跟着大师学评书。

2. 要说好一段评书也不是一件容易的事情。《西江月》中说道：“世间生意甚多，唯有说书难习。评叙说表非容易，千言万语须记。一要声音洪亮，二要顿挫迟疾。装文装武我自己，好似一台大戏。”这对说书人的文学素养和艺术功力提出了很高要求。

3. 先来看看评书艺术大师田连元是如何用声音演绎人物形象的。关注大师的动作、表情、声音、气息。（板书：表情、动作、声音、气息）（播放田连元表演林冲“开脸”的视频）

4. 交流汇报总结：

（1）动作要自然大方。

（2）表情要符合人物性格特征。

（3）声音要洪亮，做到顿挫迟疾。（有高有低、有快有慢、有轻有重）

（4）气息要平稳有力。为了增强语言的气势，有些标点处不停顿，把一段话一口气说下来，一气呵成，一贯到底。

5. 掌握了这些说书表演的要点，咱们就要一显身手啦！哪一位小小说书人来为大家表演林冲的“开脸”？（学生展示，相机点评）

6. 一个“开脸”说得不过瘾，这还有许多水浒人物的开脸，你喜欢谁呢？小组内选择一个喜欢的人物开脸，对照着表演要点，自由练说。比赛规则：每组评选出一名优胜者，参加全班的说书擂台赛，最后的获胜者将获得“我是小小说书人”的光荣称号。

出示水浒人物的开脸：

呼保义宋江：眼如丹凤，眉似卧蚕。滴溜溜两耳垂珠，明皎皎双睛点漆。唇方口正，髭须地阁轻盈；额阔顶平，皮肉天仓饱满。

小旋风柴进：马上那人，生得龙眉凤目，皓齿朱唇，三牙掩口髭须，三十四五年纪。头戴一顶皂纱转角簇花巾，身穿一领紫绣团龙云肩袍，腰系一条玲珑嵌宝玉绦环，足穿一双金线抹绿皂朝靴。

青面兽杨志：只见那汉子头戴一顶范阳毡笠，上撒着一把红缨，穿一领白段子征衫，系一条纵线绦，下面青白间道行缠，抓着裤子口，獐皮袜，带毛牛膀靴，跨口腰刀，提条朴刀，生得七尺五六身材。

智多星吴用：似秀才打扮：戴一顶桶子样抹眉梁头巾，穿一领皂沿边麻布宽衫，腰系一条茶褐銮带，下面丝鞋净袜；生得眉清目秀，面白须长。

活阎王阮小七：疙疸脸横生怪肉，玲珑眼突出双睛。腮边长短淡黄须，身上交加乌黑点。

一丈青扈三娘：雾鬓云鬟娇女将，凤头鞋宝镫斜踏。黄金坚甲衬红纱，狮蛮带柳腰端跨。霜刀把雄兵乱砍，玉纤手将猛将生拿。天然美貌海棠花，一丈青当先出马。

母夜叉孙二娘：系一条鲜红生绢裙，搽一脸胭脂铅粉，敞开胸脯，露出桃红纱主腰，上面一色金钮，眉横杀气，眼露凶光。

母大虫顾大嫂：眉粗眼大，胖面肥腰。插一头异样钗环，露两臂时兴钏镯。红裙六幅，浑如五月榴花；翠领数层，染就三春杨柳。

大刀关胜：堂堂八尺五六身躯，细细三柳髭髯，两眉入鬓，凤眼朝天，面如重枣，唇若涂朱。

浪里白条张顺：浑身雪练也似一身白肉，没得四五十里水面，水底下伏得七日七夜，水里行一似一根白条，更兼一身好武艺。

【**设计意图：**评书是古代劳动人民创造的一种口头文学，主要以口传心授的方式流传下来。“跟着大师学评书”这一环节是让学生在聆听、学说中初步掌握评书的表演技巧，体验“装文装武我自己，好似一台大戏”的说书境界，激发学生说书的兴趣。】

四、说书达人，精彩亮相

1. 方桌、醒木、折扇已经准备好，就等着主人公粉墨登场！（学生登台表演）

2. 真是你方唱罢我方登场，欢声笑语乐不停！小听众们，欣赏了这么多精彩的表演，你最喜欢哪一位说书人？说说喜欢的理由。（学生围绕表演要点进行评价，教师相机点评）

3. 祝贺这些“说书达人”，他们出色的表演得到了大家一致的好评，让我们把最热烈的掌声送给他们。（为获胜者颁发奖状）

【设计意图：“习得是为了运用。”引导学生运用掌握的说书技巧自由练说人物开脸，真正内化所学技巧，并创造性地运用。教者精心创设说书场，营造说书听书的氛围，重温传统说书文化的魅力。学生置身其中，自然会如痴如醉，爱上评书。】

五、弘扬文化，后继有人

评书是我国非物质文化遗产，是中国优秀传统文化艺术。北京电视台曾推出了一台大型节目《北京评书大会》，节目中不仅邀请了刘兰芳、田连元等评书艺术大师，还邀请了和你们一样大的“书坛新秀”表演评书，让我们一睹他们的风采（播放节目视频）。我们班的“说书达人”一点儿也不逊色，期待你们有一天也能登上电视舞台，秀出你们的说书才华，用你们的实际行动弘扬传统文化，说好中国评书。

【设计意图：如今，大力弘扬优秀传统文化的呼声越来越高，评书作为中国传统文化里的奇葩，越来越受到重视。大型节目《北京评书大会》，呼吁全社会对评书艺术的传承和传播，通过观看“书坛新秀”的表演，激发学生学好评书、说好评书的兴趣。在学生心中种下说书传统文化的种子，使他们努力成为传承和弘扬中华优秀传统文化的践行者。】

《论语·君子与小人》教学设计

高　峰

教学内容

《君子与小人》（《论语》选段）。

设计理念

《论语》这本书的思想博大精深，在我国古代就有“半部《论语》治天下”之说。学习《论语》旨在让学生了解并吸收前人思想中的精华，所以教学重点不在于逐字逐句吃透文本，而在于把握大意，理解文本教给学生的学习方法、学习态度和做人道理。《论语》教学应立足于让学生能流畅、有感情地朗读，在朗读中感知大意，体验人物；初步学会运用“加字法、换字法、查看法、推断法”等方法疏通内容；通过学习，能正确认识并及时调整自己的学习方法和态度，激发热爱民族经典文化的热情。

教学目标

1. 正确、流利、有感情地朗读和背诵课文，感受文言文的语感和韵味。
2. 能结合老师的讲解和课文注释，初步理解词句意思。
3. 理解《论语》所蕴含的深刻哲理，立志成为具有君子风范的人。

教学预设

一、导入新课，走近孔子

1. 同学们，上课之前，我们先来认识一个人。（出示孔子图像）这个人，你知道吗？你对孔子有哪些了解？（3000多名学生，其中贤人72。）

2. 其实，人们对孔子有很多的评价。

（出示：春秋末期的思想家和教育家／儒家思想的创始人／孔圣人、至圣、至圣先师、万世师表／“世界十大文化名人”）（指名读）

3. 这是人们对他的评价。那真实的孔子是怎样的一个人呢？他做了哪些事情呢？他是老师，有没有批评过他的学生呢？这些，我们都可以去了解。要了解真实的孔子，我们就要去读《论语》。这节课，我们就来读孔子的原文——《君子与小人》。（板书课题）

【**设计意图：**有人说，不读《老子》，不知道什么是中国智慧；不读《论语》，不知道什么是中国文化。而智慧来源于丰厚的文化功底，所以追根溯源，架起文化发展桥梁的是《论语》。课前，让学生搜集、阅读与《论语》有关的资料；教学伊始，共同交流从网上、图书馆、书店获得的知识信息，一起走进《论语》，走进孔子，去追寻中国文化的根。】

二、初读课文，学会停顿

1. 读《论语》原文，朗读是最简单直接的方法。（板书：读）请根据拼音，把这些句子读一读，把字音读正确。（学生自由读）

2. 我们来试着读一读这些句子。（指名读）

3. 刚才，我们读准了字音。（板书：字音）其实，古文对我们来说是有点难，主要是有些字比较难，可能有些字原先有，到现在没有了。所以，我们在学习的时候，往往不太容易读对每一个字的读音，如果有个别字读错了，也不要紧，多查字典多看注释就能解决。

4. 读准字音以后，我们还要适当地学会停顿。（板书：停顿）请再读一读这五句话，在什么地方停顿比较合适呢？自己轻轻读读。

5. 谁来说说，你觉得在哪儿停顿比较合适？

6.“君子”后面停顿一下，“小人”后面停顿一下，也就是说，谁，后面怎么样。停顿其实很重要，正确的停顿表示我们对这句话的意思有了一个大致的理解。好，现在再来读一读这五句话，注意里面的停顿。（指名读）

7. 其实，停顿没有那么复杂，我们现在读的都是简化字的版本，这种版本已经把标点都标好了。那么，读的时候就像我们日常读课文那样，根据意思，到哪个地方觉得需要停了，就适当停顿一下，明白了吗？

【**设计意图：**对小学生来说，如何学文言文，一个字就是：读。书读百遍其义自见。相信文言文是读懂的，绝不是老师讲懂的，更不是老师分析词法、句法而懂的。此环节在读中进行朗读指导，如字音、节奏等。】

三、探究学习，理解背诵

1.《论语》这本书是教我们怎样做君子的。孔子在这本书里提到了很多人，有圣人、贤人、惠人、君子、小人、野人、世人、众人等等，把这些人分为四类的话，是哪四类？

2. 如果有一个台阶，让你从上往下排的话，你觉得这四类人是按照什么顺序排的？

3. 孔子，我们都称他是圣人。我们在哪个台阶上？大部分都是众人。没有哪个人说自己愿意做个小人，尽管有一些人是小人，但大部分都是众人。孔子希望我们做君子，在孔子心目中君子是什么样的人呢？我们要再次读一读这些语句，前后四人对坐分工，一人读原文，一人读译文，四人讨论，用一个词形容孔子心目中的君子，可以根据译文中的词，也可以根据自己的想法，概括好了，各组派一个代表，把这个词写在黑板上。

4. 刚才几个小组把词语写到黑板上了，我们来看一看。（如：和谐相处、有道德、正直高贵、胸怀宽广、体谅他人……）

5. 君子是正直高贵的，君子的内心跟小人的内心有什么不同呢？我们到文中去找一找。君子心里想的是什么？小人呢？

6. 他们内心想的东西完全不一样，小人想的是田宅、恩惠、私利等，君子想的是道德、法度，也就是这里所讲的“义”，能为“义”组个词吗？

7.“义”可以组很多词语：为正义的事业而做出的举动叫“义举”；为正义的事业而捐出的财物叫“义捐”；为正义的事业而去战斗的军队叫“义军”，也叫“义师”；为正义的事业而卖东西叫“义卖”；为正义的事业而举行比赛叫“义赛”；为正义的事业而举行的演出叫“义演”；为正义的事业而斗争的战士叫“义士”……所以君子内心想的事情都是富有正义的，富有道德感的，用我们现在的话说是正能量的东西。

8. 这里还写到，君子能够体谅他人，胸怀宽广，后来成了一个非常著名的成语，五句话中哪一句？（出示：君子坦荡荡，小人长戚戚）谁来说说这句话的意思？

9.“戚戚”的意思是“局促忧虑”，是说小人经常不开心，小人为什么经常不开心？

10. 在古文里也有这样一句话，（出示：小人则不然，其未得也，患弗得之；既得之，又恐失之。是以有终身之忧，无一日之乐也。——《孔子家语·在厄》）没有得到一样东西，总是担心能不能得到它，所以不开心。得到了，可是心里老是担心失去它，所以不开心，就算得到了，还是不开心。所以最后说——（出示：是以有终身之忧，无一日之乐也）对于一切总是患得患失，因此一生都生活在担忧恐惧之中，没有一天的自在快乐。

11. 在这里，大家也讲到了和谐相处，这里的第四、五句。（出示：君子和而不同，小人同而不和。／君子泰而不骄，小人骄而不泰）就是讲君子和小人心愿的对比，谁来说说“君子和而不同”的意思？那么“君子泰而不骄”呢？

12. 在这些话中，最难的其实是最后一句话。（出示：君子求诸己，小人求诸人）什么叫“君子求诸己，小人求诸人”？

13. 要求自己，要求别人，这个怎么来理解？这里的“诸”字是“之于”的意思，“君子求诸己，小人求诸人”就是“君子求之于己，小人求之于人”。什么意思呢？就是当发现问题的时候，君子会从自己身上找原因，小人会从别人身上找原因。我们经常听到的话：因为你怎么样，所以我才怎么样，这样的想法才是小人的想法。

14. 下面根据老师的提示，请你读相关的句子：

（1）君子和小人，他们内心想的有什么不同呢？齐读——（君子怀德，小人怀土；君子怀刑，小人怀惠。君子喻于义，小人喻于利。）

（2）君子的心态和小人的心态有什么不同呢？齐读——（君子坦荡荡，小人长戚戚。）

（3）君子与小人分别怎么和别人相处呢？齐读——（君子和而不同，小人同而不和。)

(4) 君子和小人身上所呈现出来的态度有什么不同呢? 齐读——(君子泰而不骄, 小人骄而不泰。)

(5) 君子和小人他们是怎么寻找问题的原因呢? 齐读——(君子求诸己, 小人求诸人。)

15. 刚才, 我们大致明白了这几句话的含义。(板书: 含义) 你再读读这几句话, 这几句话有什么特点?

16. 把君子和小人对比着来说, 这就叫"对举"。(板书: 对举) 我们来试着读这些句子, 男女分工, 交换朗读。

17. 这几句话前后之间还有什么特点? 对, 字数相等, 意思相对或相反, 用这个方法背起来会很快。

18. 填空式背诵。

【**设计意图:** 传统的串讲式文言文教学法已不适应时代要求, 开放而有活力的教学方式能使文言文教学散发浓郁的文化气息。此环节, 教师抓住"在孔子心目中君子是什么样的人呢?"这一问题, 组织学生进行小组讨论、全班交流, 学生从僵化的学习中解放出来, 饶有兴趣地吮吸着传统文化的营养。】

四、拓展延伸, 总结升华

1. 出示漫画。漫画中的文字与哪句诗对应?

(1) 出示漫画

(君子泰而不骄, 小人骄而不泰。)

（2）出示漫画

（君子坦荡荡，小人长戚戚。）

（3）出示漫画

（君子喻于义，小人喻于利。）

2.（出示：子曰："君子周而不比；小人______________。"）这个能背出来，了不起。

3. 孔子夸奖他的弟子颜回闻一知十，形容善于类推，你们比颜回还聪明。我们来看一看句子的解释。（出示：①周：以道义来团结人。②比：以暂时的共同利害互相勾结。"比"旧读去声"bì"）我们把它读正确。

4. 还有一句谁会背？（出示：子曰："君子成人之美，不成人之恶。小人__________。"）在原文中，后面没有那么长的字，只有两个字，你想想看，是哪两个字呢？（出示：子曰："君子成人之美，不成人之恶。小人反是。"）一起读。

5. 这节课，我们学习了关于君子和小人的五句话。在《论语》当中，"君子"一共出现了107次，"小人"出现了24次，有的时候"君子"和"小人"对举着讲，有的时候单独讲"君子"，有的时候单独讲"小人"，这次我们学的五句话正好对举。最后，我们完整地把课文读一遍。

【**设计意图**：《论语》是一部语录体著作，学习时要一句一句来理解，同时还要背诵，加以体会运用。此环节，教师从字面上看原面说的了，而后让学生尝试着根据前半句填后半句，增加对国学的认识，激发学生学习传统文化的兴趣。】

《中国古代寓言群文阅读》教学设计

黄海燕

教学内容

群文阅读篇目：《鹬蚌相争》《狐假虎威》《三人成虎》。

设计理念

古文是中华文化的瑰宝。小学小古文教学应结合儿童身心发展的规律，遵循其“小”的特点，启蒙阶段目标把握三个“一点”：激发一点兴趣，读出一点韵味，揣摩一点语言。群文阅读，由单一文本阅读教学走向多文本的阅读教学，明确的组合线索、线索背后的明确意图是文本选择的关键。本课教学，立足小古文的“小”，以儿童喜闻乐见、耳熟能详的三则寓言故事为线索组合文本，通过自读、齐读、小组展示读，文白比照读、想象画面读、拓展延伸读等多种形式的反复朗读，不仅读出小古文的节奏、韵味，读懂小古文的言简义丰，更能揣摩出寓言这一类小古文的阅读方法，感受中国古代寓言的智慧，并由此生发对小古文阅读的浓厚兴趣。

教学目标

1. 正确、流利、有感情地朗读文言文，读出文言文的节奏和韵味。

2. 尝试运用“直译法”和“意译法”，读通、读懂小古文。通过文白比较，群文比较等方式初步感知文言文的言简义丰和中国古代寓言的智慧。

3. 激发学生对文言文阅读的浓厚兴趣，感受中华文化的丰厚。

教学预设

一、文白对照，感知“简洁”

1. 这节课，我们要读三则有趣的文言文。（出示第一则课题《鹬蚌相争》并齐读）

2. 配乐范读。

3. 自由读，注意读准字音，读通句子。

4. 指导读准文言字音。

（1）指名读。

（2）这则文言文中有个特殊的字——“雨”，谁知道它的意思？在文言文中，当它表示下雨这个动作的时候读第四声。（练读）

5. 指导读出文言韵味。

（1）指名读句子——“渔者得而并禽之。”

（2）（出示：之乎者也矣焉哉，用得成章好秀才）指名读。

（3）“之乎者也矣焉哉”是文言文的标志，（板书：之乎者也）这句话的意思是说，只要这些词用得巧妙，就能写出好的文言文。同样，我们读好这些词，就能更好地读出文言文的味道。通常，读这些词的时候，适当地延长、停顿一下，一咏三叹，就有音乐美了。

（4）再次练读句子，读出文言文的韵味。

6. 指导读懂文言之意。

（1）要读出古文的味道，还得理解它的意思。文言文翻译有两种方法，其中一种叫“直译”，（板书：直译）就是要把文言文中的每一个字准确地翻译成现代的白话文，讲究的是字字落实。

（2）文白对照，快速浏览阅读材料中的白话文，想一想你理解了哪些难懂的文言字词呢？

（3）集体交流：

①相机指导：通假字“禽”是什么意思？表示“捉住”的那个“擒”？想想该怎么写。对了，加上一个提手旁。（板书：擒）在古文中，有时候会用读音相同或者相近的字代替本字，它们的意思也是相通的。我们把这类字叫“通假字”。

②相机渗透："一字多义"——"其"在文中出现了两次，意思一样吗？（出示：而鹬啄其肉，蚌合而箝其喙）文言文中会出现一字多义，多解，甚至多用的情况。（板书：一字多义）

7. 再读全文，注意停顿，读出节奏和韵味。

8. 交流：同是讲鹬蚌相争的故事，文言文和白话文比有哪些独特的地方？（篇幅短小，语言简练）

9. 看图想象：鹬的嘴被蚌夹住了，非常难受。想象一下，它用尽力气，会做哪些努力呢？此时的蚌又会怎么想、怎么做呢？

10. 像这样，根据文言文的内容，合理地想象人物的语言、动作、心理，再把它生动地翻译出来，这就是文言文翻译的第二种方法——意译。（板书：意译）

11. 指导朗读：想象着丰富的画面，同桌两个人试着分角色说一说，争一争，如能把你想象到的表情、动作加上去就更棒了。

（出示：鹬________曰："今日不雨，明日不雨，即有死蚌！"蚌________亦谓鹬曰："今日不出，明日不出，即有死鹬！"）

12. 指名展示朗读。

13. 文言文并没有具体写出鹬蚌相争时双方的语气，就用了一个简洁的"曰"，我们却体会出这么丰富的味道。文言文真是言简义丰呀！（板书：言简义丰）

【**设计意图：**小古文在小学语文课本中属于"晚现课型"，学生平日里接触颇少，因此凸显"趣"字是关键。教学伊始，以学生熟悉好读的寓言类小古文为学习媒介激发兴趣，以进入性极强的"文白对照"为学习方式，降低难度、延展兴趣，以范读、自读、齐读，文白比照读、想象画面读等多种趣味朗读指导强化兴趣，一步步引领学生读准文言字音，读出文言韵味，读清文言之意，进而读懂小古文的言简义丰。】

二、自主读文，读出"趣味"

1. 回忆总结学习文言文的方法。

要学好文言文，第一步也是最重要的一步，就是读。回忆一下，怎么才能读好文言文呢？（读准每一个字的音，读出停顿，读"之乎者也"时延长一些就有

韵味了，可以用文白对照的方法读懂字词的意思，合理想象）

2. 自主学习《狐假虎威》《三人成虎》。（出示自主学习要求）

（1）轻声读阅读材料，注意读准字音，读出韵味。（小提示：可用“／”标注长句子内部的停顿，用“____”画出读音适当延长的字词）

（2）文白对照，用直译法说说你理解了哪些难懂的字词，并圈画。

小组合作：

在组长的组织下，组内选择一篇交流，准备展示。（小提示：朗读时可组内分角色，如能用意译法想象人物的表情、动作，读出不同人物的语气那就更棒了）

3. 交流展示。

【**设计意图：**群文阅读的一个重要优势在于能弥补单篇阅读容量的不足，在同类文章的横向阅读中不断探寻普遍规律，强化方法习得，锤炼阅读速度，建构阅读策略，提升阅读能力。此环节整合了学生喜闻乐见、耳熟能详的两则寓言小古文文本，以自主学习、合作探究、交流展示为学习进程，力求在激发兴趣的基础上，将寓言小古文学习的一般方法不断习得、自主内化、深入体验，达到学习的量的积累、思的深入、疑的探究，从而自主生发兴趣。】

三、群文比较，读出“智慧”

1. 读了这么多遍，你有没有发现这三则文言文有什么相同的地方？（都是寓言故事；篇幅短小，情节生动；读起来很有韵味；都蕴含着一个深刻的哲理）（板书：寓言）

2. 尝试给寓言补写寓意。（出示自主学习要求）

选择其中一则寓言，用一两句精辟的话加上寓意，在作业纸上写一写。（小提示：如能模仿文言文加上些“之乎者也”，那就更棒了）

3. 交流展示。

4. 文末加上了寓意，顿时让人醍醐灌顶、豁然开朗，真是以小喻大，以浅寓深啊！（板书：以浅寓深）

【**设计意图：**在对比阅读中发现、质疑、探究，在矛盾冲突中思辨、考证、批判，这是群文阅读较之传统单篇阅读的另一大价值。法国著名寓言诗人拉·封丹曾对寓言做过形象的描述：“一个寓言可以分为身体与灵魂两部分，所述说的故事好比身体，所给予人的教训好比人的灵魂。”之于本课的教学内容，在群文的对比阅读中揣摩一点语言，发现寓言这种文体的独特表达形式，并尝试模仿小古文的表达补写寓意是教学的重要落脚点。】

四、推荐阅读，读出“厚实”

1. 这三则寓言都出自春秋战国时期一部优秀历史文献，（出示：《战国策》）《战国策》是一部怎样的书呢？（出示：《战国策》是我国一部优秀历史文献，主要记述了战国时期的纵横家的政治主张和策略，展示了战国时期的历史特点和社会风貌）

2. 战国时期，群雄纷争，于是有这样一群人特别活跃，（出示纵横家图片、名字）他们凭着自己过人的智慧和出众的辩才在各诸侯国之间游说，他们就是纵横家。由于寓言故事明白易懂又寓有深刻的哲理，因而纵横家们往往选用它们以小喻大、以浅寓深。有时为了进谏论辩的需要，还会即兴创作一些寓言故事。真是小寓言大作用呀！因此，《战国策》还有这样一个特点——（出示：它文辞优美，语言生动，尤其善于运用寓言故事来说明抽象的道理）（指名读）

3. 书里面就有一些我们非常熟悉的寓言故事——（出示，齐读：《亡羊补牢》《狡兔三窟》《惊弓之鸟》《画蛇添足》《南辕北辙》）课后，感兴趣的同学可以找来读一读，相信原汁原味的文言文故事一定会让你觉得更有意思！

【设计意图：寓言，是一种古老的文体，也是一种极具生命力的艺术。我国翻译家、儿童文学家叶君健说：“寓言是一种不容忽视的文学品种。它的持久力比任何其他文学品种要强，在人的灵魂中所起的作用也能从童年时代一直持续到人生的结束。”课末的推荐阅读力求给学生打开一扇课内课外的通透之窗，透过这扇窗，引领学生走向一个丰富敞亮的寓言小古文的阅读世界。这也是群文阅读的最终目的与生命力。】

《二十四节气·冬至之美群文阅读》教学设计

刘宇禹

设计理念

二十四节气拥有悠久的历史，从先秦起就已经在中国大地存在，是世界非物质文化遗产中的一颗璀璨明珠。它既是指导农业生产的指南针，也是日常生活中人们预知冷暖雪雨的天气预报，是劳动人民长期经验的积累成果和智慧的结晶。本设计，立足“冬至”这个节气，带领学生进行传说、绘本、童谣、谚语、诗词和现代多种文体的主题阅读，来感受冬至节气之美。在主题阅读过程中，又通过讲述冬至故事、吟唱冬至童谣、诵读冬至美文、书写冬至感怀等多种形式感悟冬至之美，并由此激发学生对二十四节气的浓厚兴趣。

教学目标

1. 了解冬至日中国传统文化，感受节气之美。

2. 诵读冬至日诗歌、童谣、散文等，感受文字之美。

3. 培养团队合作学习的能力、信息整合的能力、思考表达的能力。培养对传统节日的喜爱，赋予传统节日新的时代内涵，使民族文化薪火相传。

教学预设

板块一　走进冬至

1. 2016年，我国的“二十四节气”被正式列入联合国教科文组织人类非物质文化遗产名录，掀起了研究二十四节气的热潮。我们也开启了“二十四节气之美”主题阅读课程，最近我们正在研究的是——冬至。

2. 让我们通过一个短片来回味一下冬至。（播放冬至视频）

3. 其实，把冬至作为节日来过最早在汉代，盛于唐宋，并相沿至今。这节课让我们一起通过文字来感悟冬至之美。（出示课题：冬至之美）

【设计意图：二十四节气从先秦开始就和人们的生活尤其是农耕时代的生活息息相关。随着时代的变迁，学生对于节气的认识仅仅停留在会背诵《二十四节气歌》上，所以研读冬至，开启“二十四节气之美”传统文化课程从打通节气与生活的联系开始。教学伊始以二十四节气被联合国教科文组织列为非物质文化遗产为引子，激起学生对于节气的兴趣，从而转入对冬至这个节气的阅读、探索、追问。**】**

板块二　冬至之美

1. 对冬至节气的研究，我们已经进行了两个星期。这期间同学们进行了大量的主题阅读（板书：主题阅读），读了绘本、童谣、谚语、传说、诗词、散文……你们喜欢这些文字吗？在你们看来，冬至之美美在哪里呢？（板书：习俗美、生活美、情感美、景致美……）

2. 大家都在着手准备汇报冬至节气学习收获，请你们再稍做准备，在组长的主持下，选择一种喜欢的文本，用你们喜欢的方式展示。

3. 多种形式展示，大家仔细听，如果你有共鸣，可以和他们互动交流。

（1）绘本、传说阅读

冬至的传说可以用讲故事的方式展示。故事里蕴含着习俗的美，很多习俗背后都和传说有关。比如吃馄饨是因为痛恨匈奴的入侵，冬至吃狗肉和汉高祖刘邦有关，吃糯米饭又跟共工氏的儿子有关。

绘本故事《冬至节》让我们感受到冬至节浓浓的文化，（播放视频：《九九消寒图》）这些细节让冬至习俗的美变得更有趣了。（链接PPT绘本《冬至节》）

（2）童谣阅读

冬至的童谣朗朗上口，在研究冬至的这段日子里，同学们已吟诵了大量关于冬至的童谣，给大家展示一下吧！

大家想不想读？一起读一读。（一起读《九九歌》，用家乡话读童谣）

我们班有沙地人也有江北人，如果分别用沙地话和江北话给大家说说童谣，一定别有滋味！谁来用地地道道的沙地话说给大家听？这些童谣给我们的生活带来了快乐，充满生活之美。

（3）谚语阅读

冬至的谚语有很多，谚语和人们的生活息息相关，小组邀请全班一起玩游戏，小组成员说上句，全班同学接下句。

击鼓传花，传到谁就要说一句和冬至有关的谚语。

（4）古诗阅读

冬至的古诗词也有很多，杜甫、白居易、陆游、苏轼等很多大诗人都写过关于冬至的诗。小组吟诵展示《邯郸冬至夜思家》。

同是冬至节，白居易思乡，杜甫则是写冬天里孕育着春天的气氛，心情也明快很多：

天时人事日相催，冬至阳生春又来。——杜甫《小至》

一生清廉正直的陆游，老来害怕年纪的增长，岁月不饶人：

家贫轻过节，身老怯增年。——陆游《辛酉冬至》

苏轼一生历经坎坷，却是闲看庭前花开花落，十分洒脱：

何人更似苏夫子，不是花时肯独来。——苏轼《冬至日独游吉祥寺》

理解这句诗吗？苏轼不像其他人，他就挑别人不出门的日子，不是花开时节，独游吉祥寺，这一份潇洒不羁有谁堪比？一起读。

（5）现代散文阅读

喜欢研读现代名家散文的同学，建议模仿央视的《朗读者》节目，每人节选最喜欢的段落，朗诵给大家听，来一次冬至之美的朗读吧！老师客串一下主持人。（配乐，学生朗读）

这样的文字温暖又感动，我们在这些美好的文字里陶醉了，来重温其中一段，男生读一段，女生读一段。

【设计意图：主题阅读的重要特点之一：在一个大主题的统领下，学生首先要进行大量的检索阅读。在这个过程中，学生不仅要海量阅读，在绘本、传说、童谣、谚语、古诗、散文等多种文体中检索出冬至节气，而且还要通过阅读对所有文本进行分类和概括，提炼出每一种文本传递的冬至节气的特色：习俗之美、生活之美、情感之美。这种在不同文体中探索同一主题的不同特点的阅读，使得学生的阅读更具有挑战性，它锤炼阅读速度、建构阅读策略、探寻阅读品质、提升阅读能力。这个环节中安排了小组合作学习的形式，选择自己喜欢的一种文本展开深入研读，并且准备展示，将阅读能力通过自主的排练展示内化为学生自己的经验习得。学生们时而讲故事，时而说童谣，时而接谚语，时而诵古诗，时而朗读片段，自主学习的过程更加积极投入，兴趣盎然。】

板块三　冬至抒怀

1. 通过“冬至之美”主题阅读，我们穿越文字，感受习俗之美、生活之美、情感之美、景致之美，温馨、美好、团聚的画面一次次在我们脑海里浮现，同学们想起你们家过冬至的情景了吗？你们怎么过的？

2. 我搜集了前不久大家过冬至的照片。请看——（播放过冬至的照片）

3. 同学们，回忆起冬至来是什么感觉？（学生畅聊冬至感怀）

4. 岁月悠悠，节气交替，走过冬至，我们的心中留下了千般滋味。拿起笔写下你对冬至的感悟，可以是诗歌，可以是散文，也可以是童谣，用你喜欢的方式表达你的感受，为我们走过的这个节气画上圆满的句号。

5. 学生交流。

6. 古人说“文以载道”。从你们的文字里，我读到了你们对冬至的喜爱，对传统文化的传承。同学们，让我们做有根的中国人！

【**设计意图：**冬至，是二十四节气之一，“冬至阳生春又来”，我们阅读冬至，不仅仅是了解冬至的由来，更是在追问“冬天已经来了，春天还会远吗”的生命哲学，在传承传统文化里探寻精神世界。也许我们离农耕时代渐渐遥远，但是节气时令永远伴随春去秋来的岁月更迭反复出现。我们要做的是让这些节气再一次“活起来”，在每一个节气里用充满仪式感的方式传承下去，与精神血脉相连。这也是我们开发“二十四节气之美”课程的美好愿望。】

《声律启蒙·一东》教学设计

高姗姗

设计理念

声律是我国诗词理论上的一个瑰宝，了解它，有利于更好地去学习、欣赏我国灿烂的诗词艺术。《声律启蒙》是古代教儿童学习吟诗作对的启蒙读物，全书按照韵律编排，读起来朗朗上口，全书共8000多个字，内容却包含天文、地理、花木、鸟兽、人物、器物等的虚实应对。字数上有单字对、双字对、三字对、五字对、七字对、十一字对等，从单字到多字，层层组对，循序渐进，拾级而上。

教育专家成尚荣先生曾说，传承中华优秀传统文化，怎么评价都不为过。《新课标》在总目标中也指出，要使学生"认识中华文化的丰厚博大，吸收民族文化智慧"。读《声律启蒙》，学生不仅能了解中国古代传统文化知识，学习音律、节奏，更重要的是，这些传诵千古的句子能给学生更丰富的精神底色。

教学目标

1. 能带上节奏想象意境，正确、流利、有韵味地诵读《声律启蒙·一东》的部分内容。

2. 了解《声律启蒙》的音调特点和对对子的基本特征；理解韵文的内容，感受韵文的韵律美、结构美。

3. 在典雅的国学氛围中受到熏陶，引发对古典文化的探索，激发诵读经典的兴趣。

教学预设

课前三分钟，给学生讲故事——《纪晓岚讽对石先生》。

一、故事激趣，了解《声律启蒙》

1. 由故事引出：清朝的车万育将一个个对子编成了一篇篇韵文，就是这本书——《声律启蒙》。

2. “声”就是声音，“律”就是节奏。这本书是专门教小孩子对对子的。现在，我们好好读一读这本对对子的启蒙书。

【**设计意图**：从教育心理学的角度来说，兴趣是一个人倾向于认识、研究、获得某种知识的心理特征，是可以推动人们求知的一种内在力量。学生对某一学科有兴趣，就会持续地专心致志地钻研它，从而提高学习效率。儿童对故事有着天生的亲近感，从有趣的故事引入《声律启蒙》，能更好地激发学生的学习兴趣。】

二、朗读韵文，感受节奏之美

1. 初读正音。

（1）根据拼音自己读。

（2）指名读，相机正音。

（3）“开火车”读。

2. 感知押韵。

（1）这么多对子组成一篇韵文，读起来朗朗上口，这就是因为押韵。句子末尾这些同韵的字，我们就叫它“韵脚”。在古代它们都属于东韵，它排在《声律启蒙》第一篇，所以叫“一东”。《声律启蒙》是按韵分篇的，“一东”这篇韵文押“ong”韵。

（2）根据按韵分篇这个特点，你知道其他篇章分别押什么韵吗？（说一说“二冬、三江、四支、五微”）

（3）文章押韵，读起来会有很强的音韵节奏，我们可以边打节奏边读，你想怎样打节奏？（指名同学用不同形式读、全班打节奏齐读）

3. 小结：刚才，我们用不同的形式朗读韵文，读出了韵律，读出了节奏。

【**设计意图**：语言学家吕叔湘表示：“语文教学的首要任务就是要培养学生各

方面的语感能力。”中国的汉语言文字，不仅具有表意功能，同时具有表音功能，具有音韵美。《声律启蒙》每一章节都是按照韵脚编写的，韵律优美，朗朗上口。用各种方式朗读，读出韵文的节奏美、韵律美，对学生良好语感的形成有重要作用。】

三、理解韵文，体会对仗之美

（一）字数相对。

1. 这里的“对”就是对对子的意思。一个字对一个字叫一字对；两个字对两个字，这叫二字对，也叫双字对；三个字对三个字，叫三字对；五个字对五个字叫五字对；十个字对十个字叫十字对。这就叫“字数相对”。

2. 咱们玩一个小游戏，体会体会。我说几字对，你们快速读出相应的内容。

（二）内容相关。

1. 我来出对子，你们对对子，要对出一样的节奏。（老师出对子的时候节奏有快有慢，音调高低起伏，引领学生读出节奏。）

2. 知道我在读这个三字对的时候，为什么这么铿锵有力吗？读下面七字对和十字对的时候，又为什么这么委婉连绵呢？

（1）“三尺剑，六钧弓。”

①这个三字对的确都和兵器有关，这是两种怎样的兵器？（三尺是指宝剑的长度。钧为古代重量单位，一钧三十斤，六钧就是一百八十斤）

②这一联里藏着两个典故。（播放典故录音）

③指导朗读：下联出自《左传》，鲁国有个力大无穷的勇士叫颜高，他使用的弓有六钧重。

④上下联连起来一起读。

（2）你还知道其他对子里对的是什么内容吗？

▲自然现象：云对雨，雪对风。晚照对晴空。

▲动物：来鸿对去燕，宿鸟对鸣虫。

①跟大家说说这一联藏着哪些动物。

②鸿是一种什么动物？对，鸿就是大雁，我们平时常说的鸿雁，是大雁的一种。燕子和鸿雁都是一种候鸟。

▲地方：岭北对江东。人间清暑殿，天上广寒宫。

清暑殿是指洛阳的一座宫殿。广寒宫指月宫。

▲春景：两岸晓烟杨柳绿，一园春雨杏花红。

▲人物：两鬓风霜，途次早行之客；一蓑烟雨，溪边晚钓之翁。

3. 小结：说到这儿，你们又有什么发现呢？每一组对子不但字数相对，而且内容相关。这种语言上的对称，我们叫它——对仗。

【设计意图：《声律启蒙》的典故让学生从不同角度了解了中国古代光辉灿烂的文化。富有趣味的故事简单囊括在一两句流畅的句子当中，让学生在轻松地阅读中了解多彩的历史故事，无形中增长见识，提升素养，拓宽视野，陶冶情操。同时，将课堂还给学生，引导学生在反复朗读中不断发现，最终提炼出韵文对仗的特点。**】**

四、展开想象，领悟意境之美

1. 一篇短短的对韵文中有风景对，有人物对，有动物对，有兵器对等，还藏着历史典故，真是包罗万象。但它的妙处不止于此，韵文里还藏着画面，会让我们越读越有味道。看看下面这两副对子，轻轻地，连绵悠长地读一读，边读边展开想象，你仿佛看到了什么？小组里选择一副对子说一说。

2. 交流：

（1）两岸晓烟杨柳绿，一园春雨杏花红。

河岸青烟杨柳，园里春雨杏花，一树一花，一红一绿，你觉得这是一幅怎样的春景图？请你读出这种感觉。

你们看，边想着画面边读，我们就读出了意境。

（2）两鬓风霜，途次早行之客；一蓑烟雨，溪边晚钓之翁。

你觉得“早行之客”和“晚钓之翁”的生活有什么不一样？想象画面内容，让自己身临其境，你的朗读就会别有一番韵味。（指名读、全班对读）

【设计意图】有位诗人这样盛赞《声律启蒙》：“低吟缓诵之际，但觉音韵铿锵，辞藻华丽，妙不可言。”他认为这是一本奇书。教学中，选择文质兼美的对子，引导学生想象画面中透出的意蕴，并通过诵读表达出来，更有助于提升学生对语言文字的感悟力和文学美学的鉴赏力，从而在潜移默化中丰富学生的文化底蕴。**】**

五、小结背诵，欣赏歌曲之美

1. 这节课，我们已经初步感受到《声律启蒙》对仗工整之美，我们也尝试读出韵文的节奏和意境。现在四人小组合作读一读，体会体会。

（1）指定一组展示。

（2）男女生配乐、打节奏对读。

2. 尝试背诵。全班齐背。

3.《声律启蒙》是中国楹联学的启蒙经典，作曲家还专门为它谱了曲子，一起听——（欣赏音乐）

4. 后面，我们将继续与《声律启蒙》相约，感受中华民族传统文化的无限魅力。

【设计意图：“古来诗文，原都重于吟咏”，因此，留足时间让学生反复朗读、背诵，在诵读中进一步加深理解、加深感悟尤为重要。同时，在课堂最后，音乐和对联的美丽相融，又使整堂课余韵悠然。】

《漫步成语乐园》教学设计

俞丽美

设计理念

成语，是中华民族汉语言文化的瑰宝，承载着无比丰富的文化信息。它具有言简意赅、结构固定、含义丰富等特点。让学生积累成语，不仅可以丰富他们的语言，还能让他们在灵活运用中体会到画龙点睛之效。《漫步成语乐园》旨在引领学生在成语乐园中发现探究、鉴赏表达，通过不同字数成语的呈现，让学生感受成语妙趣横生的同时，主动探究成语的特点，进而在挖掘成语来源中感知成语所承载的深厚文化底蕴。此外，在趣味化的成语游戏和生活化的成语运用中激发学生积累成语的兴趣，促进学生想象力、创造力、表达力的提高，以传承与发扬博大精深的中国汉语言文化。

教学目标

1. 了解成语的来源，感受成语蕴含的丰富传统文化。
2. 在自主探究中发现成语特点，体会成语趣味，并能正确运用学过的成语。
3. 激发热爱中国传统文化的热情和民族自豪感。

教学预设

课前谈话：

同学们，说起你们学校呀，那可真是远近闻名！来学习参观的人是络绎不绝，他们还啧啧赞叹，夸你们学校底蕴深厚、别具一格；夸你们老师才华横溢、诲人不倦；夸你们活动有声有色、精彩纷呈；还夸你们这群学生聪明伶俐、出类拔萃。听到这些表扬，你们想说什么？

呦，一个个笑逐颜开。从你们的表情中我读懂了你们的骄傲！相信你们上课时一定会聚精会神，讨论时各抒己见，发言时妙语连珠。

【**设计意图：**利用课前谈话，有意识地运用成语和学生进行交流。学习与日常生活的联系，让学生感觉成语运用得恰到好处，进而受老师使用成语的影响，也渐渐喜欢运用成语。】

一、识成语，感受成语文化

1. 在刚才的对话中，你一定注意到了这些固定的短语——（指读：成语）

2. 用上这些成语，你感觉说起话来怎么样？（简约、生动、形象、典雅）

3. 从一年级到现在，你们已经学了很多成语了。你们学了哪些成语呀？

4. 你对成语了解吗？它可是我们中国传统文化的一大特色，是中国传统文化的璀璨明珠。这节课，我们一起来研究成语。

5. 成语一共有5万多条，其中96%为四字成语，那4%的成语是什么样的呢？老师课前在你们桌上放了一张学习单，赶快拿出来读一读，你发现了什么？

三字成语：纸老虎　　白日梦

五字成语：世上无难事　　礼轻情意重

六字成语：有眼不识泰山　　一步一个脚印

七字成语：一人做事一人当　　打破砂锅问到底

八字成语：严以律己，宽以待人　　不鸣则已，一鸣惊人

九字成语：冰冻三尺，非一日之寒　　不以规矩，不能成方圆

十字成语：三个臭皮匠，赛过诸葛亮

十一字成语：人不可貌相，海水不可斗量

十二字成语：猪八戒吃人参果，全不知滋味

十六字成语：智者千虑，必有一失；愚者千虑，必有一得

6. 先读再交流：你发现了什么？（成语不仅有四个字的，还有三字、五字、六字、七字等，甚至有十六字成语）

7. 我们平时见到的是四字成语，这次可算是大开眼界了，我们不妨来读一读。

8. 成语字数不一，能不能随意改变其中一个字？（板书：结构固定）

9. 是的，成语长期沿用下来，成了中国汉语中固定的词汇。正如向光忠先生所说——（出示：成语是既成的短语，是历史的产物，是认识的结晶，是语言的精华。——向光忠《成语概说》）

10. 看图猜成语，探究成语来源。

（1）那成语是怎么来的呢？不急，先来看几幅图——（出示："揠苗助长""狐假虎威"的图片）你能猜出是什么成语吗？

（2）这些成语都是（　　），有的成语就来源于（　　）。（板书：寓言）

（3）那你还知道哪些寓言故事？

（4）谁能用两三句话来说说其中一个寓言故事？这个寓言故事告诉我们什么道理？

（5）读一个故事，明一个道理。你又发现了成语的什么特点？（板书：含义丰富）

（6）再来猜一猜——（出示"负荆请罪""卧薪尝胆"的图片）有的成语还来源于（　），我们一起来读一读。（板书：历史）

（7）再来一组，你猜出来了吗？（出示"后羿射日""嫦娥奔月"的图片）你发现了什么？（板书：神话）男生读、女生读。

（8）成语源远流长、含义丰富！有的来源于寓言故事，有的来源于神话故事，有的来源于历史故事。它是历史的积淀，经过时间的打磨，由千万人的口口相传延续了下来。怪不得——（出示：成语，众人皆说，成之于语，故成语。）

【**设计意图：**从日常成语聊起，拓展到更多不同字数的成语，让学生感知成语经过时间的考验不可轻易增删替换，保持着固定结构，感受到成语的丰富与独特。结合学过的成语故事，在讲述与发现中探究成语的来源、特点，让学生在自我发现中感受到成语的历史渊源和博大精深。】

二、玩成语，体会成语趣味

既然成语这么源远流长、这么妙趣横生，我们也来玩转成语，一起走进芝麻开门的游戏。

1. 数字兄弟来聚会

（1）老师做手势，你们快速说出带这个数字的成语。（师生互玩游戏）

（2）我们边做手势边来读读数字歌。（出示：一心一意、两全其美、三头六臂、四平八稳、五颜六色、六神无主、七嘴八舌、八面玲珑、九牛一毛、十全十美）

2. 人体部位我来说

（1）同桌互说，一人指着自己的身体部位，另外一人说含有此身体部位的成语。

（2）指名小组上台玩。

（3）“开火车”填空：出人（投）地、焦头烂（额）、劈头盖（脸）、画龙点（睛）、铁石心（肠）、扬（眉）吐气、千钧一（发）、掩（耳）盗铃、三头六（臂）、（胸）有成竹

3. 十二生肖齐上阵

出示学习单：

（1）小组合作，说出带有不同生肖的成语，说出12个为优秀。

（2）汇报形式：组长安排好汇报顺序。

4. 抢答题：成语之最我知道

最遥远的地方——（天涯海角）

最干净的地方——（一尘不染）

最昂贵的稿费——（一字千金）

最完美的东西——（十全十美）

最高的巨人——（顶天立地）

最长的腿——（一步登天）

5. 真厉害，对成语烂熟于心、信手拈来呀！中国的成语真是丰富多彩！有数字的，有身体部位的，有十二生肖的，等等。课后同学们也可以这样，边玩边积累。

【**设计意图**：语文课程标准明确要求学生“积累自己喜欢的成语和格言警句”。用芝麻开门的游戏吸引学生玩转成语，通过师生玩、同桌玩、小组玩、全班玩等多种形式，让学生在讨论中尽情地想，在汇报中尽情地说，充分调动他们的积极性，让他们在轻松愉快的氛围中探寻成语无穷的乐趣，加深对成语

的理解。】

三、用成语，学会恰当表达

1. 其实，成语不仅包罗万象，现在还被世人信手拈来、灵活运用。那么，用不用成语有什么不一样呢？快速默读，边读边想，你更喜欢哪个片段？为什么？（出示）

片段一：庐山的云雾瞬息万变。眼前的云雾，刚刚还是随风飘荡的一缕轻烟，转眼间就变成了一泻千里的九天银河；明明是一匹四蹄生风的白马，还没等你完全看清楚，它又变成了漂浮在北冰洋上的一座冰山……

片段二：庐山的云雾变化又快又多。眼前的云雾，刚刚还是随风飘荡的一缕轻烟，转眼间就变成了急促流动的九天银河；明明是一匹撒腿奔跑的白马，还没等你完全看清楚，它又变成了漂浮在北冰洋上的一座冰山……

2. 学生比较，谈感受。

3. 正如余光中所说——（出示：成语是“白话文的润滑剂”，往往能收到画龙点睛之效。——余光中）

4. 现在轮到你们小试牛刀了，选择其中一幅图写一段话，比比谁用的成语又多又准确。

（1）学生看图写话。

（2）学生展示作品，师生点评。

（3）大声读一读，修改自己写的话。

【**设计意图**：比较、赏析、体会在表达和写作中使用成语与不使用成语的不同，让学生在对比中发现成语生动形象、言简意赅的特点，引发学生灵活运用成语的浓厚兴趣。通过有效链接放风筝、堆雪人、大扫除、课间十分钟等学生喜闻乐见的生活场景，让学生在看图写话中灵活、准确地运用成语，在想象、练笔中体会成语的妙用，既推动了思维的发展，又提升了写作素养。】

四、爱成语，总结积累拓展

1. 这节课，我们漫步成语乐园，了解了成语的特点，感受了成语的文化，体会到了成语的乐趣，你能用一个成语来说说你的收获吗？课后，你会给自己布置什么作业？（观看《中国成语大会》、玩成语接龙等游戏、给广告中的成语纠错等）

2. 同学们，成语博大精深，是中国语言艺术的瑰宝。让我们爱上成语，把老祖宗留给我们的宝贝好好传下去！

【**设计意图**：成语学习应由课内延伸到课外，让学生自己布置作业，变被动积累为主动积累。就是为学生创造更多自我实践积累的机会，让每个学生自己去寻找、辨别、选择，以主人翁的姿态保持对成语探究的兴趣，更好地去发现与传承中华传统文化。】

《明清小说·临死前的严监生》教学设计

潘　樱

设计理念

《临死前的严监生》选自我国古典讽刺小说《儒林外史》。课文篇幅短，但是语言精练传神，人物刻画栩栩如生，尤其是对“摇头”“伸着两个指头”等动作的描写，将严监生的性格特点刻画得淋漓尽致、入木三分，呈现在读者眼前的是一个活生生的守财奴形象。教学中，力图紧扣这两处动作描写，引导学生品味人物，想象补白；品味语言，学习表达。让学生得意、得言、得法，充分感受明清小说的语言特色。

教学目标

1. 正确、流利地朗读课文，在品读中感受严监生这个鲜活的人物形象。

2. 理解课文内容，学习作者抓住人物的动作细节刻画人物的方法。利用课文留下的空白，补充人物的心理活动。

3. 了解明清小说在中国文学史上的地位，激发阅读明清小说的兴趣。

教学预设

一、关注语言，整体感知

1. 明清是中国小说史上的繁荣时期，在文学史上，取得了与唐诗、宋词、元曲并列的地位。这节课，咱们走进明清讽刺小说《儒林外史》，去认识一位家喻户晓的人物——严监生。

2. 这篇文章出自长篇讽刺小说《儒林外史》，作者是清代著名文学家吴敬梓。读明清小说，首先要感受的就是它的语言风格。大家都读过文章了，你能根据老师的描述猜出文中颇具明清特色的词语吗？

3. 读过课文，你知道文中的严监生惦记的是什么呢？（板书：伸着两个指头）

4. 严监生这两根指头，仿佛给大家出了一道难解的谜。大侄子、二侄子、奶妈、赵氏分别猜的是什么呢？（出示思维导图）

5. 你能看着这张图用自己的话简单说说这篇小说讲了什么吗？

【**设计意图：**在语言风格上，明清小说把文言、白话等传统书面语言和社会上流行的生活语言熔为一炉，形成了多姿多彩的语言风格。因此，在读明清小说时，要注意引导学生把文章读正确，读通顺，理解古典白话文中关键词语的意思。】

二、关注动作，揣摩内心

1. 读一读：《儒林外史》这部小说的艺术特色之一就在于它运用了合理的夸张手法，把严监生临死前伸着这两根指头这一情节写得特别有趣。谁来把这段话读一读？（板书：动作细节描写独特）

2. 画一画：文中，除了写严监生伸着的这两根指头，还写了他的其他动作。快速找出来，在相应的语句下面画上线。

3. 议一议：（出示）

（1）严监生喉咙里痰响得一进一出，一声不倒一声的，总不得断气，还把手从被单里拿出来，伸着两个指头。

（2）他就把头摇了两三摇。

（3）他把两眼睁的溜圆，把头又狠狠摇了几摇，越发指得紧了。

（4）他听了这话，把眼闭着摇头，那手只是指着不动。

轻声地读读，你有没有什么发现？（板书：摇三次头）

4. 探一探：一个动作连续写了三次，肯定有奥妙。什么奥妙呢？我们探究一下。

（1）有位著名作家曾说，“要使人物有血有肉，就要通过细节写出人物的感情和内心”。那我们就从这些动作细节中揣摩揣摩严监生的内心。

（出示：严监生喉咙里痰（tán）响得一进一出，一声不倒一声的，总不得断气，还把手从被单里拿出来，伸着两个指头。大侄子走上前来问道："二叔，你莫不是还有两个亲人不曾见面？"他就把头摇了两三摇。他想：________。）

（2）指导：抓住"伸着两个指头""总不得断气""两个亲人""摇了两三摇"等关键词语揣摩严监生的内心。

（3）现在，请你们从下面两处描写中选择一处，运用抓住关键词的方法说一说严监生的心理，把严监生越来越急、越来越绝望的心理活动说出来。自己轻声练说。（出示）

①二侄子走上前来问道："二叔，莫不是还有两笔银子在那里，不曾吩咐明白？"他把两眼睁的溜圆，把头又狠狠摇了几摇，越发指得紧了。他想：________。

②奶妈抱着哥子插口道："老爷想是因两位舅爷不在眼前，故此记念。"他听了这话，把眼闭着摇头，那手只是指着不动。他想：________。

（4）小结：你们从"摇头""伸着两个指头"当中，读出了严监生丰富的内心。（板书：丰富）

5. 想一想：严监生这些没有说出来的心里话，你们想到了，那么作者有没有想到？作者既然想到了，他为什么不写呢？

6. 对，这就是名著，这就是经典，让读者从严监生的动作中、神态中，读出丰富的内心，这也是《儒林外史》的一大艺术特色！

7. 读一读：把体会运用到句子中，读一读。

【**设计意图**：紧扣"伸着两个指头""摇头"这两处动作细节，进行了扎实的语言训练。"他想"这个想象补白，仿佛架起了一座桥，直接通向严监生丰富的内心世界。在学生充分表达的基础上，提炼出表达方法——抓住关键词，揣摩人物内心。接下来让学生再选后面两处动作细节，进行灵活运用，从不同角度揣摩严监生"失望—绝望"的心理。】

三、对比文字，感受形象

1. 学到这儿，老师还有一点想问问大家，都是"摇头"，都是写"伸着两个指头"，那我们可不可以这样写？（出示）

大侄子猜了，他摇了摇头，伸着两个指头。

二侄子猜了，他摇了摇头，伸着两个指头。

奶妈猜了，他摇了摇头，伸着两个指头。

与原文对比着读读看，想想哪组句子更能表现人物的特点，然后在小组内交流你的想法。

2. 小结：你看，作者在描写严监生的动作时，还写出了次数，“摇了两三摇”；写出了程度，“狠狠摇了几摇，越发指得紧了”；写出了样子，“把眼闭着摇头，那手只是指着不动”。写得如此传神、生动，又富有变化，这就使得严监生的这个人物形象更加独特鲜明。这就是一个动作连续写三次的奥妙，这就是明清小说在人物塑造上最大的特色。

3. 我们面对即将离世的人，心中应该充满不舍、同情，但是吴敬梓却把严监生的动作写得特别有趣，这就是讽刺的手法。通过讽刺，让我们看清楚了严监生的为人。严监生是一个怎样的人？（板书：吝啬、抠门）

【**设计意图：**对比，是品味语言，欣赏表达的有效方法。出示一段删去严监生动作细节描写的句子与原文做比较，让学生体会明清小说对人物神情、动作描写的精妙之处。】

四、迁移训练，阅读延伸

1. 既然动作描写这么神奇，我们也来练一练。话说严监生身体好的时候，有一次吃过晚饭，赵氏提出要送两位舅爷赶考的盘缠，也就是赶考时用的路费。你猜猜看，吝啬的严监生又有什么样的表现呢？拿出练习本，我们来写一写。可以是两句话，也可以是一句话，但是要把动作写得丰富一点，细腻一点。

2. 对比：读一读原文，感受写法之妙。（出示原文）

原文中没有写坐着的语言，动作也只写了一个，然后后面写了踢的效果，猫吓得四处逃窜。这个发狠的动作写出了严监生舍不得银子，对两位舅爷厌恶的心理，这就是作家的本事。

【**设计意图：**即时练笔，体会简单的动作传达的丰富内容，这对学生学习如何运用恰当的语言文字来表达自己的内心有着很好的启发和借鉴作用。抓住关键点，适时进行语言文字训练，让学生在语言实践中掌握语言文字运用的本领。】

3. 吴敬梓创作的这个严监生的人物形象，令我们印象深刻。《儒林外史》这部小说描写了众多读书人的故事，这些都是这本书中的典型故事：（出示）

《马二先生遇“神仙”》《王玉辉劝女殉夫》

《范进中举》《王冕的故事》

《周进撞号板》《沈琼枝斗盐商》

《书画琴棋四奇人》《匡超人得志》

《真假牛布衣》《娄公子招纳贤士》

接下来我们就用一个月的时间好好去阅读，去研究《儒林外史》中众多读书人的形象。

【设计意图：当好明清小说的“导游”，挑选适合高年级学生阅读的典型故事。让学生在阅读中反复感受明清小说的艺术风格、语言风格，激发其阅读明清小说的兴趣。**】**